CARSTEN WITT

Die betriebsverfassungsrechtliche Kooperationsmaxime und der Grundsatz von Treu und Glauben

AF879564

Schriften zum Sozial- und Arbeitsrecht

Band 83

Die betriebsverfassungsrechtliche Kooperationsmaxime und der Grundsatz von Treu und Glauben

Von

Dr. Carsten Witt

DUNCKER & HUMBLOT / BERLIN

CIP-Kurztitelaufnahme der Deutschen Bibliothek

Witt, Carsten:
Die betriebsverfassungsrechtliche Kooperationsmaxime und der Grundsatz von Treu und Glauben / von Carsten Witt. — Berlin: Duncker und Humblot, 1987.
(Schriften zum Sozial- und Arbeitsrecht; Bd. 83)
ISBN 3-428-06162-4

NE: GT

Alle Rechte vorbehalten
© 1987 Duncker & Humblot GmbH, Berlin 41
Satz: Volker Spiess, Berlin 30
Druck: Berliner Buchdruckerei Union GmbH, Berlin 61
Printed in Germany

ISBN 3-428-06162-4

Vorwort

Die vorliegende Arbeit wurde im Sommersemester 1986 als Dissertation von der Fakultät für Rechtswissenschaft der Universität Mannheim angenommen. Sie entstand im wesentlichen während meiner Tätigkeit als wissenschaftlicher Angestellter am Lehrstuhl für Bürgerliches Recht, Arbeitsrecht und Handelsrecht an der Universität Mannheim von September 1983 bis Februar 1985.

Mein besonderer Dank gilt meinem verehrten Lehrer, Herrn Professor Dr. Günther Wiese, der in mir bereits zu Studienzeiten das Interesse am Arbeitsrecht weckte und der durch seine Betreuung und viele wertvolle Anregungen zum Gelingen dieser Arbeit beitrug. Zu danken habe ich ferner dem Verlag für die Aufnahme der Dissertation in die Reihe „Schriften zum Sozial- und Arbeitsrecht“.

Mannheim, im Dezember 1986 *Carsten Witt*

Meinen Eltern
in Dankbarkeit

Inhaltsverzeichnis

Zweiter Teil

Konsequenzen für das Betriebsverfassungsrecht

Abkürzungsverzeichnis

a. A.	anderer Ansicht
a. a. O.	am angegebenen Ort
Abs.	Absatz
AcP	Archiv für die civilistische Praxis
AGBG	Gesetz zur Regelung des Rechts der Allgemeinen Geschäftsbedingungen vom 9. Dezember 1976
AK-BGB	Kommentar zum Bürgerlichen Gesetzbuch (Reihe Alternativkommentare)
AktG	Aktiengesetz vom 6. September 1965
ALR	Allgemeines Landrecht für die Preußischen Staaten, gültig ab 1. Juni 1794
Anm.	Anmerkung
AP	Arbeitsrechtliche Praxis (Nachschlagewerk des Bundesarbeitsgerichts)
AP . . . BetrVG	AP zum Betriebsverfassungsgesetz 1952
AP . . . BetrVG 1972	AP zum Betriebsverfassungsgesetz 1972
ArbG	Arbeitsgericht
ArbGeb.	der arbeitgeber (Zeitschrift)
ArbGG	Arbeitsgerichtsgesetz in der Fassung der Bekanntmachung vom 2. Juli 1979
ArbGG 1953	Arbeitsgerichtsgesetz vom 3. September 1953
AR-Blattei	Arbeitsrecht-Blattei
ArbuSozPol.	Arbeit und Sozialpolitik (Zeitschrift)
Art.	Artikel
ASiG	Gesetz über Betriebsärzte, Sicherheitsingenieure und andere Fachkräfte für Arbeitssicherheit vom 12. Dezember 1973
Aufl.	Auflage
AuR	Arbeit und Recht (Zeitschrift)
AZO	Arbeitszeitordnung in der Fassung vom 30. April 1938
BAG	Bundesarbeitsgericht
BB	Betriebs-Berater (Zeitschrift)
Bd.	Band
Beil.	Beilage
BetrVG, BetrVG 1972	Betriebsverfassungsgesetz vom 15. Januar 1972

BetrVG 1952	Betriebsverfassungsgesetz vom 11. Oktober 1952
BGB	Bürgerliches Gesetzbuch vom 18. August 1896
BGBl. I	Bundesgesetzblatt Teil I
BGH	Bundesgerichtshof
BGHZ	Entscheidungen des Bundesgerichtshofes in Zivilsachen. Amtliche Sammlung
Bl.	Blatt
BlStSozArbR	Blätter für Steuerrecht, Sozialversicherung und Arbeitsrecht (Zeitschrift)
BPersVG	Bundespersonalvertretungsgesetz vom 15. März 1974
BR-Drucks.	Bundesrats-Drucksache
BRG 1920	Betriebsrätegesetz vom 4. Februar 1920
BT-Drucks.	Bundestags-Drucksache
Buchst.	Buchstabe
BUV	Betriebs- und Unternehmensverfassung (Zeitschrift)
BVerfGE	Entscheidungen des Bundesverfassungsgerichts. Amtliche Sammlung
bzw.	beziehungsweise
DB	Der Betrieb (Zeitschrift)
ders.	derselbe
d.h.	das heißt
Diss.	Dissertation
Drucks.	Drucksache
EGBGB	Einführungsgesetz zum Bürgerlichen Gesetzbuche vom 18. August 1896
Einf.	Einführung
Entsch.	Entscheidung
etc.	et cetera
EzA	Entscheidungssammlung zum Arbeitsrecht
f.	folgende
ff.	fortfolgende
FN	Fußnote
gem.	gemäß
GG	Grundgesetz für die Bundesrepublik Deutschland vom 23. Mai 1949
GK-BetrVG	Fabricius/Kraft/Thiele/Wiese, Betriebsverfassungsgesetz, Gemeinschaftskommentar
GS	Großer Senat
HGB	Handelsgesetzbuch vom 10. Mai 1897
h. L.	herrschende Lehre
h. M.	herrschende Meinung
hrsg.	herausgegeben
insb.	insbesondere

i. S.	im Sinne
i. V. mit	in Verbindung mit
JA	Juristische Arbeitsblätter (Zeitschrift)
JArbR	Das Arbeitsrecht der Gegenwart. Jahrbuch für das gesamte Arbeitsrecht und die Arbeitsgerichtsbarkeit, hrsg. von Dieterich und Kissel
JZ	Juristenzeitung
krit.	kritisch
KSchG	Kündigungsschutzgesetz in der Fassung der Bekanntmachung vom 25. August 1969
LAG	Landesarbeitsgericht
LM	Nachschlagewerk des Bundesgerichtshofs in Zivilsachen, hrsg. von Lindenmaier und Möhring
m.E.	meines Erachtens
MitbestGespr.	Das Mitbestimmungsgespräch (Zeitschrift)
Münch.Komm.	Münchener Kommentar zum Bürgerlichen Gesetzbuch, hrsg. von Rebmann und Säcker
MuA	Mensch und Arbeit (Zeitschrift)
m. w. N.	mit weiteren Nachweisen
NJW	Neue Juristische Wochenschrift
Nr.	Nummer
NZA	Neue Zeitschrift für Arbeitsrecht
PersVG	Personalvertretungsgesetz
Prot.	Protokolle der Kommission für die zweite Lesung des Entwurfs des Bürgerlichen Gesetzbuchs, Band I, Berlin 1897
R	Rückseite
RdA	Recht der Arbeit (Zeitschrift)
RegE	Regierungsentwurf
RG	Reichsgericht
RGBl.	Reichsgesetzblatt
RGRK	Das Bürgerliche Gesetzbuch mit besonderer Berücksichtigung der Rechtsprechung des Reichsgerichts und des Bundesgerichtshofs, Kommentar
RGZ	Entscheidungen des Reichsgerichts in Zivilsachen. Amtliche Sammlung
Rspr.	Rechtsprechung
Rz.	Randziffer
S.	Seite
SAE	Sammlung Arbeitsrechtlicher Entscheidungen
sog.	sogenannt
StGB	Strafgesetzbuch in der Fassung der Bekanntmachung vom 2. Januar 1975
StPO	Strafprozeßordnung in der Fassung der Bekanntmachung vom 7. Januar 1975

str.	streitig
TVG	Tarifvertragsgesetz in der Fassung vom 25. August 1969
u.a.	unter anderem
UWG	Gesetz gegen den unlauteren Wettbewerb vom 7. Juni 1909
vgl.	vergleiche
Vorbem.	Vorbemerkung
WM	Wertpapiermitteilungen (Zeitschrift)
ZAS	Zeitschrift für Arbeitsrecht und Sozialrecht (Österreich)
z.B.	zum Beispiel
ZfA	Zeitschrift für Arbeitsrecht
zust.	zustimmend
zutr.	zutreffend

Einführung

A. Gegenstand der Untersuchung

Nach § 2 Abs. 1 BetrVG arbeiten Arbeitgeber und Betriebsrat unter Beachtung der geltenden Tarifverträge vertrauensvoll und im Zusammenwirken mit den im Betrieb vertretenen Gewerkschaften und Arbeitgebervereinigungen zum Wohl der Arbeitnehmer und des Betriebs zusammen. Diese Vorschrift, deren Inhalt üblicherweise als „Grundsatz der vertrauensvollen Zusammenarbeit“[1] oder als „Kooperationsmaxime“[2] beschrieben wird, durchzieht den gesamten Bereich der Beziehungen zwischen Arbeitgeber und Betriebsrat und ist als allgemeine, stets zu beachtende Verhaltensregel für beide Seiten von grundsätzlicher Bedeutung.[3] Hierbei verlangt § 2 Abs. 1 BetrVG, wie es das BAG[4] einmal schlagwortartig formulierte, von beiden Betriebspartnern gegenseitige „Ehrlichkeit und Offenheit“. Seinen Vorgänger findet § 2 Abs. 1 BetrVG in § 49 Abs. 1 BetrVG 1952, obgleich die Vorschriften in ihrer Formulierung leicht differieren und das in § 49 Abs. 1 BetrVG 1952 enthaltene Erfordernis, unter Berücksichtigung des Gemeinwohls zusammenzuarbeiten, in § 2 Abs. 1 BetrVG nicht mehr erwähnt wird.[5]

Gegenstand dieser Untersuchung ist das Verhältnis des Gebots der vertrauensvollen Zusammenarbeit zu der bedeutendsten Generalklausel des Privatrechts, zu § 242 BGB. Nach dieser Vorschrift ist der Schuldner verpflichtet, die Leistung so zu bewirken, wie Treu und Glauben mit Rücksicht auf die Verkehrssitte es erfordern. Seinem Wortlaut und seiner Stellung nach gilt § 242 BGB im Schuldrecht. Jedoch ist seit langem anerkannt, daß aus dieser Norm der das ganze Rechtsleben beherrschende Grundsatz folgt, daß jeder-

---

[1] Vgl. statt vieler BAG, AP Nr. 14 zu § 40 BetrVG 1972 Bl. 4; *Buchner*, DB 1974, 530.

[2] So u.a. *G. Müller*, Festschrift für *W. Herschel*, S. 269.

[3] Vgl. *Bulla*, RdA 1965, 121; *Dietz/Richardi* § 2 Anm. 1, 4; *Fitting/Auffarth/Kaiser* § 2 Anm. 1; *Galperin/Löwisch* § 2 Anm. 2; *Gnade/Kehrmann/Schneider/Blanke* § 2 Anm. 1; *v. Hoyningen-Huene*, Betriebsverfassungsrecht, S. 33; *Kammann/Hess/Schlochauer* § 2 Anm. 2; *Kraft*, GK-BetrVG, § 2 Anm. 1; *Kreutz*, BlStSozArbR 1972, 44; *Nikisch* III, S. 230.

[4] Vgl. AP Nr. 3 zu § 23 BetrVG Bl.2 R. Diese Umschreibung ist in der Wissenschaft auf einhellige Zustimmung gestoßen, vgl. nur *Dietz/Richardi* § 2 Anm. 5; *Galperin/Löwisch* § 2 Anm. 12; *Hueck/Nipperdey* II/2, S. 1337; *Kraft*, GK-BetrVG, § 2 Anm. 12.

[5] Vgl. *Dietz/Richardi* § 2 Anm. 4, 6f.; *Kraft*, GK-BetrVG, § 2 Anm. 1; *G. Müller*, Festschrift für *W. Herschel*, S. 269f.; *Ruf*, DB 1971, 2475; *Wiese*, JArbR Bd. 9, 1971, 55 (69). Näheres unten § 2 A II.

mann bei Wahrnehmung seiner Rechte und Erfüllung seiner Pflichten Treu und Glauben zu berücksichtigen hat.[6]

Das Verhältnis dieser beiden Vorschriften zueinander ist in Rechtsprechung und Lehre bisher nur am Rande behandelt worden.[7] Die hier getroffenen Aussagen laufen bis auf einige Ausnahmen[8] mehr oder weniger auf das gleiche Ergebnis hinaus: Das Gebot der vertrauensvollen Zusammenarbeit sei eine Konkretisierung oder Spezialisierung des Grundsatzes von Treu und Glauben im Betriebsverfassungsrecht. Die zu § 242 BGB herausgearbeiteten Grundsätze könnten deshalb zur Auslegung der Kooperationsmaxime herangezogen werden.[9] Pointiert wird § 2 Abs. 1 BetrVG zuweilen als „§ 242 BGB des Betriebsverfassungsrechts" bezeichnet.[10] Eine vertiefte Begründung dieser Aussagen und eine eingehende Erörterung der praktischen Konsequenzen ist jedoch bislang noch nicht vorgenommen worden. Dies liegt sicherlich daran, daß das Betriebsverfassungsrecht ein relativ junges Rechtsgebiet des Privatrechts[11] ist und bereits von daher noch nicht umfassend dogmatisch durchdrungen sein kann. Hinzu kommt, daß im Betriebsverfassungsrecht als einem sehr praxisbezogenen Rechtsgebiet die Lösung konkreter Fallgestaltungen im Vordergrund steht und darüber leicht der dogmatische Zusammenhang in den Hintergrund tritt.

Das Verhältnis des Grundsatzes von Treu und Glauben zur Kooperationsmaxime hat indessen erhebliche praktische Bedeutung. So fragt es sich, auf welcher Basis und in welchem Umfang die zu § 242 BGB entwickelten Fallgruppen auf die rechtlichen Beziehungen der Betriebspartner übertragbar sind. Die dogmatische Grundlage für eine solche grundsätzliche Übertragung ist im ersten Teil der Untersuchung zu klären.[12] Hier ist zu überlegen, ob § 242 BGB und § 2 Abs. 1 BetrVG grundsätzlich nebeneinander für die Be-

---

[6] Vgl. ausführlich unten § 1 A.

[7] Vgl. BAG, AP Nr. 6 zu § 61 BetrVG Bl. 3 mit Anm. *Richardi;* DB 1984, 248 (250); *Buchner,* DB 1974, 530 (533); *Bulla,* RdA 1965, 121 (130); *Dietz,* RdA 1969, 1 (6); *ders.,* Anm. zu BAG, AP Nr. 1 zu § 58 BetrVG Bl. 5; *Dietz/Richardi* § 2 Anm. 10; *Hueck/Nipperdey* II/2, S. 1337; *Kammann/Hess/Schlochauer* § 2 Anm. 21; *Kraft,* GK-BetrVG, § 2 Anm. 10; *G. Müller,* Festschrift für *W. Herschel,* S. 269 (292); *Sandvoss,* MitbestGespr. 1977, 199 (200); *Söllner,* DB 1968, 571 (573); *Wiese,* GK-BetrVG, z.B. § 37 Anm. 123, § 40 Anm. 10. Vgl. auch *Hacker,* Kurskorrektur, S. 1 (6).

[8] Vgl. beispielsweise *Hueck/Nipperdey* II/2, S. 1337, der sich offensichtlich gegen eine Vergleichbarkeit von § 2 Abs. 1 BetrVG und § 242 BGB ausspricht.

[9] So beispielsweise *Dietz/Richardi* § 2 Anm. 10; vgl. auch *Richardi,* Anm. zu BAG, AP Nr. 6 zu § 61 BetrVG Bl. 6 R.

[10] So *Kammann/Hess/Schlochauer* § 2 Anm. 21.

[11] Nach heute herrschender, zutreffender Ansicht ist das Betriebsverfassungsrecht zum Privatrecht zu zählen, vgl. *Dietz/Richardi* § 1 Anm. 32ff.; *Galperin/Löwisch* vor § 1 Anm. 8; *Kraft,* GK-BetrVG, § 1 Anm. 4ff.; eingehend *Konzen,* Privatrechtssystem, S. 279 ff., der von einem Sonderprivatrecht ausgeht; unentschieden BAG, AP Nr. 1 zu § 2 ArbGG 1953 Betriebsverfassungsstreit Bl. 2 R; a. A. *Kammann/Hess/Schlochauer* vor § 1 Anm. 10.

[12] Vgl. unten §§ 1 bis 4.

triebspartner gelten oder ob § 242 BGB von der Kooperationsmaxime verdrängt wird. Letzteres setzt neben der Geltung des § 242 BGB für das Verhältnis der Betriebspartner voraus, daß beide Normen strukturell und inhaltlich die gleiche Aufgabe wahrnehmen, somit also vergleichbar sind, und § 2 Abs. 1 BetrVG aufgrund bestimmter Besonderheiten dem Grundsatz von Treu und Glauben vorgeht.

Im zweiten Teil der Untersuchung ist dann die Reichweite einer Übertragung der zu § 242 BGB entwickelten Fallgruppen zu behandeln.

So stellt sich die Frage, nach welchen allgemeinen Grundsätzen die Betriebspartner ihre betriebsverfassungsrechtlichen Pflichten zu erfüllen haben.[13] Weiterhin ist zu prüfen, ob und inwieweit Pflichten und Rechte der Betriebspartner in Ergänzung der gesetzlichen oder vereinbarten Regelungen begründbar sind.[14] Hier ist insbesondere zu erörtern, ob Mitbestimmungs- und Mitwirkungsrechte des Betriebsrats außerhalb des Katalogs der gesetzlichen Vorschriften aus § 2 Abs. 1 BetrVG herleitbar sind. Auch ergibt sich beispielsweise die Frage, ob über den Arbeitsvertrag hinausgehende Pflichten des Arbeitgebers bzw. der Betriebsratsmitglieder zum Schutz des Eigentums oder sonstiger Rechtsgüter der anderen Seite bestehen. Diese Problematik kommt z.B. in einem Beschluß des BAG vom 3. Oktober 1978[15] zum Ausdruck, in dem es um die Kostentragungspflicht des Arbeitgebers nach § 40 Abs. 1 BetrVG ging. Der Betriebsrat hatte einen Prozeß gegen den Arbeitgeber angestrengt und verloren. Er verlangte daraufhin vom Arbeitgeber Erstattung seiner Anwaltskosten für den vorhergehenden Prozeß. Zu entscheiden war die Frage, ob vom Betriebsrat, der bei Verfahren vor den Arbeitsgerichten gem. § 11 Abs. 1 Satz 1 ArbGG die Wahlmöglichkeit hat, den Rechtsstreit entweder selbst zu führen oder sich vertreten zu lassen, nach § 2 Abs. 1 BetrVG verlangt werden kann, auf anwaltliche Hilfe zu verzichten.[16] Wenn auch das BAG dies letztlich ablehnte, so führte es dennoch aus, § 2 Abs. 1 BetrVG gebiete den Betriebsratsmitgliedern die angemessene Berücksichtigung der finanziellen Belange des Arbeitgebers.[17] Das Gericht befürwortete somit eine Pflicht zum Schutz der Vermögensinteressen der anderen Seite, wie sie zu § 242 BGB diskutiert wird.[18]

---

[13] Vgl. unten § 6.
[14] Vgl. unten § 7.
[15] Vgl. AP Nr. 14 zu § 40 BetrVG 1972.
[16] Vgl. zu diesem Problemkreis ausführlich *Zitscher*, DB 1984, 1395.
[17] Vgl. AP Nr. 14 zu § 40 BetrVG 1972 Bl. 4f. unter Hinweis auf AP Nr. 6 zu § 20 BetrVG 1972 Bl. 2 R; zust. *Grunsky*, Anm. zu BAG, AP Nr. 14 zu § 40 BetrVG 1972 Bl. 7.
[18] Nach § 242 BGB gilt der Grundsatz, daß jede Seite die gebotene Sorgfalt für die Gesundheit und das Eigentum des anderen Teils zu beobachten hat, vgl. RGZ 78, 239 (240); Münch.Komm.-*Roth* § 242 Anm. 182; *Palandt-Heinrichs* § 242 Anm. 4 B b; Näheres unten § 2 E II 1 m. w. N.

Ferner wird auf die Beschränkung von Rechten durch das Verbot des Rechtsmißbrauchs und der mißbräuchlichen Ausnutzung von Rechtslagen einzugehen sein.[19] Die Bedeutung dieser Fallgruppe wird z.B. in einem Beschluß des BAG vom 5. Februar 1971[20] deutlich, in dem es um die Frage ging, ob ein Arbeitgeber, der eine nach den §§ 61, 63 BetrVG 1952 mitbestimmungspflichtige Umgruppierung vornehmen wollte, dies ohne Beteiligung des Betriebsrats durfte. Der Betriebsrat hatte seine Bedenken nicht innerhalb der nach § 61 Abs. 2 Satz 1 BetrVG 1952 einzuhaltenden Wochenfrist dem Arbeitgeber mitgeteilt, weil er mit letzterem eine Fristverlängerung vereinbart hatte, welche allerdings nach der damaligen Rechtslage als unzulässig angesehen wurde.[21] Dennoch verbot das Gericht dem Arbeitgeber, aus dem Fristversäumnis des Betriebsrats Rechte herzuleiten, da er, wenn auch unbeabsichtigt, die Einhaltung der Frist verhindert hatte.[22] Diese Argumentation war somit auf das Verbot des widersprüchlichen Verhaltens gestützt,[23] das als ein Anwendungsfall des § 242 BGB angesehen wird.[24] Ebenso wie der Rechtsmißbrauch durch den Arbeitgeber wird der Rechtsmißbrauch durch den Betriebsrat zu erörtern sein. Von besonderer Relevanz ist die Frage, ob Beteiligungsrechte des Betriebsrats beschränkt werden können, wenn ihre Wahrnehmung mißbräuchlich ist. Hier wäre beispielsweise an die Möglichkeit einer Verwirkung zu denken, wenn ein Beteiligungsrecht lange Zeit nicht ausgeübt wird.[25] Schließlich ist die Bedeutung der Lehre vom Fortfall der Geschäftsgrundlage für das Verhältnis der Betriebspartner zu behandeln und nach etwaigen Besonderheiten zu untersuchen.[26]

Eine eingehende Betrachtung des für den Bereich des öffentlichen Dienstes geltenden Gebots der vertrauensvollen Zusammenarbeit zwischen Dienststelle und Personalvertretung, das in § 2 Abs. 1 BPersVG und in fast allen Personalvertretungsgesetzen der Länder niedergelegt ist,[27] gehört nicht zum Gegenstand dieser Untersuchung. Zwar stellt sich auch hier die Frage des Verhältnisses zu § 242 BGB und der Übertragbarkeit der hierzu entwickelten

---

19 Vgl. unten § 8.

20 Vgl. AP Nr. 6 zu § 61 BetrVG.

21 Vgl. BAG, AP Nr. 6 zu § 61 BetrVG Bl. 3. Nach der neueren Rechtsprechung des BAG ist hingegen die Vereinbarung einer Fristverlängerung zulässig, vgl. AP Nr. 18 zu § 99 BetrVG 1972 Bl. 3 R.

22 Vgl. AP Nr. 6 zu § 61 BetrVG Bl. 3 R; bestätigend AP Nr. 8 zu § 99 BetrVG 1972 Bl. 2 Rf.; vgl. ferner unten § 2 E III 2.

23 Vgl. *Richardi*, Anm. zu BAG, AP Nr. 6 zu § 61 BetrVG Bl. 6 R.

24 Vgl. nur Münch.Komm.-*Roth* § 242 Anm. 295ff.; *Palandt-Heinrichs* § 242 Anm. 4 C e; vgl. ausführlich unten § 2 E III 1 und § 8 D m. w. N.

25 Vgl. hierzu unten § 2 E III 1, § 8 D III.

26 Vgl. unten § 9.

27 Vgl. *Söllner*, DB 1968, 571; zu den Personalvertretungsgesetzen der Länder vgl. die Aufzählung bei *Dietz/Richardi*, BPersVG, § 2 Anm. 151. Der Wortlaut des § 2 Abs. 1 BPersVG wurde mit Absicht dem des § 2 Abs. 1 BetrVG angepaßt (vgl. Begründung des RegE, BT-Drucks. VI/3721, S. 27).

Fallgruppen.[28] Die Besonderheiten des Personalvertretungsrechts, insbesondere im Mitbestimmungsbereich,[29] verlangen indessen eine gesonderte Betrachtung der Kooperationsmaxime für dieses Gebiet, da nicht von vornherein von einer deckungsgleichen Übertragung der zu § 2 Abs. 1 BetrVG entwickelten Ergebnisse auf das Personalvertretungsrecht auszugehen ist.

Entsprechend der Themenstellung beschäftigen sich die folgenden Ausführungen auch nur mit der Zusammenarbeit zwischen Arbeitgeber und Betriebsrat. Das Zusammenwirken der Betriebspartner mit den im Betrieb vertretenen Gewerkschaften und Arbeitgebervereinigungen und die hiermit zusammenhängenden Problemkreise werden daher nicht erörtert.[30] Ebenso wie die Stellung der Koalitionen im Betrieb würde auch die grundsätzliche Beschäftigung mit der durch § 74 Abs. 2 BetrVG angeordneten Friedenspflicht von Arbeitgeber und Betriebsrat[31] über die Themenstellung hinausgehen.[32]

B. Dogmatische Bedeutung der Thematik

Die dogmatische Bedeutung der Thematik liegt in der abstrakten und methodologischen Gegenüberstellung des Grundsatzes von Treu und Glauben und der Kooperationsmaxime. Diese ist erforderlich, um die Grundlage für eine mögliche Übertragung der zu § 242 BGB entwickelten Fallgruppen zu schaffen; gerade ein sehr praxisbezogenes Rechtsgebiet wie das Betriebsverfassungsrecht kommt nicht ohne dogmatisch einwandfreie Begründung aus.[33] Zudem soll versucht werden, den Inhalt der ihrem Wortlaut nach unbestimmten Vorschrift des § 2 Abs. 1 BetrVG zu erhellen. Insbesondere Generalklauseln bedürfen einer wissenschaftlichen Durchdringung, damit die durch eine „Flucht in die Generalklauseln"[34] geschaffenen Gefahren nicht eintreten.

---

28 Vgl. *Dietz/Richardi,* BPersVG, § 2 Anm. 11.

29 Vgl. *Dietz/Richardi,* BPersVG, Vorbem. § 1 Anm. 6.

30 Vgl. zur Zusammenarbeit mit den Koalitionen sowie deren Stellung im Betrieb *Buchner,* DB 1972, 1236; *Dietz/Richardi* § 2 Anm. 19ff., 28ff.; *Fitting/Auffarth/Kaiser* § 2 Anm. 5ff.; *Galperin/Löwisch* § 2 Anm. 26ff., 33ff., 92ff.; *v. Hoyningen-Huene,* Betriebsverfassungsrecht, S. 42ff.; *Kammann/Hess/Schlochauer* § 2 Anm. 26ff., 38ff.; *Kraft,* GK-BetrVG, § 2 Anm. 16ff., 36 ff. jeweils mit Nachweisen zur umfangreichen Rspr. und Literatur.

31 Vgl. hierzu *Blomeyer,* ZfA 1972, 85 (111ff.); *Dietz/Richardi* § 74 Anm. 42ff.; *Galperin/Löwisch* § 74 Anm. 7ff.; eingehend *Germelmann,* Betriebsfrieden, S. 1ff.; *Jahnke,* BlStSozArbR 1974, 164; *Thiele,* GK-BetrVG, § 74 Anm. 17ff.

32 Auch die von § 2 Abs. 1 BetrVG geforderte Beachtung der geltenden Tarifverträge kann aus der Untersuchung herausgenommen werden. Dieses Postulat, das gegenüber der Formulierung des § 49 Abs. 1 BetrVG 1952 leicht verändert wurde, wirkt zwar auf die vertrauensvolle Zusammenarbeit ein, hat aber offensichtlich keinen direkten Erkenntniswert für die Bestimmung des Inhalts des § 2 Abs. 1 BetrVG und sein Verhältnis zu Treu und Glauben.

33 Vgl. auch *Thiele,* GK-BetrVG, Einleitung Anm. 19.

34 Dieser Begriff wurde von *Hedemann* geprägt, vgl. Flucht in die Generalklauseln, S. 1ff.

Diese werden von *Hedemann*[35] vor allem als vorschneller Rückgriff auf die Generalklauseln,[36] Rechtsunsicherheit und Willkür charakterisiert.

Der Sinn der Verknüpfung einer theoretischen Betrachtung im ersten Teil und einer praktischen Betrachtung im zweiten Teil der Untersuchung liegt nicht nur in der dogmatischen Durchdringung des § 2 Abs. 1 BetrVG, sondern auch darin, den Argumentationsschatz des Rechtsanwenders zu bereichern. Sollte eine wenn auch nur teilweise Übertragung der zu § 242 BGB erarbeiteten Fallgruppen auf die Beziehung zwischen Arbeitgeber und Betriebsrat möglich sein, so würde das die Rechtsfindung erleichtern und das Ergebnis von Streitigkeiten zumindest teilweise vorhersehbarer machen. Während es nämlich zu § 242 BGB bereits eine gefestigte Rechtsprechung gibt, welche die fehlenden konkreten Entscheidungen des Gesetzgebers ersetzt,[37] fehlt eine solche noch weitgehend zu § 2 Abs. 1 BetrVG.[38] Eine Übertragung der zu § 242 BGB entwickelten Grundsätze auf die Kooperationsmaxime hätte also den Vorteil einer relativ präzisen und vorhersehbaren Argumentationsweise und würde somit zur Rechtssicherheit beitragen.

---

35 Vgl. Flucht in die Generalklauseln, S. 66ff.

36 *Hedemann* spricht hier von „Verweichlichung im Denken", vgl. Flucht in die Generalklauseln, S. 66.

37 Vgl. Münch.Komm.-*Roth* § 242 Anm. 13, 27.

38 Daher kann man es hier auch nicht bei der „Sichtung und inneren Ordnung der Rechtsprechung" (vgl. *Wieacker*, Präzisierung, S. 20; vgl. auch Münch.Komm.-*Roth* § 242 Anm. 30) bewenden lassen, sondern muß in starkem Maße auch teleologische Erwägungen anstellen. Dazu unten § 2 E.

Erster Teil

Verhältnis des § 2 Abs. 1 BetrVG zu § 242 BGB

§ 1 Grundsätzliche Geltung des § 242 BGB im Verhältnis von Arbeitgeber und Betriebsrat

A. Einführung in den Grundsatz von Treu und Glauben

I. Allgemeines

Nach § 242 BGB ist der Schuldner verpflichtet, die Leistung so zu bewirken, wie Treu und Glauben mit Rücksicht auf die Verkehrssitte es erfordern. Dieser Grundsatz hat nicht nur in dieser Norm, sondern auch in einer Reihe anderer gesetzlicher Vorschriften Ausdruck gefunden.[1] Wie bereits erwähnt,[2] ist § 242 BGB nicht auf den Bereich der Schuldverhältnisse und der Pflichten des Schuldners zu beschränken, obgleich er hier gesetzessystematisch angesiedelt ist.[3] Vielmehr stellt der Grundsatz von Treu und Glauben als „Gebot der Rücksichtnahme auf die berechtigten Interessen des anderen Teils"[4] ein allgemeingültiges Gebot dar und läßt sich daher nicht als eine spezielle Regelung für einen besonderen Rechtsbereich ansehen.

Das Gebot von Treu und Glauben ist als ein Rückgriff auf außerrechtliche soziale Gebote und ethische Prinzipien zu verstehen.[5] Diese Gebote und Prinzipien, von *Wieacker* als die Rechtstugenden des Worthaltens, der Verläßlichkeit und der Loyalität charakterisiert,[6] sind letztlich nichts anderes als die tragenden Pfeiler eines geordneten Zusammenlebens der Mitglieder unse-

---

[1] Vgl. insbesondere §§ 157, 162, 320, 815 BGB; § 9 Abs. 1 AGBG.

[2] Vgl. oben Einführung A.

[3] Vgl. BGHZ 12, 154 (157); AK-BGB-*Teubner* § 242 Anm. 16; *Erman-Sirp* § 242 Anm. 1; *Jauernig-Vollkommer* § 242 Anm. I 3 a; *Larenz*, Schuldrecht I, S. 118; Münch. Komm.-*Roth* § 242 Anm. 13; *Palandt-Heinrichs* § 242 Anm. 1 a aa; RGRK-*Alff* § 242 Anm. 1; *Soergel-Knopp* § 242 Anm. 53; *Staudinger-Schmidt* § 242 Anm. 258; *Wieacker*, Präzisierung, S. 45.

[4] Vgl. *Soergel-Knopp* § 242 Anm. 1.

[5] Vgl. *Erman-Sirp* § 242 Anm. 4; *Fikentscher*, Schuldrecht, S. 108; *Jauernig-Vollkommer* § 242 Anm. I 1 b; Münch.Komm.-*Roth* § 242 Anm. 4; *Palandt-Heinrichs* § 242 Anm. 1 c; *Staudinger-Schmidt* § 242 Anm. 98; a. A. *Wolf*, Das Arbeitsverhältnis, S. 21 ff.; *ders.*, Schuldrecht, S. 291 ff., der den Grundsatz von Treu und Glauben als eine nichtssagende Leerformel ansieht.

[6] Vgl. *Wieacker*, Präzisierung, S. 20 FN 39.

rer Rechtsgemeinschaft.[7] Das Gebot der gegenseitigen Rücksichtnahme im Bereich zwischenmenschlicher Beziehungen ist somit ein moralisch-ethisches Erfordernis, das fortwährende Geltung beansprucht.[8] Dies muß insbesondere für die rechtlichen Beziehungen innerhalb einer Gemeinschaft gelten. Da also das Gebot der gegenseitigen Rücksichtnahme eine unabdingbare Voraussetzung für ein geordnetes Zusammenleben in einer auf Vertrauen gegründeten Gesellschaft ist, handelt es sich bei dem Grundsatz von Treu und Glauben um einen das gesamte Rechtsleben erfassenden Rechtsgrundsatz, der unabhängig von einer gesetzlichen Formulierung auf allen Gebieten gilt.[9] Er beruht daher nicht auf der Normsetzung des Gesetzgebers, sondern ergibt sich aus der Notwendigkeit, Maßstäbe für ein geordnetes Zusammenleben zu finden. In diesen Zusammenhang paßt es, wenn § 242 BGB die Berücksichtigung der Verkehrssitte fordert. Als solche ist die tatsächlich geltende Verhaltensordnung der Gesellschaft zu verstehen, innerhalb deren das Prinzip gegenseitigen Vertrauens Geltung verlangt.[10]

§ 242 BGB ist durch seine Formulierung als Generalklausel ausgestaltet, denn er enthält keinen Tatbestand, unter den subsumiert werden könnte.[11] Der Vorteil dieser generalklauselartigen Fassung liegt auf der Hand. Nur so ist die Berücksichtigung der Besonderheiten jedes einzelnen Falles möglich; als Mittel zur Erreichung von „Einzelfallgerechtigkeit" ist eine Generalklausel unentbehrlich.[12]

Der Grundsatz von Treu und Glauben bedarf demzufolge in jedem Einzelfall der Präzisierung. Diese geschieht durch Abwägung der Interessen der

---

[7] Vgl. Münch.Komm.-*Roth* § 242 Anm. 4.

[8] Letztlich handelt es sich hier auch um eine grundsätzliche Aussage der christlichen Glaubenslehre, da im Gebot der Nächstenliebe (vgl. 3. *Mose* 19, 18) das Gebot zur gegenseitigen Rücksichtnahme enthalten ist.

[9] Vgl. RGZ 113, 19 (24); 146, 35 (38); 146, 385 (396); BGHZ 12, 154 (157); 24, 148 (154); 68, 299 (304); 85, 39 (48); *Brox*, Schuldrecht, Rz. 73; *Erman-Sirp* § 242 Anm. 1, 21; *Jauernig-Vollkommer* § 242 Anm. I 3 a; *Larenz*, Schuldrecht I, S. 118; Münch. Komm.-*Roth* § 242 Anm. 58; *Palandt-Heinrichs* § 242 Anm. 1 a aa; RGRK-*Alff* § 242 Anm. 1; *Soergel-Knopp* § 242 Anm. 1; *Staudinger-Schmidt* § 242 Anm. 162, 258; *Staudinger-Weber* § 242 Anm. A 27; *Wieacker*, Präzisierung, S. 45. Hierbei ist selbstverständlich den Besonderheiten der einzelnen Rechtsgebiete Rechnung zu tragen, vgl. RGZ 158, 100 (109); *Erman-Sirp* § 242 Anm. 21. A.A. *Wolf*, Das Arbeitsverhältnis, S. 27.

[10] Vgl. RGZ 49, 157 (162); BGH LM Nr. 1 zu § 157 (B) BGB; WM 1973, 677 (678); *Erman-Sirp* § 242 Anm. 8; *Jauernig-Vollkommer* § 133 Anm. 1 d; Münch.Komm.-*Roth* § 242 Anm. 5f.; *Soergel-Knopp* § 242 Anm. 8, § 157 Anm. 31ff.; *Staudinger-Schmidt* § 242 Anm. 99ff. m. w. N.; ausführlich *Staudinger-Weber* § 242 Anm. A 148ff. m. w. N.

[11] Vgl. *Erman-Sirp* § 242 Anm. 42; *Fikentscher*, Schuldrecht, S. 107; *Jauernig-Vollkommer* § 242 Anm. I 1 b; Münch.Komm.-*Roth* § 242 Anm. 1; *Wieacker*, Präzisierung, S. 10; a. A. *Wolf*, Schuldrecht, S. 293.

[12] Vgl. *Esser/Schmidt*, Schuldrecht, S. 145f.; *Larenz*, Schuldrecht I, S. 117f.; Münch. Komm.-*Roth* § 242 Anm. 14; dies wird von *Wolf*, Schuldrecht, S. 291ff., nicht in Erwägung gezogen. Ausführlich zur richterlichen Urteilsfindung bei Generalklauseln *Larenz*, Methodenlehre, S. 276ff.

an der Rechtsbeziehung Beteiligten.[13] Hierbei ist ein etwaiges Verschulden einer Seite in besonderem Maße zu berücksichtigen, wobei das allerdings keine Anwendungsvoraussetzung des § 242 BGB ist.[14] Da die Präzisierung in der Rechtspraxis durch die Rechtsprechung erfolgt, ist der Grundsatz von Treu und Glauben zu einem Einfallstor richterlicher Rechtsfortbildung geworden.[15]

Die in einer Generalklausel wurzelnden Gefahren sind in der Literatur weitgehend diskutiert worden.[16] § 242 BGB darf nicht als eine allgemeine Billigkeitsnorm mißverstanden werden. Zwar bedeutet eine Generalklausel immer „ein Stück offengelassener Gesetzgebung",[17] doch ist § 242 BGB keine allgemeine Ermächtigung zu einer ausschließlich auf Billigkeitserwägungen beruhenden richterlichen Rechtsfortbildung.[18] Dies ist damit zu begründen, daß die Rechtsprechung nach Art. 20 Abs. 3, 97 Abs. 1 GG an Gesetz und Recht gebunden ist und der Erlaß von Gesetzen, welche die Gemeinschaftsordnung betreffen, den dafür von der Verfassung vorgesehenen Gesetzgebungsorganen überlassen bleiben muß. Die Rechtsfortbildung durch die Rechtsprechung darf also nur im Rahmen der Wertungen der Gesamtrechtsordnung, nicht aber ausschließlich nach Billigkeitserwägungen erfolgen.[19]

Andere Gefahren einer Generalklausel sind neben einem vorschnellen Rückgriff auf die Klausel die Gefahr der Willkür und vor allem die Gefahr der Rechtsunsicherheit.[20] Letztere Gefahr wird jedoch wesentlich verringert, wenn sich, wie dies bei § 242 BGB geschehen ist, im Laufe der Zeit eine gefestigte Rechtsprechung herausgebildet hat.[21] Die Gefahr der Willkür wird in einem freiheitlich organisierten Staat zudem regelmäßig dadurch vermindert, daß der entscheidende Richter ständig in einem „dialogischen Prozeß ratio-

---

[13] Vgl. *Brox*, Schuldrecht, Rz. 77; *Erman-Sirp* § 242 Anm. 3; *Fikentscher*, Schuldrecht, S. 116; *Jauernig-Vollkommer* § 242 Anm. I 1 d; Münch.Komm.-*Roth* § 242 Anm. 32ff.; *Soergel-Knopp* § 242 Anm. 10; kritisch AK-BGB-*Teubner* § 242 Anm. 4ff. Zum Prozeß der Präzisierung vgl. *Pawlowski*, Methodenlehre, S. 225f., 231ff.

[14] Vgl. BGHZ 64, 5 (9); *Erman-Sirp* § 242 Anm. 46; Münch.Komm.-*Roth* § 242 Anm. 34f.; *Palandt-Heinrichs* § 242 Anm. 1 c; ausführlich *Soergel-Knopp* § 242 Anm. 11ff.; *Staudinger-Weber* § 242 Anm. A 147; kritisch *Staudinger-Schmidt* § 242 Anm. 122.

[15] Vgl. *Esser/Schmidt*, Schuldrecht, S. 146; Münch.Komm.-*Roth* § 242 Anm. 13.

[16] Vgl. eingehend *Hedemann*, Flucht in die Generalklauseln, S. 1ff.; Münch.Komm.-*Roth* § 242 Anm. 18f.; *Soergel-Knopp* § 242 Anm. 2ff.; vgl. bereits oben Einführung B.

[17] Vgl. *Hedemann*, Flucht in die Generalklauseln, S. 58.

[18] Vgl. RGZ 131, 158 (177); BGH, NJW 1954, 1524 (1526); *Brox*, Schuldrecht, Rz. 74f.; *Jauernig-Vollkommer* § 242 Anm. I 1 b; *Larenz*, Schuldrecht I, S. 118; Münch. Komm.-*Roth* § 242 Anm. 23; *Palandt-Heinrichs* § 242 Anm. 1 a bb; *Soergel-Knopp* § 242 Anm. 4; *Wieacker*, Präzisierung, S. 6f.; vgl. weiter *v. Hoyningen-Huene*, Die Billigkeit im Arbeitsrecht, S. 90ff., zum Unterschied von Billigkeit und Treu und Glauben.

[19] Vgl. *Larenz*, Methodenlehre, S. 351; ebenso *Bydlinski*, Methodenlehre, S. 584.

[20] Vgl. *Esser/Schmidt*, Schuldrecht, S. 145; *Hedemann*, Flucht in die Generalklauseln, S. 66ff.; vgl. bereits oben Einführung B.

[21] Vgl. *Erman-Sirp* § 242 Anm. 2; *Larenz*, Schuldrecht I, S. 120; Münch.Komm.-*Roth* § 242 Anm. 27; *Soergel-Knopp* § 242 Anm. 2.

nalen Argumentierens"[22] steht, der ihn zwingt, sich mit dem Meinungsstand innerhalb der gesamten Gesellschaft auseinanderzusetzen. Hinzu kommt, daß er bei Auslegung des Grundsatzes von Treu und Glauben stets die Verkehrssitte, das heißt die Wertordnung, die sich in der Gesellschaft bzw. in einem bestimmten Kreis[23] herausgebildet hat, beachten muß.[24]

Der Grundsatz von Treu und Glauben ist nicht abdingbar,[25] da es sich bei dem Gebot gegenseitiger Rücksichtnahme um einen Rückgriff auf zwingend notwendige Bedingungen eines geordneten Zusammenlebens handelt. Diese Bedingungen können nicht Gegenstand vertraglicher Abmachungen sein, wenn man nicht von einer auf Vertrauen basierenden Gesellschafts- und Rechtsordnung abgehen will.

II. Geschichtlicher Überblick und heutige Bedeutung

Der Grundsatz von Treu und Glauben findet seinen geschichtlichen Ursprung bereits im 3. Jahrhundert vor Christi Geburt, als den römischen Prätoren mit den sog. *bonae fidei iudicia* rechtliche Möglichkeiten an die Hand gegeben wurden, Entscheidungen auch ohne Gesetz auf ethischer Grundlage zu fällen.[26] Die *bona fides* durchzog seitdem das römische *ius civile* in verschiedensten Intensitätsgraden, seine Hauptbedeutung lag in Auslegung, Inhaltsergänzung und Inhaltskontrolle.[27] Der Beitrag der deutschen Privatrechtsgeschichte zur Entwicklung des Grundsatzes von Treu und Glauben war vergleichsweise gering; mit den Worten „Treu und Glauben" war vor allem die Pflicht zur Vertragserfüllung als solche gemeint.[28]

Als im Jahre 1896 das Deutsche Bürgerliche Gesetzbuch verkündet wurde[29] und am 1. Januar 1900 in Kraft trat,[30] blickte der Gesetzgeber auf einige Kodifikationen, in denen mehr oder weniger vage auf Treu und Glauben Bezug genommen wurde,[31] und auf den im gemeinen Recht weitergeltenden

---

[22] Vgl. Münch.Komm.-*Roth* § 242 Anm. 23.
[23] Vgl. z.B. § 346 HGB für Handelsbräuche.
[24] Vgl. Münch.Komm.-*Roth* § 242 Anm. 24.
[25] Vgl. *Erman-Sirp* § 242 Anm. 7; *Fikentscher*, Schuldrecht, S. 108; *Jauernig-Vollkommer* § 242 Anm. I 1 b; *Larenz*, Schuldrecht I, S. 119; RGRK-*Alff* § 242 Anm. 3; *Staudinger-Weber* § 242 Anm. A 141; so im Jahre 1897 schon *Stammler*, Das Recht der Schuldverhältnisse, S. 49.
[26] Vgl. *Kaser*, Das römische Privatrecht I, S. 485f. mit zahlreichen Nachweisen; *Medicus*, Schuldrecht I, S. 63; *Staudinger-Schmidt* § 242 Anm. 4.
[27] Vgl. *Kaser*, Das römische Privatrecht I, S. 487; *Staudinger-Schmidt* § 242 Anm. 5.
[28] Vgl. *Staudinger-Schmidt* § 242 Anm. 9.
[29] Vgl. RGBl. S. 195.
[30] Vgl. Art. 1 EGBGB.
[31] Vgl. insbesondere I 5 § 270 ALR (1794) und Art. 1134, 1135, 1160 code civile français (1804); vgl. auch *Staudinger-Schmidt* § 242 Anm. 12ff.

römischrechtlichen Grundsatz der *bona fides* zurück.[32] Mit der in § 242 BGB gewählten Formulierung wollte der Gesetzgeber eine Beschränkung des Grundsatzes von Treu und Glauben auf die Art der Vertragserfüllung erreichen, wenngleich dies für alle Schuldverhältnisse gelten sollte.[33] Für die Auslegung von Verträgen wurde § 157 BGB in das Gesetz eingefügt.

Seit Inkrafttreten des BGB hat sich der Grundsatz von Treu und Glauben indessen stark fortentwickelt. In der Lehre bildeten sich bereits während des Gesetzgebungsverfahrens verschiedene Ansichten zu Grund und Umfang des § 242 BGB heraus. Während nach einer extremen Meinung der Grundsatz von Treu und Glauben ausschließlich der Ergänzung von Vertragslücken diente,[34] ging die bald nach der Jahrhundertwende herrschende Ansicht dahin, daß dieser Grundsatz dazu bestimmt sei, die Vereinbarkeit bestimmter Ergebnisse mit dem „sozialen Ideal"[35] zu überprüfen. Letzterer Denkansatz erlaubte es, neben der Ergänzung von Verträgen jedes rechtsgeschäftlich oder gesetzlich begründete Recht an Treu und Glauben zu messen, da als Regelungsbereich jeder Gegenstand angesehen wurde, in den die gesellschaftliche Ordnung hineinwirkt.[36] Vor diesem Hintergrund bezeichnete *Hedemann* den § 242 BGB pointiert als „königlichen Paragraphen".[37]

Diesem Ansatz der h. M. in der Lehre schloß sich das RG an. In einer Entscheidung vom 26. Mai 1914[38] führte es aus, das gesamte System des BGB sei vom Grundsatz von Treu und Glauben mit Rücksicht auf die Verkehrssitte durchdrungen, die §§ 157, 226, 242, 826 BGB seien also nur Ausprägungen eines allgemeinen Prinzips. Dieses sei zur Klärung, Erweiterung, Ergänzung oder Beschränkung jeder Vorschrift und ihres Wortlauts heranzuziehen. Einige Jahre später betonte das RG die gesetzesunabhängige Geltung von Treu und Glauben im gesamten Rechtsleben.[39] Nach und nach wurde von Rechtsprechung und Lehre die Bedeutung des § 242 BGB immer mehr verstärkt. Insbesondere in der Zeit nach dem 1. Weltkrieg machten wirtschaftliche Umstände einen immer häufiger werdenden Rückgriff auf die alles umfassende Generalklausel des § 242 BGB nötig; die vor allem von der Rechtsprechung zu Treu und Glauben entwickelte Lehre vom Fortfall der Ge-

---

32 Insbesondere in einem Urteil des RG vom 26. Oktober 1885, vgl. RGZ 14, 231 (234), kommt zum Ausdruck, daß die *bona fides* als Vorläufer des § 242 BGB zu gelten hat. Das RG übersetzte hier *bona fides* mit „Treu und Glauben".

33 Vgl. Prot. Bd. I, S. 624. Vgl. auch *Medicus*, Schuldrecht I, S. 63; Münch.Komm.-*Roth* § 242 Anm. 10.

34 Vgl. *Staudinger-Schmidt* § 242 Anm. 42ff. m. w. N.

35 Vgl. *Stammler*, Das Recht der Schuldverhältnisse, S. 42; so auch jetzt noch *Erman-Sirp* § 242 Anm. 4.

36 Vgl. *Staudinger-Schmidt* § 242 Anm. 50.

37 Vgl. Flucht in die Generalklauseln, S. 6; vgl. auch *Wieacker*, Präzisierung, S. 8.

38 Vgl. RGZ 85, 108 (117).

39 Vgl. RGZ 113, 19 (24).

schäftsgrundlage beispielsweise hatte in der Inflationszeit der zwanziger Jahre herausragende Bedeutung.[40]

So bildeten sich allmählich in der Rechtsprechung bestimmte Anwendungsfälle heraus; die Wissenschaft begann, ein Fallgruppensystem für § 242 BGB zu erarbeiten, das immer weiter ausgebaut und verfeinert wurde. Wenn auch in letzter Zeit ein Trend weg von § 242 BGB festzustellen ist, was wohl nicht zuletzt daran liegt, daß man sich zunehmend der Begrenztheit einer Argumentation aus § 242 BGB bewußt wird,[41] so besitzt der Grundsatz von Treu und Glauben im heutigen Recht doch eine überragende Bedeutung.[42] Daher wird dieser Grundsatz nicht nur in allen Gebieten des Privatrechts diskutiert, sondern ebenso im öffentlichen Recht, wo er neben den sich aus dem Rechtsstaatsprinzip ergebenden Grundsatz der Verhältnismäßigkeit tritt.[43] Zuweilen greift auch der Gesetzgeber auf die Formel von Treu und Glauben zurück, so beispielsweise in § 9 Abs. 1 AGBG.

III. Geltungsvoraussetzungen

Wenn auch die Anwendung des § 242 BGB vom Einzelfall abhängt und somit keine festen generellen Tatbestandsmerkmale bestehen,[44] verlangt die h. M. als Geltungsvoraussetzung das Bestehen einer rechtlichen Sonderverbindung.[45] Hiermit ist nicht ein Rechtsverhältnis im engeren Sinne wie z.B. ein schuldrechtlicher Vertrag gemeint, sondern jede Rechtsbeziehung zwischen bestimmten Personen, der eine besondere Interessenverknüpfung zugrunde liegt.[46] Nur aus dieser Verknüpfung von differierenden Interessen ergibt sich die Notwendigkeit, Konflikte durch eine gesteigerte Pflicht zur Rücksichtnahme auf ein erträgliches Maß zu reduzieren, auf ein Maß, das von der

---

[40] Vgl. *Enneccerus/Lehmann* § 41 II; *Erman-Sirp* § 242 Anm. 167; *Medicus*, Schuldrecht I, S. 64; Münch.Komm.-*Roth* § 242 Anm. 461f.; RGRK-*Alff* § 242 Anm. 52; *Soergel-Knopp* § 242 Anm. 376; *Staudinger-Weber* § 242 Anm. E 28ff.

[41] Vgl. *Staudinger-Schmidt* § 242 Anm. 85ff.

[42] Zu Parallelen in anderen europäischen Rechtsordnungen vgl. *Staudinger-Schmidt* § 242 Anm. 89ff.

[43] Vgl. BGHZ 30, 232 (236); *Erman-Sirp* § 242 Anm. 38ff.; Münch.Komm.-*Roth* § 242 Anm. 75ff., insb. 82; *Palandt-Heinrichs* § 242 Anm. 3b; *Soergel-Knopp* § 242 Anm. 75ff.; *Staudinger-Weber* § 242 Anm. A 60ff.; zum Verhältnismäßigkeitsgrundsatz vgl. BVerfGE 6, 389 (439); 19, 342 (348); 35, 382 (400f.); 38, 348 (368); 39, 1 (47).

[44] Vgl. *Medicus*, Schuldrecht I, S. 65; Münch.Komm.-*Roth* § 242 Anm. 54; *Soergel-Knopp* § 242 Anm. 10; für jede Fallgruppe gibt es natürlich spezielle Tatbestandsvoraussetzungen, vgl. unten § 1 A IV, § 2 E.

[45] Vgl. RGZ 160, 349 (357); *Brox*, Schuldrecht, Rz. 73; *Erman-Sirp* § 242 Anm. 19; *Fikentscher*, Schuldrecht, S. 107; *A. Hueck*, Treuegedanke im modernen Privatrecht, S. 10f.; *Jauernig-Vollkommer* § 242 Anm. I 3 a; *Larenz*, Schuldrecht I, S. 118; Münch. Komm.-*Roth* § 242 Anm. 55; *Palandt-Heinrichs* § 242 Anm. 1 c; *Soergel-Knopp* § 242 Anm. 17 m. w. N.; a.A. *Staudinger-Schmidt* § 242 Anm. 113ff.; vgl. auch RGRK-*Alff* § 242 Anm. 1, der nur von Rechtsverhältnissen spricht.

[46] Vgl. Münch.Komm.-*Roth* § 242 Anm. 55f.; *Soergel-Knopp* § 242 Anm. 18.

Rechtsordnung gebilligt wird. Zu einer derartigen Interessenverknüpfung kommt es nur bei einem qualifizierten sozialen Kontakt zwischen mehreren Personen.[47] Liegt ein solcher nicht vor, so bleibt es bei den Regeln über die Sittenwidrigkeit eines Verhaltens (§§ 138, 826 BGB), die jedes Mitglied der Rechtsgemeinschaft zu beachten hat. Letztere gelten als eine sozialethische Mindestanforderung an ein geordnetes menschliches Zusammenleben, während der Grundsatz von Treu und Glauben darüber hinausgehende Pflichten in einem qualifizierten Bereich dieses Zusammenlebens beinhaltet.[48]

Diese Auffassung hat in der Lehre Kritik erfahren. So bezeichnet vor allem *J. Schmidt*[49] den von der h. M. verwendeten Begriff der Sonderverbindung als inhaltlich entleert. Insbesondere im öffentlichen Recht, aber auch in anderen Rechtsgebieten ließe sich selten von Sonderverbindungen sprechen; beispielsweise läge wohl kaum eine Sonderverbindung zwischen Bürger und öffentlicher Gewalt vor.[50] Entweder müsse das Erfordernis einer Sonderverbindung als überflüssig fallengelassen werden, wenn man § 242 BGB in allen Rechtsgebieten Geltung verschaffen wolle, oder man wäre gezwungen, Treu und Glauben nur noch auf die wirklichen Fälle von Sonderbeziehungen im Privatrecht zu beschränken.[51] Da letzteres heute nicht zu fordern sei, müsse das Merkmal der Sonderverbindung als sinnentleert aufgegeben werden.

Entgegen dieser Ansicht ist am Erfordernis einer Sonderverbindung festzuhalten. Auf diese kann insbesondere deshalb nicht verzichtet werden, weil sonst eine Abgrenzung zu den für jeden geltenden Regeln der guten Sitten nicht möglich wäre.[52] Für eine über die guten Sitten hinausgehende Pflicht zur gegenseitigen Rücksichtnahme bedarf es jedoch einer zusätzlichen Begründung. Diese liegt darin, daß bei einem qualifizierten sozialen Kontakt regelmäßig eine besondere Interessenverknüpfung vorliegt, die eine gesteigerte Rücksichtspflicht verlangt. Eine gesteigerte Pflicht zur Rücksichtnahme setzt also denknotwendig divergierende Interessen und somit einen besonderen sozialen Kontakt voraus. Zur Abgrenzung des § 242 BGB zu § 138 BGB ist daher das Vorliegen einer Sonderverbindung notwendig. Außerdem ist der Begriff der Sonderverbindung weit auszulegen, so daß jeder irgendwie gesteigerte soziale Kontakt erfaßt wird.[53] Bei dieser Betrachtung läßt sich der Begriff der Sonderverbindung auch im öffentlichen Recht beibehalten, da durchaus

---

[47] Vgl. Münch.Komm.-*Roth* § 242 Anm. 57; *Soergel-Knopp* § 242 Anm. 18; kritisch *Medicus*, Schuldrecht I, S. 65. Vgl. aber auch BGH, WM 1983, 1189 (1192).

[48] Vgl. *Fikentscher*, Schuldrecht, S. 107; *A. Hueck*, Treuegedanke im modernen Privatrecht, S. 9ff.; *Larenz*, Schuldrecht I, S. 118f.; *Soergel-Knopp* § 242 Anm. 17.

[49] Vgl. *Staudinger-Schmidt* § 242 Anm. 113ff. Vgl. auch *Medicus*, Schuldrecht I, S. 65.

[50] Vgl. *Staudinger-Schmidt* § 242 Anm. 116.

[51] Vgl. *Staudinger-Schmidt* § 242 Anm. 117f.

[52] Vgl. *A. Hueck*, Treuegedanke im modernen Privatrecht, S. 9ff.

[53] Vgl. *Jauernig-Vollkommer* § 242 Anm. 3 a; Münch.Komm.-*Roth* § 242 Anm. 55; *Palandt-Heinrichs* § 242 Anm. 1 c; *Soergel-Knopp* § 242 Anm. 18.

ein gesteigerter sozialer Kontakt zwischen dem betroffenen Bürger und der öffentlichen Gewalt vorliegen kann. Aus diesen Gründen ist *J. Schmidt* nicht zu folgen.[54]

IV. Überblick über die Anwendungsfälle

Die praktische Anwendung des Grundsatzes von Treu und Glauben bedeutet immer Abwägung der Interessen im Einzelfall. Obwohl diese Abwägung so vielfältig sein kann wie die denkbare Zahl der in Betracht kommenden Fallvariationen, sind von Rechtsprechung und Lehre bestimmte Fallgruppen entwickelt worden.[55] Diese sind das Ergebnis einer ordnenden Einteilung typischer Fallkonstellationen.[56] Sie stellen nicht nur die gegenwärtig zu § 242 BGB bestehenden Rechtsinstitute dar, sondern zeigen durch ihre Existenz die Funktionen auf, die § 242 BGB in der Rechtsordnung wahrnimmt.[57]

Die Bildung von Fallgruppen kann jedoch keinen Anspruch auf Vollständigkeit erheben. Es ist immer denkbar, daß neue Rechtsgedanken und -institute aus § 242 BGB entwickelt werden; der Sinn einer Generalklausel besteht auch darin, das Recht an aktuelle Entwicklungen und Bedürfnisse anzupassen. So führt die Fallgruppenbildung zu einem „Geflecht von Entscheidungsmustern“,[58] das nicht abschließend ist.[59]

Mit einer weitverbreiteten Betrachtungsweise ist eine an der Rechtsfolge orientierte Dreiteilung der zu § 242 BGB erarbeiteten Anwendungsfälle vorzunehmen.[60]

---

54 Näheres zur Sonderverbindung auch unten § 1 C.

55 Vgl. bereits oben § 1 A II.

56 Vgl. *Erman-Sirp* § 242 Anm. 45; *Larenz*, Schuldrecht I, S. 118; *Staudinger-Weber* § 242 Anm. A 168; *Wieacker*, Präzisierung, S. 18.

57 Diese Ansicht entspricht der von der h. M. vertretenen „Funktionskreistheorie“, vgl. *Erman-Sirp* § 242 Anm. 44; *Jauernig-Vollkommer* § 242 Anm. 2; *Palandt-Heinrichs* § 242 Anm. 4; *Soergel-Knopp* § 242 Anm. 34 m. w. N.; *Teubner*, Standards und Direktiven in Generalklauseln, S. 50ff., 116ff.; *Wieacker*, Präzisierung, S. 20ff. Die Gegenansicht ist die z.B. von *Fikentscher* (Schuldrecht, S. 107, 112f.) angewandte „Konkretisierungstheorie“, nach der die Fallgruppen Konkretisierungen von Treu und Glauben darstellen (ebenso *Larenz*, Schuldrecht I, S. 118, 121ff.; *ders.*, Methodenlehre, S. 279f.). Diese unterschiedliche Betrachtungsweise ist aber rein theoretischer Natur und hat keine Bedeutung für die vorliegende Arbeit. Vgl. zum Ganzen ausführlich *Staudinger-Schmidt* § 242 Anm. 127ff.

58 So *Larenz*, Methodenlehre, S. 279f.

59 Vgl. *Erman-Sirp* § 242 Anm. 45; *Larenz*, Methodenlehre, S. 279ff., der zu Recht auf das mögliche Auftreten atypischer Fälle hinweist.

60 Vgl. nur *Erman-Sirp* § 242 Anm. 44; Münch.Komm.-*Roth* § 242 Anm. 97, 99f.; *Soergel-Knopp* § 242 Anm. 34 m. w. N.; *Wieacker*, Präzisierung, S. 20ff. Soweit von mehreren Autoren eine Einteilung in vier Funktionsbereiche vorgenommen wird, vgl. z.B. *Brox*, Schuldrecht, Rz. 78ff.; *Palandt-Heinrichs* § 242 Anm. 4, handelt es sich um eine terminologische Frage, die in der Sache nichts ändert.

Der Bereich der ersten Fallgruppe beinhaltet die Konkretisierung der Hauptpflicht und die Begründung von Nebenpflichten. Es geht um die Art und Weise der Leistung sowie um die ergänzende Erweiterung der Pflichten der Parteien.[61] Die Wirkungsweise von Treu und Glauben läßt sich hier als Konkretisierungs- und Ergänzungsfunktion bezeichnen.[62]

Die zweite Fallgruppe ist von der Schrankenfunktion des § 242 BGB beherrscht.[63] Kern dieser Fallgruppe, welche die Einschränkung und Versagung von Rechten und Rechtspositionen beinhaltet, ist das Verbot des Rechtsmißbrauchs.[64] Hier erlangt unter anderem der Gedanke der Unzumutbarkeit großes Gewicht.[65]

Als dritte Fallgruppe bieten sich die zu Fehlen und Fortfall der Geschäftsgrundlage entwickelten Grundsätze an.[66] Da es um die inhaltliche Korrektur von Rechtsverhältnissen geht, ist von der Korrekturfunktion des § 242 BGB zu sprechen.[67] Hier ist ebenfalls der Gedanke der Unzumutbarkeit von großer Bedeutung. Wenn auch die Grenzen zwischen diesen Fallgruppen fließend sind, soll im weiteren an dieser Dreiteilung festgehalten werden.

B. § 242 BGB und Betriebsverfassungsrecht

I. Grundsätzliches

Aus der Entwicklungsgeschichte und dem gedanklichen Hintergrund des § 242 BGB folgt, wie bereits dargelegt wurde,[68] daß der Grundsatz von Treu und Glauben das gesamte Rechtsleben durchzieht. Jede Rechtsbeziehung, der eine rechtliche Sonderverbindung zugrunde liegt, ist daher dem Grundsatz von Treu und Glauben unterworfen. Er gilt also auch im Arbeitsrecht[69] und

---

[61] Vgl. ausführlich unten § 2 E II 1.

[62] Nach *Palandt-Heinrichs* § 242 Anm. 4 a, b.

[63] Nach *Palandt-Heinrichs* § 242 Anm. 4 c. Vgl. auch BGHZ 19, 72 (75); *Erman-Sirp* § 242 Anm. 73; *Soergel-Knopp* § 242 Anm. 38.

[64] Vgl. ausführlich unten § 2 E III 1.

[65] Vgl. *Fikentscher*, Schuldrecht, S. 111 ff.; *Soergel-Knopp* § 242 Anm. 42; ausführlich *Staudinger-Weber* § 242 Anm. B 1 ff.

[66] Vgl. ausführlich unten § 2 E IV 1.

[67] Nach *Palandt-Heinrichs* § 242 Anm. 4 d.

[68] Vgl. oben § 1 A I, II.

[69] Vgl. statt vieler *Erman-Sirp* § 242 Anm. 26; *Jauernig-Vollkommer* § 242 Anm. I 3 b; Münch.Komm.-*Roth* § 242 Anm. 64; *Soergel-Knopp* § 242 Anm. 68; *Staudinger-Weber* § 242 Anm. A 51. So wird beispielsweise von der heute h. M. die arbeitsvertragliche Treuepflicht von Arbeitnehmer und Arbeitgeber aus § 242 BGB hergeleitet, vgl. ausführlich *Mayer-Maly*, in *Tomandl*, Treue- und Fürsorgepflicht im Arbeitsrecht, S. 71 (77 ff.); *Wiese*, GK-BetrVG, vor § 81 Anm. 12 m. w. N.; *Zöllner*, Arbeitsrecht, S. 146.

somit grundsätzlich auch im Betriebsverfassungsrecht.[70] Die Einordnung des Betriebsverfassungsrechts als ein Teil des Privatrechts oder als ein Teil des öffentlichen Rechts ist in diesem Zusammenhang bedeutungslos, da § 242 BGB beide Bereiche beherrscht.[71] Um die grundsätzliche Geltung des § 242 BGB im Verhältnis zwischen Arbeitgeber und Betriebsrat feststellen zu können,[72] muß weiterhin geprüft werden, ob zwischen beiden Betriebspartnern eine rechtliche Sonderverbindung vorliegt.

II. Vorliegen einer Sonderverbindung

Wie oben[73] ausgeführt, läßt sich das Merkmal der rechtlichen Sonderverbindung als ein gesteigerter sozialer Kontakt bezeichnen, in dem eine über das gewöhnliche Maß hinausgehende Interessenverknüpfung vorliegt. Kern des Betriebsverfassungsrechts ist die Mitwirkung und Mitbestimmung der Arbeitnehmer. Diese Aufgabe wird hauptsächlich durch den von den wahlberechtigten Arbeitnehmern eines Betriebes gewählten Betriebsrat wahrgenommen. Der Betriebsrat tritt dem Arbeitgeber als ein eigenständiges Organ der Betriebsverfassung gegenüber.[74] Dabei hat der Arbeitgeber zwangsläufig in vielen Fragen andere Interessen als der Betriebsrat. Während letzterer vor allem die Wahrnehmung von Arbeitnehmerinteressen zur Aufgabe hat, wird der Arbeitgeber immer seine eigenen betriebstechnischen und unternehmerischen Ziele im Auge haben. Wenn auch beide Seiten in Einzelfragen im Ergebnis durchaus gleicher Ansicht sein können, ändert dies nichts an der divergierenden Tendenz der Interessenlage. Man kann deshalb von einem gesteigerten sozialen Kontakt zwischen Arbeitgeber und Betriebsrat sprechen, dem eine besondere Interessenverknüpfung zugrunde liegt. Hieraus folgt das Vorliegen einer rechtlichen Sonderverbindung zwischen beiden Seiten.

Es ist hier angesichts der weiten Auslegung des Begriffs der rechtlichen Sonderverbindung nicht erforderlich, diese Sonderverbindung auf ein beste-

---

70 Vgl. BAG, AP Nr. 6 zu § 61 BetrVG Bl. 3; AP Nr. 1 zu § 45 BetrVG Bl. 4; LAG Düsseldorf, DB 1961, 311; *Dietz*, RdA 1969, 1 (6); *Dietz/Richardi*, z.B. § 26 Anm. 56; *Gaul*, DB 1960, 1099 (1100); *Hacker*, Kurskorrektur, S. 1 (6); *Soergel-Knopp* § 242 Anm. 68; *Wiese*, GK-BetrVG, z.B. § 26 Anm. 50, § 30 Anm. 7, § 37 Anm. 180, § 38 Anm. 32, § 40 Anm. 21, 56.

71 Nach heute herrschender, zutreffender Ansicht ist das Betriebsverfassungsrecht zum Privatrecht zu zählen, vgl. *Dietz/Richardi* § 1 Anm. 32ff.; *Galperin/Löwisch* vor § 1 Anm. 8; *Kraft*, GK-BetrVG, § 1 Anm. 4ff.; unentschieden BAG, AP Nr. 1 zu § 2 ArbGG 1953 Betriebsverfassungsstreit Bl. 2 R; a. A. *Kammann/Hess/Schlochauer* vor § 1 Anm. 10.

72 Die Geltung von Treu und Glauben im Betriebsverfassungsrecht außerhalb des Verhältnisses von Arbeitgeber und Betriebsrat, so z.B. zwischen Jugendvertretung und Betriebsrat, berührt nicht die Frage des Verhältnisses von § 242 BGB zu § 2 Abs. 1 BetrVG und kann hier daher dahinstehen.

73 Vgl. oben § 1 A III.

74 Zur uneinheitlichen Terminologie bezüglich der Stellung des Betriebsrats vgl. nur *Dietz/Richardi* § 1 Anm. 15ff.; *Kraft*, GK-BetrVG, § 1 Anm. 39ff.

hendes Rechtsverhältnis zwischen beiden Seiten zu stützen. Ein solches wird bei der Kostentragungspflicht des Arbeitgebers nach § 40 Abs. 1 BetrVG konstruiert; man spricht zuweilen von einem gesetzlichen Schuldverhältnis mit sozialrechtlichem Charakter zwischen Arbeitgeber und Betriebsrat.[75] Hier würde sich jedoch die Begründung einer Sonderverbindung lediglich auf den Bereich der Kostentragungspflicht beschränken, so daß die Geltung des § 242 BGB zwischen Arbeitgeber und Betriebsrat außerhalb des § 40 Abs. 1 BetrVG noch nicht begründet wäre.

Zu denken wäre zwar an eine neuere Ansicht im Schrifttum,[76] nach der ein gesetzliches Schuldverhältnis zwischen Arbeitgeber und Betriebsrat nicht nur im engen Rahmen des § 40 Abs. 1 BetrVG besteht, sondern nach der bereits mit der Wahl des Betriebsrats grundsätzlich ein zivilrechtliches Schuldverhältnis zur Entstehung kommt. In Anbetracht des weiten Begriffs der Sonderverbindung erübrigt es sich jedoch an dieser Stelle, auf diese theoretische Konstruktion einzugehen, zumal aus ihr keine rechtlichen Folgerungen abzuleiten sind.[77] Immerhin spricht auch dieser Ansatz für die Auffassung, daß zwischen Arbeitgeber und Betriebsrat eine Sonderverbindung anzunehmen ist.

C. Ergebnis

Der Grundsatz von Treu und Glauben gilt im Betriebsverfassungsrecht dort, wo eine rechtliche Sonderverbindung vorliegt. Da eine solche Sonderverbindung zwischen Arbeitgeber und Betriebsrat besteht, gilt das Gebot von Treu und Glauben grundsätzlich in deren Verhältnis zueinander.

---

[75] So *Neumann-Duesberg*, NJW 1954, 617 (618f.). Vgl. auch *Dietz/Richardi* § 40 Anm. 36; *Dütz/Säcker*, DB 1972, Beil. Nr. 17, S. 7; *Wiese*, GK-BetrVG, § 40 Anm. 12.

[76] Vgl. *Derleder*, AuR 1983, 289 (300f.); *Heinze*, DB 1982, Beil. Nr. 23, S. 5; *ders.*, DB 1983, Beil. Nr. 9, S. 6f.

[77] Vgl. *Heinze*, DB 1982, Beil. Nr. 23, S. 5 FN 51; näher hierzu unten § 7 D.

§ 2 Vergleich des § 2 Abs. 1 BetrVG mit § 242 BGB

A. Einführung in die Kooperationsmaxime

I. Allgemeines

Nach der in § 2 Abs. 1 BetrVG niedergelegten Kooperationsmaxime arbeiten Arbeitgeber und Betriebsrat unter Beachtung der geltenden Tarifverträge vertrauensvoll zum Wohl der Arbeitnehmer und des Betriebs zusammen.

Obwohl die Formulierung dieser Vorschrift den Eindruck entstehen läßt, es werde die betriebliche Wirklichkeit beschrieben,[1] ist die Kooperationsmaxime als generelle Pflicht zur vertrauensvollen Zusammenarbeit anerkannt.[2] Arbeitgeber und Betriebsrat sollen in Offenheit und Ehrlichkeit zusammenarbeiten;[3] sie sollen auf die Interessen der anderen Seite Rücksicht nehmen, insbesondere diese bei der Wahrnehmung ihrer betriebsverfassungsrechtlichen Pflichten unterstützen und nicht stören.[4]

Die Kooperationsmaxime darf nicht so verstanden werden, daß sie von den Betriebspartnern die Aufgabe ihrer eigenen Interessen und nur die Wahrnehmung der Interessen der anderen Seite verlangt.[5] Dies wäre schon angesichts der betrieblichen Realitäten unmöglich, da der Betriebsrat immer die Belange der Belegschaft und der Arbeitgeber immer die arbeitstechnischen und unternehmerischen Interessen wahrnehmen wird, derentwegen er letztlich überhaupt einen Betrieb eingerichtet hat. Ist also die Preisgabe der eigenen Interessen aus praktischen Erwägungen bereits realitätsfern, so widerspricht sie zudem vor allem der Aufgabe und der Bedeutung, die beiden Be-

---

[1] Vgl. *Tomandl,* ZAS 1967, 41.

[2] Vgl. BAG, AP Nr. 6 zu § 56 BetrVG Wohlfahrtseinrichtungen Bl. 1 R; *Buchner,* DB 1974, 530 (532); *Bulla,* RdA 1965, 121 (122); *Dietz/Richardi* § 2 Anm. 5; *Fitting/Auffarth/Kaiser* § 2 Anm. 2; *Galperin/Löwisch* § 2 Anm. 9; *v. Hoyningen-Huene,* Betriebsverfassungsrecht, S. 33; *Hueck/Nipperdey* II/2, S. 1335; *Kammann/Hess/Schlochauer* § 2 Anm. 11; *Konzen,* Leistungspflichten, S. 65; *Kraft,* GK-BetrVG, § 2 Anm. 6; *Kreutz,* BlStSozArbR 1972, 44 (45); *G. Müller,* DB 1970, 1076; *Neumann-Duesberg,* Betriebsverfassungsrecht, S. 173; *Scheuerle,* Festschrift für *Eichler,* S. 565; *Söllner,* DB 1968, 571 (572); *Wiese,* RdA 1973, 1 (3); a. A. *Weiss* § 2 Anm. 5.

[3] Vgl. BAG, AP Nr. 3 zu § 23 BetrVG Bl. 2 R.

[4] Vgl. statt vieler *Dietz/Richardi* § 2 Anm. 5.

[5] Vgl. BAG, AP Nr. 1 zu § 23 BetrVG Bl. 2 R; AP Nr. 1 zu § 37 BetrVG Bl. 3; AP Nr. 26 zu § 611 BGB Fürsorgepflicht Bl. 5f.; DB 1984, 248 (249f.); *Buchner,* DB 1974, 530 (531); *Bulla,* RdA 1965, 121 (123); *Dietz,* RdA 1969, 1 (2); *Dietz/Richardi* § 2 Anm. 5; *Frey,* Anm. zu BAG, AuR 1957, 154 (155); *Galperin/Löwisch* § 2 Anm. 4; *Galperin/Siebert* § 49 Anm. 4; *Germelmann,* Betriebsfrieden, S. 51ff.; *Hueck/Nipperdey* II/2, S. 1337; *Jahnke,* Tarifautonomie und Mitbestimmung, S. 73; *Kraft,* GK-BetrVG, § 2 Anm. 30; *Kreutz,* BlStSozArbR 1972, 44 (46); *G. Müller,* Festschrift für *W. Herschel,* S. 269 (286f.); *Nikisch* III, S. 230; *Wlotzke* § 2 Anm. 1 a; vgl. auch *Galperin,* Regierungsentwurf, S. 29f.

triebspartnern vom Gesetzgeber zugemessen wird. Das Arbeitsrecht ist vom Wesen her geprägt durch den Interessengegensatz zwischen Arbeitgeber und Arbeitnehmern. Wie von *Buchner*[6] treffend formuliert, ist die Auseinandersetzung um den Verteilungsschlüssel des durch Arbeit und Kapital erarbeiteten Produktionsergebnisses unvermeidlich. Dies gilt auch dann, wenn es weite Bereiche der Interessengemeinsamkeiten gibt und wenn man die Interessen beider Seiten als einander bedingend ansieht.[7] Aufgabe und Pflicht des Betriebsrats ist es von daher gerade, die Interessen der Belegschaft gegenüber dem Arbeitgeber im Gegensatz zu dessen Interessen wahrzunehmen.

Diese unterschiedliche Interessenlage wird von der Kooperationsmaxime vorausgesetzt. Ihre Bedeutung liegt also im Ausgleich der gegenläufigen Interessen.[8] So verlangt § 2 Abs. 1 BetrVG von den Betriebspartnern, in Kompromißbereitschaft einander entgegenzukommen und Verständnis für die Belange der anderen Seite zu finden. Ziel der vertrauensvollen Zusammenarbeit ist das Wohl der Arbeitnehmer und des Betriebs. Die Interessenwahrnehmung darf daher nur in Unterordnung unter diese Ziele erfolgen, jede Zusammenarbeit muß auf dieses Wohl gerichtet sein.[9] Durch die Kooperationsmaxime wird nicht, wie von *Dahrendorf*[10] befürchtet, der für eine liberale Gesellschaft erforderliche Konflikt unterdrückt, sondern er wird lediglich in Bahnen gelenkt, die dieser Gesellschaft und insbesondere den sozialen und betrieblichen Notwendigkeiten angemessen sind.[11]

Das Gebot der vertrauensvollen Zusammenarbeit gilt zwischen Arbeitgeber und Betriebsrat.[12] Es bezieht sich also nicht auf die Beziehungen zwischen dem Arbeitgeber und den einzelnen Arbeitnehmern.[13] Ebensowenig ist eine Anwendbarkeit des § 2 Abs. 1 BetrVG auf die Beziehungen der einzelnen Be-

---

[6] Vgl. DB 1974, 530; ebenso *Zachert*, MitbestGespr. 1975, 187 (189f.).

[7] So *G. Müller*, Festschrift für *W. Herschel*, S. 269 (287).

[8] Vgl. BAG, AP Nr. 1 zu § 37 BetrVG Bl. 3; AP Nr. 6 zu § 103 BetrVG 1972 Bl. 2 R; DB 1984, 248 (249); ausführlich *Buchner*, DB 1974, 530ff.; *Bulla*, RdA 1965, 121 (123); *Galperin*, Regierungsentwurf, S. 29; *Galperin/Siebert* vor § 49 Anm. 4; *G. Müller*, Festschrift für *W. Herschel*, S. 269 (286); *Neumann-Duesberg*, Betriebsverfassungsrecht, S. 49; vgl. auch *Jahnke*, Tarifautonomie und Mitbestimmung, S. 92.

[9] Vgl. *Bulla*, RdA 1965, 121 (123); *Dietz*, RdA 1969, 1 (2); *Dietz/Richardi* § 2 Anm. 6; *Galperin/Löwisch* § 2 Anm. 4; *Kraft*, GK-BetrVG, § 2 Anm. 30; *Kreutz*, BlStSozArbR 1972, 44 (46); *Nikisch* III, S. 230; *Zitscher*, DB 1984, 1395.

[10] Vgl. Gesellschaft und Demokratie in Deutschland, S. 189ff.

[11] Ebenso *Buchner*, DB 1974, 530 (531); vgl. auch *Galperin*, RdA 1962, 366 (368 und passim). Näheres unten § 2 A III.

[12] Im Verhältnis des Arbeitgebers zu sonstigen Gremien, die betriebsverfassungsrechtliche Aufgaben wahrnehmen, ist eine entsprechende Anwendung des § 2 Abs. 1 BetrVG geboten, vgl. *Galperin/Löwisch* § 2 Anm. 6; *Hueck/Nipperdey* II/2, S. 1335 FN 2; *Kraft*, GK-BetrVG, § 2 Anm. 7.

[13] Vgl. BAG, AP Nr. 1 zu § 242 BGB Bl. 1 R; *Dietz*, RdA 1969, 1 (3); *Dietz/Richardi* § 2 Anm. 12; *Galperin/Löwisch* § 2 Anm. 6; *Kammann/Hess/Schlochauer* § 2 Anm. 23; *Kraft*, GK-BetrVG, § 2 Anm. 8; *Kreutz*, BlStSozArbR 1972, 44 (46); *Söllner*, DB 1968, 571; a. A. BGH, AP Nr. 1 zu § 110 StGB Bl. 2.

triebsratsmitglieder untereinander anzunehmen.[14] Wohl aber ist nicht nur der Betriebsrat als Gremium, sondern auch jedes einzelne Betriebsratsmitglied verpflichtet, die Grundlagen des Vertrauens nicht nachhaltig zu stören.[15]

Die Vorschrift des § 2 Abs. 1 BetrVG ist gesetzestechnisch als Generalklausel ausgestaltet, da ihr Inhalt aus wertausfüllungsbedürftigen Begriffen besteht und der Konkretisierung bedarf.[16] Nach h. M. handelt es sich bei der Kooperationsmaxime um eine unmittelbar geltende, objektive Rechtsnorm.[17] Begründet wird diese Aussage unter anderem mit Wortlaut, systematischer Stellung des § 2 Abs. 1 BetrVG und insbesondere damit, daß bei einer Betrachtung der Kooperationsmaxime als reiner Programmsatz der Betrieb ein rechtlich anerkannter, zumindest rechtlich tolerierter Freiraum für eine ungehemmte und rücksichtslose Ausfechtung der einander gegenüberstehenden Interessen wäre.[18] Inwieweit diese Argumentation trägt und inwieweit § 2 Abs. 1 BetrVG normativer Gehalt zugemessen werden kann, läßt sich nur durch Auslegung dieser Vorschrift feststellen; diese wird an späterer Stelle geschehen.[19]

Die Zusammenarbeit muß im Zusammenwirken mit den im Betrieb vertretenen Gewerkschaften und Arbeitgebervereinigungen erfolgen. Dies bedeutet

---

[14] Vgl. BAG, AP Nr. 8 zu § 23 BetrVG Bl. 3 R; AP Nr. 1 zu § 74 BetrVG 1972 Bl. 8 R; *Dietz*, RdA 1969, 1 (2); *Dietz/Richardi* § 2 Anm. 12; *Galperin/Löwisch* § 2 Anm. 8; *Kammann/Hess/Schlochauer* § 2 Anm. 23; *Kraft*, GK-BetrVG, § 2 Anm. 8; *Söllner*, DB 1968, 571.

[15] Vgl. BAG, AP Nr. 1 zu § 87 BetrVG 1972 Betriebsbuße Bl. 3; AP Nr. 1 zu § 74 BetrVG 1972 Bl. 7 R; *Galperin/Löwisch* § 2 Anm. 7; *Hanau/Adomeit*, Arbeitsrecht, S. 104; ausführlich *G. Müller*, Festschrift für *W. Herschel*, S. 269 (294ff.); *Wiese*, Anm. zu BAG, EzA Nr. 1 zu § 87 BetrVG Betriebliche Ordnung S. 18.

[16] Vgl. z.B. BAG, AP Nr. 11 zu § 37 BetrVG Bl. 2.

[17] Vgl. BAG, AP Nr. 1 zu § 23 BetrVG Bl. 2 R; AP Nr. 1 zu § 74 BetrVG 1972 Bl. 7 R; *Auffarth*, AR-Blattei D, Betriebsverfassung XIV A I; *Brecht* § 2 Anm. 8; *Buchner*, DB 1974, 530 (533); *Bulla*, RdA 1965, 121 (127); *Dietz/Richardi* § 2 Anm. 8; *Dzikus*, Mitbestimmung des Betriebsrats, S. 66f.; *Fischer*, MuA 1964, 151 (152); *Fitting/Auffarth/Kaiser* § 2 Anm. 2 a; *Galperin/Löwisch* § 2 Anm. 23; *Galperin/Siebert* vor § 49 Anm. 3, § 49 Anm. 3; *van Gelder*, BUV 1971, 121; *Germelmann*, Betriebsfrieden, S. 49f.; *Hanau/Adomeit*, Arbeitsrecht, S. 104; *v. Hoyningen-Huene*, Betriebsverfassungsrecht, S. 33; *Hueck/Nipperdey* II/2, S. 1338; *Hümmerich*, RdA 1979, 143 (146); *Kammann/Hess/Schlochauer* § 2 Anm. 11; *Konzen*, Leistungspflichten, S. 65; *Kraft*, GK-BetrVG, § 2 Anm. 6; *Kreutz*, BlStSozArbR 1972, 44 (45); *Küchenhoff*, Betriebsverfassungsgesetz, S. 22; ausführlich *G. Müller*, Festschrift für *W. Herschel*, S. 269 (283f.); *Neumann-Duesberg*, Betriebsverfassungsrecht, S. 49; *Richardi*, Recht der Betriebs- und Unternehmensmitbestimmung, Bd. 1, S. 94; *Säcker*, Informationsrechte der Betriebs- und Aufsichtsratsmitglieder, S. 30; *Sandvoss*, MitbestGespr. 1977, 199; *Siebert*, BB 1952, 832 (833); *Söllner*, DB 1968, 571 (573); *Stege/Weinspach* § 2 Anm. 1; *Wiese*, JArbR Bd. 9, 1971, 55 (68); *ders.*, Anm. zu BAG, EzA Nr. 1 zu § 87 BetrVG Betriebliche Ordnung S. 18; *Zitscher*, DB 1984, 1395; a. A. *Erdmann* § 49 Anm. 3; *K. Maier*, Interdependenzen, S. 133ff.; *Weiss* § 2 Anm. 2; kritisch *Galperin*, Regierungsentwurf, S. 29f.

[18] So *G. Müller*, Festschrift für *W. Herschel*, S. 269 (284).

[19] Vgl. unten § 2 A III.

unter anderem nach Ansicht des BAG,[20] der die h. M. folgt,[21] daß das Gebot der vertrauensvollen Zusammenarbeit auch eine Verhaltensnorm für die Koalitionen darstellt, die sie bei Wahrnehmung ihrer betriebsverfassungsrechtlichen Rechte und Pflichten zu beachten haben. Wenn auch die Stellung der Koalitionen im Betrieb in diesem Zusammenhang nicht interessiert, so läßt sich an dieser Aussage das große Gewicht erkennen, das der Kooperationsmaxime im betrieblichen Raum beigemessen wird.

II. Vergleich mit § 49 Abs. 1 BetrVG 1952

Vorgänger des § 2 Abs. 1 BetrVG 1972 war § 49 Abs. 1 BetrVG 1952. Auch in dieser Vorschrift, deren Wortlaut mit dem der neuen Norm fast vollständig übereinstimmt, war das Gebot der vertrauensvollen Zusammenarbeit enthalten.

Verändert hat sich die systematische Stellung der Kooperationsmaxime. Während § 49 Abs. 1 BetrVG 1952 zu Beginn der Vorschriften über die Mitwirkung und Mitbestimmung der Arbeitnehmer im Vierten Teil des Gesetzes und somit vor dem Kernbereich der Betriebsverfassung stand, wurde mit Erlaß des BetrVG 1972 die Bestimmung an den Anfang in die einleitenden allgemeinen Vorschriften vorgezogen. Hiermit wollte der Gesetzgeber die grundsätzliche Bedeutung der Kooperationsmaxime für das gesamte Betriebsverfassungsrecht hervorheben.[22] Dieser legislatorische Schritt verdient angesichts der grundlegenden Wichtigkeit der Vorschrift für alle betriebsverfassungsrechtlichen Fragen Zustimmung. Der neuen Bestimmung wurde die Überschrift „Stellung der Gewerkschaften und Vereinigungen der Arbeitgeber" gegeben. Diese Überschrift ist als gesetzgeberische Fehlentscheidung anzusehen, da sie den Inhalt des § 2 BetrVG nur unvollständig wiedergibt und die auch rechtspolitisch bedeutsame Kooperationsmaxime nicht erwähnt.[23]

§ 49 Abs. 1 BetrVG 1952 sprach von vertrauensvoller Zusammenarbeit zum Wohl des Betriebs und seiner Arbeitnehmer, während § 2 Abs. 1 BetrVG 1972 Kooperation zum Wohl der Arbeitnehmer und des Betriebs verlangt. Die Umstellung dieser Worte wurde ohne Wertung vorgenommen.[24] Denkbar

---

[20] Vgl. AP Nr. 2 zu § 45 BetrVG Bl. 3 R.

[21] Vgl. *Dietz/Richardi* § 2 Anm. 13; *Galperin/Löwisch* § 2 Anm. 6; *Hueck/Nipperdey* II/2, S. 1335 FN 2; *Kammann/Hess/Schlochauer* § 2 Anm. 23; *Kraft*, GK-BetrVG, § 2 Anm. 9; ausführlich *K. Maier*, Interdependenzen, S. 163 ff.; *G. Müller*, Festschrift für *W. Herschel*, S. 269 (296 ff.); a. A. *Brecht* § 2 Anm. 4; *Buchner*, DB 1974, 530 (534).

[22] Vgl. amtliche Begründung, BR-Drucks. 715/70, S. 35; Schriftlicher Bericht des 10. Ausschusses, zu BT-Drucks. IV/2729, S. 9. Vgl. auch *Konzen*, Leistungspflichten, S. 65; *Kreutz*, BlStSozArbR 1972, 44; *G. Müller*, Festschrift für *W. Herschel*, S. 269 (269 f.); *Wiese*, JArbR Bd. 9, 1971, 55 (68); kritisch *Galperin*, Regierungsentwurf, S. 29 f.

[23] Vgl. *Kreutz*, BlStSozArbR 1972, 44; *Wiese*, JArbR Bd. 9, 1971, 55 (68).

[24] Vgl. Schriftlicher Bericht des 10. Ausschusses, zu BT-Drucks. VI/2729, S. 18.

wäre allerdings, daß mit dem „Wohl der Arbeitnehmer" in der neuen Fassung das Wohl sämtlicher Arbeitnehmer schlechthin gemeint ist.[25] Das würde indessen bedeuten, alle Arbeitnehmer in einen übergreifenden gesetzlichen Zwangsverband zusammenzufassen. Dies wäre bereits in Hinsicht auf Art. 9 Abs. 3 GG als verfassungsrechtlich bedenklich anzusehen, da nach dieser Vorschrift die Bildung von Organisationen der Arbeitnehmer diesen freigestellt ist.[26] Hinzu kommt insbesondere, daß der Betriebsrat immer nur von der Belegschaft eines Betriebs gewählt wird, so daß man eine Handlungsbefugnis des Betriebsrats auch nur zum Wohl „seiner" Arbeitnehmer annehmen darf.[27] Diese Gründe und die fehlende Absicht des Gesetzgebers, die Kooperationsmaxime dergestalt zu erweitern, sprechen dafür, daß die Umstellung der Formulierung in § 2 Abs. 1 BetrVG 1972 ohne Bedeutung ist. Hierbei läßt sich auch keine Gewichtsverschiebung zugunsten der Arbeitnehmerseite feststellen.[28] Der Sinn dieser Umstellung wird wohl in der Betonung liegen, daß es sich beim Betriebsverfassungsgesetz um ein „Arbeitnehmergesetz" handelt.[29]

Weiterhin verlangte § 49 Abs. 1 BetrVG 1952 vertrauensvolle Zusammenarbeit „unter Berücksichtigung des Gemeinwohls". Dieses Erfordernis ist im neuen Gesetz nicht mehr ausdrücklich enthalten. Der Gesetzgeber begründete dieses Fortlassen mit einem Hinweis auf die Neuregelung des als Vorbild für § 49 Abs. 1 BetrVG 1952 dienenden § 70 Abs. 1 AktG 1937 durch Gesetz vom 6. September 1965,[30] in der die Pflicht des Vorstands zur Leitung der Aktiengesellschaft zum gemeinen Nutzen von Volk und Reich ebenfalls nicht übernommen wurde.[31] Außerdem wurde darauf hingewiesen, daß die Betriebspartner nach den Prinzipien des Sozialstaats (Art. 20, 28 GG) ohnehin an sozialpflichtiges Handeln gebunden sind.

Dies überzeugt. Die Betriebspartner sind durch das Betriebsverfassungsrecht zur Setzung von Normen berechtigt, die direkt Dritte, nämlich die Arbeitnehmer des Betriebs, betreffen. Diese Verantwortung gegenüber Dritten, also die Drittbezogenheit der Zusammenarbeit, unterscheidet die Betriebspartner von den Personen, die eigennützig ihre Interessen im Rahmen der Pri-

---

25 So *Däubler*, Das Arbeitsrecht 1, S. 201.

26 Vgl. *Scholz*, in *Maunz/Dürig/Herzog/Scholz*, Grundgesetz, Art. 9 Anm. 159ff.

27 Vgl. *G. Müller*, Festschrift für *W. Herschel*, S. 269 (299f.).

28 Herrschende Ansicht, vgl. *Dietz/Richardi* § 2 Anm. 7; *Fitting/Auffarth/Kaiser* § 2 Anm. 2 a; *Galperin/Löwisch* § 2 Anm. 19; *Germelmann*, Betriebsfrieden, S. 68; *Kraft*, GK-BetrVG, § 2 Anm. 32; *Kreutz*, BlStSozArbR 1972, 44 (47); *G. Müller*, Festschrift für *W. Herschel*, S. 269 (299f.); *Ruf*, DB 1971, 2475; *Wiese*, JArbR Bd. 9, 1971, 55 (68f.); unklar *Brecht* § 2 Anm. 19: Umstellung bedeutet stärkere Betonung gegensätzlicher Interessen (aber keine rechtlichen Folgerungen); a. A. *Däubler*, Das Arbeitsrecht 1, S. 201.

29 So auch *Gamillscheg*, Arbeitsrecht, Bd. II, S. 239; *G. Müller*, Festschrift für *W. Herschel*, S. 269.

30 Vgl. BGBl. I S. 1089.

31 Vgl. Schriftlicher Bericht des 10. Ausschusses, zu BT-Drucks. VI/2729, S. 9f., 18f.

vatautonomie wahrnehmen dürfen.[32] Hinzu kommt, daß das betriebliche Geschehen immer auch Auswirkungen auf die Volkswirtschaft und die kommunale und soziale Entwicklung des Staates hat. Gerade diese Auswirkungen verpflichten die Betriebspartner, die hierdurch möglichen Schädigungen des Gemeinwohls zu vermeiden. Es ist daher durchaus angemessen, die besondere Position der Betriebspartner im Rahmen der Sozial- und Gesellschaftsordnung als eine Verpflichtung nicht nur gegenüber der Belegschaft, sondern gegenüber der gesamten Ordnung anzusehen.

Das Fortlassen der expliziten Verpflichtung auf das Gemeinwohl kann demnach nicht bedeuten, daß die Betriebspartner nun in einen ungehemmten Betriebsegoismus verfallen dürfen. Auch weiterhin ist das Gemeinwohl als eine den Betriebspartnern gesetzte immanente Rahmenbedingung anzuerkennen; nach wie vor haben sie jede Handlung zu unterlassen, die eindeutig schädliche Auswirkungen auf die Volkswirtschaft und das soziale Ganze hat.[33]

Eine Änderung gegenüber der bisherigen Rechtslage ist ferner nicht damit begründbar, daß den Betriebspartnern nach dem neuen BetrVG eine Berufung auf Gesichtspunkte des Gemeinwohls verwehrt wird.[34] Dies war auch nach dem BetrVG 1952 nicht möglich, da das Gemeinwohl niemals als Ziel, sondern lediglich als Rahmen der Zusammenarbeit gedacht war.[35] Daher ist zudem der Vorwurf unbegründet, die Betriebspartner seien durch die schwierige Justitiabilität des Begriffs „Gemeinwohl" im BetrVG 1952 überfordert gewesen.[36] Dies wäre nämlich nur dann der Fall, wenn sie verpflichtet gewesen wären, zum Wohle der Allgemeinheit zusammenzuarbeiten. Die Pflicht zur Zusammenarbeit erfolgte jedoch stets zum Wohle der Arbeitnehmer und des Betriebs, während das Gemeinwohl als Schranke unabhängig von einer subjektiven Bewertung der Betriebspartner existierte.

---

32 Vgl. *Hueck/Nipperdey* II/2, S. 1339.

33 Vgl. *Auffarth*, AR-Blattei D, Betriebsverfassung XIV A I; *Becker/Leimert*, BlStSozArbR 1972, 37 (40); *Brecht* § 2 Anm. 20; *Dietz/Richardi* § 2 Anm. 6; *Fitting/Auffarth/Kaiser* § 2 Anm. 11; *Frauenkron*, Betriebsverfassungsgesetz, § 2 Anm. 4; *Hueck/Nipperdey* II/2, S. 1340; *Kraft*, GK-BetrVG, § 2 Anm. 33; *Kreutz*, BlStSozArbR 1972, 44 (47); *Küchenhoff*, Betriebsverfassungsgesetz, Einleitung S. 4; *K. Maier*, Interdependenzen, S. 160; *G. Müller*, Festschrift für *W. Herschel*, S. 269 (300ff.); *Neumann-Duesberg*, Betriebsverfassungsrecht, S. 84; *Wiese*, JArbR Bd. 9, 1971, 55 (69).

34 So aber *Galperin/Löwisch* § 2 Anm. 17.

35 Vgl. *G. Müller*, Festschrift für *W. Herschel*, S. 269 (302); vgl. auch *Neumann-Duesberg*, Betriebsverfassungsrecht, S. 84.

36 So aber *Gnade/Kehrmann/Schneider*, 1. Aufl., § 2 Anm. 1; *Kraft*, GK-BetrVG, § 2 Anm. 33; *Kreutz*, BlStSozArbR 1972, 44 (47).

Aus diesen Gründen ist das Gemeinwohl als Schranke unabhängig von einer gesetzlichen Fixierung zu berücksichtigen; sachlich hat sich nichts geändert.

Ein weiterer Unterschied zwischen § 49 Abs. 1 BetrVG 1952 und § 2 Abs. 1 BetrVG 1972 ist, daß ersterer lediglich von Zusammenarbeit „im Rahmen der geltenden Tarifverträge" sprach, während letzterer deren „Beachtung" verlangt. Durch diese Formulierung wird der bisherige Rechtszustand nur unwesentlich geändert, da gemäß § 3 Abs. 2 TVG ohnehin bestehende Tarifverträge über betriebliche und betriebsverfassungsrechtliche Fragen bei einer tariflichen Bindung des Arbeitgebers zu beachten sind und auch in anderen Regelungen die Normsetzungsprärogative der Tarifpartner gewahrt ist.[37] Es wird nun jedoch klargestellt, daß eine aktive Beachtung der Tarifverträge von seiten der Betriebspartner verlangt wird, die über das Handeln „im Rahmen" der Tarifverträge hinausgeht.[38]

Im Ergebnis ist festzustellen, daß sich die Rechtslage bezüglich der Kooperationsmaxime durch die Neubekanntmachung des BetrVG nicht verändert hat. Deshalb können die zu § 49 Abs. 1 BetrVG 1952 ergangenen Entscheidungen und entwickelten Ansichten auch weiterhin herangezogen werden.

III. Bedeutung des Kooperationsmodells und Rechtsnatur des § 2 Abs. 1 BetrVG

Um das Verhältnis der Kooperationsmaxime zum Grundsatz von Treu und Glauben ermitteln zu können, ist ihr gedanklicher Hintergrund von erheblicher Bedeutung. Erste Ansätze eines Kooperationsmodells im betrieblichen Mitbestimmungsbereich finden sich im BRG 1920.[39] Nach dessen § 1 waren Betriebsräte zur Wahrnehmung der gemeinsamen wirtschaftlichen Interessen der Arbeitnehmer dem Arbeitgeber gegenüber und zur Unterstützung des Arbeitgebers in der Erfüllung der Betriebszwecke zu errichten.

Diese Zweiteilung der Aufgabenbereiche in Interessenvertretung und Förderung der Betriebszwecke[40] zeigt zwei Tendenzen auf. Einmal deutet die

---

[37] Vgl. §§ 77 Abs. 3, 87 Abs. 1 Eingangssatz BetrVG 1972; §§ 59, 56 Abs. 1 Eingangssatz BetrVG 1952.

[38] Vgl. *Brecht* § 2 Anm. 10; *Dietz/Richardi* § 2 Anm. 14; *Fitting/Auffarth/Kaiser*, 13. Aufl., § 2 Anm. 3; *Galperin/Löwisch* § 2 Anm. 15; *Kammann/Hess/Schlochauer* § 2 Anm. 34; *Kraft*, GK-BetrVG, § 2 Anm. 13.

[39] Vgl. RGBl. S. 147.

[40] Vgl. amtliche Begründung, Verfassungsgebende Deutsche Nationalversammlung 1919, Drucks. Nr. 928, S. 19; *Flatow*, Betriebsrätegesetz, § 1 Anm. 1; *Mansfeld*, Betriebsrätegesetz, § 1 Anm. 2.

Pflicht zur Wahrnehmung von Interessen „gegenüber“ dem Arbeitgeber auf die grundsätzliche Einstellung des damaligen Gesetzgebers zur Beziehung zwischen Arbeitgeber und Betriebsrat hin. Beide Seiten wurden als soziale Gegenspieler angesehen; gewachsen in der historischen, klassenkämpferischen Entwicklung des Arbeitsrechts sollte der Betriebsrat die Arbeitnehmer vor der Übermacht des Arbeitgebers schützen und für ihre Interessen eintreten. Es ist insoweit durchaus zutreffend, wenn aufgrund dieser Vorschrift dem BRG 1920 ein Modell der Konfrontation zwischen Arbeitgeber und Betriebsrat zugrunde gelegt wird.[41]

Andererseits hatte der Betriebsrat den Arbeitgeber bei der Erfüllung der Betriebszwecke[42] zu unterstützen. Diese der Interessenwahrnehmung gleichgewichtige Pflicht zeigt, daß bereits im BRG 1920 der Gedanke der Zusammenarbeit enthalten war. Bei der Unterstützung des Arbeitgebers handelt es sich letztlich ebenfalls um die Wahrnehmung von Arbeitnehmerinteressen, da die Funktionstüchtigkeit und die Produktivität des Betriebs auch im Interesse der belegschaftsangehörigen Arbeitnehmer ist, deren Lebensunterhalt hiervon abhängt.[43] Man findet also im BRG 1920 bereits Elemente eines Kooperationsmodells zwischen Arbeitgeber und Betriebsrat;[44] zu weitgehend erscheint es jedoch, mit *Buchner*[45] das BRG 1920 als ein reines Kooperationsmodell anzusehen. Selbst wenn man davon ausgeht, daß die Betriebsverfassung naturgemäß immer Zusammenarbeit mit sich bringt,[46] läßt sich der Gedanke der Konfrontation im BRG 1920 nicht leugnen.[47]

Die Betriebsverfassungsgesetze von 1952 und 1972 gehen hingegen grundsätzlich vom Prinzip der Zusammenarbeit zwischen Arbeitgeber und Betriebsrat aus. Wenn auch der Gesetzgeber des BetrVG 1952 den in § 49 Abs. 1 BetrVG 1952 niedergelegten Grundsatz der vertrauensvollen Zusammenarbeit noch nicht als Grundpostulat der gesamten Betriebsverfassung ansah,[48] wurde der Vorschrift von Rechtsprechung und Lehre eine immer stärker werdende Bedeutung zuerkannt. Es ist heute herrschende Auffassung, daß das Gebot der Kooperation die grundlegende Regel für sämtliche Beziehungen

---

[41] Vgl. *Bulla,* RdA 1965, 121 (121f.); *Dietz,* RdA 1969, 1 (2); *Fischer,* MuA 1964, 151; *Galperin,* RdA 1962, 366 (368); *Halberstadt,* BUV 1971, 73 (74); *ders.,* BlStSozArbR 1966, 71 (72); *Kreutz,* BlStSozArbR 1972, 44 (45); ausführlich *K. Maier,* Interdependenzen, S. 127ff.

[42] Zum Begriff „Betriebszweck“ vgl. *Flatow,* Betriebsrätegesetz, § 1 Anm. 3; *Mansfeld,* Betriebsrätegesetz, § 1 Anm. 2.

[43] So für das BRG 1920 *Mansfeld,* Betriebsrätegesetz, § 1 Anm. 2; a. A. *Flatow,* Betriebsrätegesetz, § 1 Anm. 3.

[44] So auch *K. Maier,* Interdependenzen, S. 128.

[45] Vgl. DB 1974, 530 (530f.).

[46] Vgl. *Buchner,* DB 1974, 530; *Hueck/Nipperdey* II/2, S. 1336.

[47] Vgl. *K. Maier,* Interdependenzen, S. 130.

[48] Dies folgt aus der systematischen Stellung der Vorschrift und der Bedeutung, die ihr in den Begründungen zugemessen wird, vgl. Schriftlicher Bericht des 20. Ausschusses, 1949, BT-Drucks. Nr. 3585, S. 9; ebenso *Buchner,* DB 1974, 530 (532 FN 12).

von Arbeitgeber und Betriebsrat ist.[49] Man spricht zuweilen von der „Magna Charta" der Betriebsverfassung.[50]

Dieses Kooperationsmodell ist verschiedentlich angezweifelt worden. Wie bereits angedeutet,[51] läuft ein Ansatz der Kritik darauf hinaus, in der Pflicht der Betriebspartner zur Zusammenarbeit eine Zwangsharmonisierung widerstreitender Interessen zu sehen.[52] Diese Harmonisierung würde die Wahrnehmung der Belegschaftsinteressen durch den Betriebsrat lähmen, da dieser immer zur Unterordnung unter das Zusammenarbeitserfordernis gezwungen wäre.[53] Durch die Pflicht zur Wahrung der Interessen des Gegenspielers würde das Gesetz bestehende kontradiktorische Interessen leugnen und den Betriebsrat in einen „Loyalitätskonflikt"[54] bringen, da er seine eigentliche Aufgabe, die Wahrnehmung der Belegschaftsinteressen, negieren müsse.[55] Vor allem würde ein Konzept der Partnerschaft der gesellschaftlichen Realität, die durch die Übermacht des Eigentümers der Produktionsmittel geprägt ist, nicht gerecht.[56]

Diese Aussagen überzeugen nicht. Wie oben[57] ausgeführt, bestehen unstreitig grundlegende Interessengegensätze zwischen der Belegschaft bzw. dem ihre Interessen wahrnehmenden Betriebsrat und dem Arbeitgeber. Hiervon geht auch das BetrVG aus. Wenn festgestellt wurde, daß § 2 Abs. 1 BetrVG dem Ausgleich gegenläufiger Interessen dient und diese in Bahnen lenkt, die den sozialen und betrieblichen Notwendigkeiten angemessen sind, so gilt dies für das gesamte Kooperationsmodell.

---

49 Vgl. *Buchner*, DB 1974, 530 (532); *Bulla*, RdA 1965, 121 (122); *Dietz* § 49 Anm. 2; *ders.*, RdA 1969, 1; *Dietz/Richardi* § 2 Anm. 1, 3, § 74 Anm. 14; *Fitting/Auffarth/Kaiser* § 2 Anm. 1; *Fitting/Kraegeloh/Auffarth* § 49 Anm. 1; *Galperin*, RdA 1962, 366; *Galperin/Löwisch* § 2 Anm. 2; *Heinze*, DB 1982, Beil. Nr. 23, S. 5, 9; *Kraft*, GK-BetrVG, § 2 Anm. 8; *Kreutz*, BlStSozArbR 1972, 44 (44f.); *K. Maier*, Interdependenzen, S. 130; ausführlich zur partnerschaftlichen Kooperation *Vollmer*, Die Entwicklung partnerschaftlicher Unternehmensverfassungen, S. 1 ff.; vgl. auch *Galperin*, Regierungsentwurf, S. 28ff.

50 So *Galperin/Löwisch* § 2 Anm. 23; *Kreutz*, BlStSozArbR 1972, 44 (45); *Neumann-Duesberg*, Betriebsverfassungsrecht, S. 126; *Richardi*, Recht der Betriebs- und Unternehmensmitbestimmung, Bd. 1, S. 94.

51 Vgl. oben § 2 A I.

52 Vgl. *Dahrendorf*, Gesellschaft und Demokratie in Deutschland, S. 189ff.; *Radke*, MitbestGespr. 1964, 98 (98f.); *ders.*, ArbuSozPol. 1970, 357 (362f.); *Reuter/Streckel*, Grundfragen der betriebsverfassungsrechtlichen Mitbestimmung, S. 7; *Zachert*, MitbestGespr. 1975, 187 (189); vgl. auch *Däubler*, Das Arbeitsrecht 1, S. 201, der von einer Verschleierung vorhandener Interessengegensätze spricht.

53 Vgl. *Dybowski-Johannson*, Die Interessenvertretung durch den Betriebsrat, S. 57, die von der Verpflichtung auf eine restriktive Definition legitimer Konfliktinhalte spricht.

54 Vgl. *Radke*, MitbestGespr. 1964, 98.

55 Vgl. *Radke*, MitbestGespr. 1964, 98 (98f.); *ders.*, ArbuSozPol. 1970, 357 (363); *Zachert*, MitbestGespr. 1975, 187 (189f.).

56 Vgl. *Radke*, ArbuSozPol. 1970, 357 (363); *Reuter/Streckel*, Grundfragen der betriebsverfassungsrechtlichen Mitbestimmung, S. 4ff.

57 Vgl. § 2 A I.

Dieses muß als Ausfluß einer gewandelten Betrachtungsweise des Arbeitsrechts angesehen werden. Wenn auch der Gedanke der Abhängigkeit der Arbeitnehmer vom Arbeitgeber für das heutige Arbeitsrecht tragend ist,[58] läßt sich eine zunehmende Abkehr von klassenkämpferischen und revolutionären Zielen der Arbeiterbewegung erkennen. Dies mag daran liegen, daß in den letzten Jahrzehnten die Interessen der Arbeitnehmer in immer stärkerem Maße berücksichtigt wurden. Die Ansicht, durch eine Teilbefriedigung der Arbeitnehmerschaft solle diese vom weiteren Kampf für ihre Interessen abgelenkt werden und das Arbeitsrecht diene so der Erhaltung des kapitalistisch orientierten Status quo,[59] geht an den Realitäten vorbei. Ein anderer Grund für die Abkehr vom Klassenkampf hin zur Partnerschaft wird im Leitbild der modernen Demokratie zu finden sein. Kern dieses Demokratieverständnisses ist vor allem die Gleichberechtigung aller Gesellschaftsmitglieder.[60] Wenn dieses auch im Rahmen der bestehenden Wirtschafts- und Gesellschaftsform zu sehen und an die Anerkennung des Privateigentums (Art. 14 Abs. 1 GG) gebunden ist,[61] so wird doch durch Partnerschaft und Kooperation auf das Ziel der Gleichberechtigung hingewirkt.

Es geht somit nicht um eine erzwungene Harmonisierung gegenläufiger Interessen, sondern um eine neue Konzeption des Miteinanderarbeitens im Betrieb, die nicht darauf gerichtet ist, gegenläufige Interessen zu neutralisieren, sondern darauf, sie in Bahnen zu lenken, die für Belegschaft und Betrieb von Nutzen sind.[62]

Ein weiterer Kritikpunkt ist der Begriff des Vertrauens. Es wird von zahlreichen Stimmen in der Lehre darauf hingewiesen, daß Vertrauen als solches nicht erzwingbar sei.[63] Vertrauen stelle eine innere Einstellung dar, die von dem Recht, das sich nur auf das äußere Zusammenleben bezieht, nicht erfaßt werde.[64] Außerdem sei diese innere Einstellung ein sog. Komplementärwert,

---

[58] Vgl. statt vieler *Hueck/Nipperdey* I, S. 25ff.; *Nikisch* I, S. 30f.; *Zöllner*, Arbeitsrecht, S. 44ff.

[59] So *Däubler*, Das Arbeitsrecht 1, S. 31ff.

[60] Vgl. *Herzog*, in *Maunz/Dürig/Herzog/Scholz*, Grundgesetz, Art. 20 Anm. II 6ff.

[61] Es handelt sich von daher um eine wertgebundene Demokratie, vgl. *Herzog*, in *Maunz/Dürig/Herzog/Scholz*, Grundgesetz, Art. 20 Anm. II 28.

[62] Diese neue Konzeption wurde von *Galperin* als „kühnes Experiment" bezeichnet, vgl. RdA 1962, 366 (367).

[63] Vgl. *Bulla*, RdA 1965, 121 (122f.); *Dietz*, RdA 1969, 1 (2); *Fischer*, MuA 1964, 151; *Frey*, Anm. zu LAG Berlin, AuR 1956, 125 (126); *ders.*, Anm. zu BAG, AuR 1957, 154 (155); *Galperin*, RdA 1962, 366 (367); *Galperin/Löwisch* § 2 Anm. 11; *Germelmann*, Betriebsfrieden, S. 50; *Gnade/Kehrmann/Schneider/Blanke* § 2 Anm. 3; *Gröbing*, AuR 1969, 42; *K. Maier*, Interdependenzen, S. 137f.; *F. Müller*, ArbGeb. 1965, 216 (217); *G. Müller*, Festschrift für *W. Herschel*, S. 269 (287); *Nikisch* III, S. 233; *Sandvoss*, MitbestGespr. 1977, 199 (200); *Scheuerle*, Festschrift für *Eichler*, S. 565 (568); *Söllner*, DB 1968, 571 (573).

[64] Vgl. *Frey*, Anm. zu BAG, AuR 1957, 154 (155); *Gröbing*, AuR 1969, 42; *Sandvoss*, MitbestGespr. 1977, 199 (200).

das heißt ein Wert, der auf Gegenseitigkeit beruht.[65] Nach Ansicht einiger Autoren wäre es Aufgabe des Gesetzgebers gewesen, die zu Vertrauen führenden Kausalwerte wie Wahrhaftigkeit und Zuverlässigkeit, Offenheit und Ehrlichkeit zu normieren.[66] In dem Postulat der vertrauensvollen Zusammenarbeit sei der Begriff „Vertrauen" daher überflüssig[67] oder sollte zumindest durch die Worte Offenheit und Ehrlichkeit ersetzt werden, die zudem klarer und verständlicher seien.[68]

Im Ansatz ist diese Kritik zutreffend. Vertrauen ist in der Tat eine innere Einstellung, die sich der Überprüfbarkeit und der Erzwingbarkeit durch Rechtsnormen entzieht. Es ist aber verfehlt, hieraus zu folgern, dieser Begriff sei hohl und überflüssig.[69] Es geht nicht darum, Vertrauen zu erzwingen. Zwar ist die Vorschrift sicherlich als ein eindringlicher Appell zum Vertrauen aufzufassen.[70] Um den Vorgang der gegenseitigen Vertrauensbildung zu fördern, verlangt das Gesetz darüber hinaus jedoch ein besonderes Verhalten. Dieses ist daran zu orientieren, wie sich zwei Parteien benehmen würden, die einander Vertrauen entgegenbrächten.[71] Nur durch ein solches „vertrauensvolles" Verhalten kann es letztlich zu einem echten Vertrauensverhältnis kommen. Hier läßt sich nicht von einer Pflicht zur Heuchelei sprechen,[72] da nicht darauf abgezielt wird, bestehende Interessengegensätze zu unterdrükken, sondern darauf, die Betriebspartner zu gegenseitigem Vertrauen zu motivieren.

Die Kooperationsmaxime fordert somit kein echtes, inneres Vertrauen, sondern ein Verhalten, das letztlich nach der Konzeption des Gesetzes zum Vertrauen führt. Daher ist die oben skizzierte Kritik, die Formulierung „vertrauensvoll" sei verfehlt, nicht begründet.

Hiermit hängt eng die Frage zusammen, ob § 2 Abs. 1 BetrVG grundsätzlich normative Kraft zukommt.[73] Steht man auf dem Standpunkt, § 2 Abs. 1

---

[65] Vgl. *Scheuerle*, Festschrift für *Eichler*, S. 565 (567).

[66] Vgl. *Sandvoss*, MitbestGespr. 1977, 199 (200 f.); *Scheuerle*, Festschrift für *Eichler*, S. 565 (568).

[67] Vgl. *Frey*, Anm. zu BAG, AuR 1957, 154 (155): „Ich betrachte das ‚vertrauensvoll' als nicht geschrieben"; a. A. trotz gemeinsamen Ausgangspunkts *K. Maier*, Interdependenzen, S. 138.

[68] Vgl. *Scheuerle*, Festschrift für *Eichler*, S. 565 (568ff.), unter Hinweis auf das BAG, das „die Lage erkannt" hat, vgl. BAG, AP Nr. 3 zu § 23 BetrVG Bl. 2 R; vgl. auch *Sandvoss*, MitbestGespr. 1977, 199 (200f.).

[69] Vgl. *Bulla*, RdA 1965, 121 (123); *Dietz*, RdA 1969, 1 (2); *Germelmann*, Betriebsfrieden, S. 50.

[70] Vgl. *Bulla*, RdA 1965, 121 (123); *Dietz*, RdA 1969, 1 (2); *Galperin/Löwisch* § 2 Anm. 11; *van Gelder*, BUV 1971, 121 (122).

[71] Vgl. *Dietz*, RdA 1969, 1 (2); *Germelmann*, Betriebsfrieden, S. 50; *Söllner*, DB 1968, 571 (573).

[72] So aber *Gröbing*, AuR 1969, 42; *Sandvoss*, MitbestGespr. 1977, 199 (200).

[73] Vgl. bereits oben § 2 A I.

BetrVG fordere eine innere Einstellung, so muß man die Vorschrift zwangsläufig als reinen, nicht normativen Programmsatz ansehen,[74] weil eine nicht erzwingbare Einstellung niemals rechtsverbindlich verlangt werden, sondern allenfalls Gegenstand eines unverbindlichen Appells sein kann.

Folgt man hingegen der hier vertretenen Ansicht, nach der § 2 Abs. 1 BetrVG zwar die Bildung einer Vertrauensbeziehung und einer inneren Einstellung bezweckt, dieses Ziel aber mittels eines Verhaltens erreicht werden soll, das bei Partnern mit entsprechender Einstellung vorliegen würde, so ist zu differenzieren. In bezug auf das ethische Fernziel des Vertrauens ist § 2 Abs. 1 BetrVG nach wie vor ein Programmsatz, dem keine Rechtsverbindlichkeit innewohnt. Das Verhalten aber, das zu diesem Ziel führen soll, ist ein tatsächlicher, äußerer Vorgang, der durchaus der gesetzlichen Normierung zugänglich ist, also zwingend angeordnet und überprüft werden kann. Von daher liegt es nahe, daß § 2 Abs. 1 BetrVG bezüglich des vertrauensvollen Verhaltens eine unmittelbar verpflichtende Rechtsnorm darstellt.

Der Wortlaut der Vorschrift ist nicht eindeutig genug, um aus ihm allein auf die normative Kraft schließen zu können;[75] er ist so gefaßt, als ob er die betriebliche Realität beschreibt.[76] Die systematische Stellung am Anfang des Gesetzes läßt eine Auslegung als Rechtsnorm ebenso zu wie als Programmsatz. Da sich auch aus den Motiven des Gesetzgebers kein Anhalt zu dieser Frage entnehmen läßt, sind Sinn und Zweck der Vorschrift entscheidend.

Die Kooperationsmaxime soll, wie gesehen wurde, die Betriebspartner zu vertrauensvollem Verhalten motivieren. Nur durch eine faire und ehrliche Umgangsweise können unsachliche und unnötige Reibereien verhindert und so ein günstiges Betriebsklima erreicht werden, das für das Wohlbefinden der Belegschaft ebenso wie für ein gutes Betriebsergebnis Voraussetzung ist.[77] Ein solches Ziel hätte jedoch keinen Wert, wenn es nicht mit den Mitteln des Rechts durchsetzbar wäre. Gerade wenn der Gesetzgeber die Möglichkeit hat, ein bestimmtes Verhalten anzuordnen, um so langfristig eine erstrebenswerte innere Vertrauensbeziehung zu erreichen, ist er zur Ausnutzung dieser Möglichkeit geradezu verpflichtet. Würde die vertrauensvolle Zusammenarbeit nicht normativ angeordnet werden, so würde ihr Anliegen letztlich im Sande verlaufen. Das Gebot der Kooperation würde zwar als moralischer Appell zur Kenntnis genommen werden; in Ermangelung einer normativen Verpflichtung bliebe jedoch die Zusammenarbeit im Betrieb mehr oder weniger dem freien Spiel der Kräfte ausgeliefert.[78] Selbst wenn vielleicht der moralische

---

[74] So *Erdmann* § 49 Anm. 3; *K. Maier*, Interdependenzen, S. 133 ff.; *Weiss* § 2 Anm. 2.
[75] A. A. *G. Müller*, Festschrift für *W. Herschel*, S. 269 (284).
[76] So zutr. *Tomandl*, ZAS 1967, 41; vgl. bereits oben § 2 A I.
[77] Vgl. BAG, AP Nr. 6 zu § 56 BetrVG Bl. 1 R.
[78] Vgl. *G. Müller*, Festschrift für *W. Herschel*, S. 269 (284).

Aufruf zum Vertrauen gewisse Wirkungen zeitigen würde, bekäme er niemals das Gewicht, das ihm gebührt.

Diese Überlegungen sprechen dafür, mit der h. M.[79] dem Gebot der vertrauensvollen Zusammenarbeit unmittelbare rechtliche Wirkung zuzusprechen. Nur durch eine normative Anordnung und eine entsprechende Überprüfbarkeit läßt sich der Bedeutung des § 2 Abs. 1 BetrVG für das Zusammenwirken der Betriebspartner Rechnung tragen. Im Ergebnis ist daher am Kooperationsmodell des BetrVG als normativer Anordnung festzuhalten. Seine Bedeutung in der heutigen Betriebspraxis darf nicht unterschätzt werden, wenn auch der Gedanke der partnerschaftlichen Zusammenarbeit erst nach und nach ins Bewußtsein der Betriebsparteien dringt.[80]

B. Vergleich des Wortlauts

Um eine Aussage über das Verhältnis der betriebsverfassungsrechtlichen Kooperationsmaxime zum Grundsatz von Treu und Glauben treffen zu können, ist zuvor die Vergleichbarkeit beider Vorschriften zu ermitteln. Nur wenn sie für die Beziehung der Betriebspartner weitgehend vergleichbar sind, stellt sich die Frage, ob sie nebeneinander gelten oder ob § 242 BGB von § 2 Abs. 1 BetrVG verdrängt wird.

Das Gebot, sich nach Treu und Glauben zu verhalten, ist auf zwei Begriffe von hohem ethischen Wert gestützt.[81] Unter „Treue" ist eine feste Haltung in einer Bindung zu verstehen, auf die der andere vertrauen kann;[82] sie ist eine Form der ehrlichen Zuverlässigkeit und Beharrlichkeit.[83] Als „Glaube" ist vom Wortsinn her die innere Einstellung des Zutrauens zu bezeichnen, das heißt die oft mit einem Risiko verbundene Anerkennung der Zuverlässigkeit einer anderen Person.[84] Beide Begriffe kreisen also um eine innere Beziehung zwischen zwei Personen, die von gradliniger, ehrlicher Zuverlässigkeit und beiderseitiger Erwartung dieser Verhaltensweise geprägt ist.[85]

---

79 Vgl. die Nachweise oben § 2 A I.

80 Vgl. zur Kooperation in der betrieblichen Praxis *Buchner*, DB 1974, 530 (534); *Galperin*, RdA 1962, 366 (369); *K. Maier*, Interdependenzen, S. 199ff., zur Kooperation in einigen deutschen Partnerschaftsbetrieben; *Neumann-Duesberg*, Betriebsverfassungsrecht, S. 45f., der 1960 noch keine vertrauensvolle Zusammenarbeit in der Praxis konstatierte; *Streppel*, AuR 1972, 52 (52f.).

81 Zur grammatikalischen Auslegung vgl. *Larenz*, Methodenlehre, S. 305ff.

82 Vgl. *Brockhaus*, Enzyklopädie, Bd. 18: „Treue"; *Jauernig-Vollkommer* § 242 Anm. 1 c; *Larenz*, Schuldrecht I, S. 116.

83 Vgl. ausführlich *N. Hartmann*, Ethik, S. 467f.

84 Vgl. *Brockhaus*, Enzyklopädie, Bd. 7: „Glaube"; *N. Hartmann*, Ethik, S. 468ff.; vgl. auch *Jauernig-Vollkommer* § 242 Anm. 1 c.

85 A. A. *Wolf*, Das Arbeitsverhältnis, S. 22; *ders.*, Schuldrecht, S. 293, für den Treu und Glauben nur leere Schriftzeichen sind.

In der Pflicht der Betriebspartner zu vertrauensvoller Zusammenarbeit ist der ethische Begriff des „Vertrauens“ enthalten. Vertrauen ist die innere Geneigtheit, jemanden charakterlich für wahrhaft und zuverlässig zu halten und insbesondere dessen Worten zu glauben.[86] Wenn Vertrauen auch von Zuverlässigkeit zu unterscheiden ist, so ist es doch auf diesen Wert bezogen, denn es wird in die Zuverlässigkeit einer Person vertraut.[87]

§ 242 BGB und § 2 Abs. 1 BetrVG benutzen demnach mit „Treue“, „Glauben“ und „Vertrauen“ ethische Begriffe, die eng miteinander verwandt sind. Letztlich lassen sie sich kaum voneinander trennen, denn sie beziehen sich aus verschiedenen Blickwinkeln immer auf ein von Gradlinigkeit, Wahrhaftigkeit und Zuverlässigkeit geprägtes zwischenmenschliches Verhalten. Somit ist festzustellen, daß die Forderung, sich nach Treu und Glauben zu verhalten, und die Pflicht zu einem vertrauensvollen Verhalten ethisch auf derselben Grundlage stehen. Diese gemeinsame ethische Grundlage der die Vorschriften prägenden Worte zeigt sicherlich nicht zwingend, inwieweit die Vorschriften die gleiche Aussage haben. Dies kann sich erst aus einer eingehenden Untersuchung ihrer Funktionen ergeben.[88] Immerhin ist jedoch die gemeinsame ethische Basis der Schlüsselworte „Treue“, „Glauben“ und „Vertrauen“ ein Indiz für die inhaltliche Vergleichbarkeit.[89]

C. Vergleich der Entwicklungsgeschichte

Während der Grundsatz von Treu und Glauben in seiner heutigen Form das Ergebnis einer relativ langen Entwicklung durch Rechtsprechung und Lehre ist,[90] ist das Gebot der vertrauensvollen Zusammenarbeit neu, da es in dieser Art und Weise erst mit dem BetrVG 1952 aufgekommen ist.[91] Aus diesem Grund ist es kaum möglich, grundlegende Parallelen der Entwicklungsgeschichte aufzuzeigen. Daraus, daß beide Vorschriften als Generalklauseln[92] in besonderem Maße der richterlichen Auslegung und Fortentwicklung bedürfen, folgt allenfalls eine lediglich formale Ähnlichkeit. Diese haben beide Normen auch mit anderen Vorschriften gemeinsam;[93] sie läßt jedoch keinesfalls einen Rückschluß auf eine inhaltliche Vergleichbarkeit zu. Auch die Tatsache, daß in den Materialien der beiden Betriebsverfassungsgesetze kein Hin-

---

86 Vgl. *Brockhaus*, Enzyklopädie, Bd. 19: „Vertrauen“; *N. Hartmann*, Ethik, S. 468 ff.
87 Vgl. *N. Hartmann*, Ethik, S. 469.
88 Vgl. unten § 2 E.
89 Auf diese Ähnlichkeit der Formulierungen weisen auch *Bulla*, RdA 1969, 121 (130), und *Zitscher*, DB 1984, 1395, hin.
90 Vgl. oben § 1 A II.
91 Vgl. oben § 2 A III.
92 Vgl. oben § 1 A I, § 2 A I.
93 Vgl. z.B. §§ 138, 826 BGB, § 1 UWG.

weis auf die Generalklausel des § 242 BGB zu finden ist, zeigt, daß sich aus einem Vergleich der Entwicklungsgeschichte im Rahmen einer historischen Gesetzesauslegung[94] kein Anhaltspunkt für das Verhältnis beider Vorschriften zueinander finden läßt.

D. Stellung im Rechtssystem

Zu überlegen ist, ob die systematische Stellung beider Vorschriften im Rechtssystem für eine formale Vergleichbarkeit spricht.[95]

Während § 242 BGB unzweifelhaft normative Kraft zukommt, ist dies für § 2 Abs. 1 BetrVG bestritten. Wie bereits dargelegt,[96] ist hier der h. M. zu folgen, nach der die Kooperationsmaxime eine unmittelbar verpflichtende Rechtsnorm ist. Hinsichtlich ihrer normativen Wirkung stimmen beide Vorschriften daher überein. Da sich diese Parallelität auf die Rechtssatzqualität bezieht, ist sie rein formaler Natur.

Beide Vorschriften sind als Generalklauseln ausgestaltet. Das in § 2 Abs. 1 BetrVG zugrunde gelegte Gebot der vertrauensvollen Zusammenarbeit hat im BetrVG eine Reihe gesetzlicher Konkretisierungen gefunden.[97] Die herausragendste Konkretisierung ist in § 74 BetrVG enthalten.[98] Nach Abs. 1 dieser Vorschrift sollen Arbeitgeber und Betriebsrat mindestens einmal im Monat zu einer Besprechung zusammentreten. Hierbei haben sie über strittige Fragen mit dem ernsten Willen zur Einigung zu verhandeln und Vorschläge für die Beilegung von Meinungsverschiedenheiten zu machen. Dieser Grundsatz für die Zusammenarbeit war bereits in § 49 Abs. 3 BetrVG 1952 zu finden.[99] § 74 Abs. 2 BetrVG normiert die Friedenspflicht von Arbeitgeber und Betriebsrat; hiernach haben die Betriebspartner vor allem Betätigungen zu unterlas-

---

[94] Vgl. hierzu *Larenz*, Methodenlehre, S. 313ff.

[95] Zur systematischen Auslegung vgl. *Larenz*, Methodenlehre, S. 310ff.

[96] Vgl. oben § 2 A I, III m. w. N.

[97] Vgl. *Bulla*, RdA 1965, 121 (126f.); *Galperin/Löwisch* § 2 Anm. 13; *Gnade/Kehrmann/Schneider/Blanke* § 2 Anm. 5; *v. Hoyningen-Huene*, Betriebsverfassungsrecht, S. 34; *Söllner*, DB 1968, 571; *Wlotzke* § 2 Anm. 1 a; zu weitgehend *Kammann/Hess/Schlochauer* § 2 Anm. 11.

[98] Vgl. *Bulla*, RdA 1965, 121 (126); *Dietz/Richardi* § 74 Anm. 2; *Fitting/Auffarth/Kaiser* § 74 Anm. 1; *Galperin/Löwisch* § 2 Anm. 13, § 74 Anm. 1; *Germelmann*, Betriebsfrieden, S. 59; *v. Hoyningen-Huene*, Betriebsverfassungsrecht, S. 34; *Jahnke*, BlStSozArbR 1974, 164 (164, 166); *Konzen*, Leistungspflichten, S. 66; *Kraft*, GK-BetrVG, § 2 Anm. 4, 6; *Kreutz*, BlStSozArbR 1972, 44 (45); *Richardi*, Recht der Betriebs- und Unternehmensmitbestimmung, Bd. 1, S. 94; *Sandvoss*, MitbestGespr. 1977, 199 (200); *Stege/Weinspach* § 74 Anm. 1; *Thiele*, GK-BetrVG, § 74 Anm. 1; *Wlotzke* § 2 Anm. 1 a.

[99] Vgl. amtliche Begründung, BT-Drucks. VI/1786, S. 46; *Hueck/Nipperdey* II/2, S. 1336; *G. Müller*, Festschrift für *W. Herschel*, S. 269 (292); *Nikisch* III, S. 232f.; *Söllner*, DB 1968, 571.

sen, die Arbeitsablauf oder Betriebsfrieden beeinträchtigen. Diese Konkretisierung der Kooperationsmaxime war in § 49 Abs. 2 BetrVG 1952 enthalten.[100] Eine weitere gesetzliche Konkretisierung fand sich in § 49 Abs. 4 BetrVG 1952, nach der die Anrufung von Schiedsstellen und Behörden erst zulässig war, nachdem eine Einigung im Betrieb nicht erzielt wurde. Wenn diese Priorität der innerbetrieblichen Beilegung von Meinungsverschiedenheiten nicht mehr ausdrücklich in das BetrVG 1972 übernommen wurde, so geschah dies nur deshalb, weil der Gesetzgeber davon ausging, dieser Gedanke sei bereits aus dem Gebot der vertrauensvollen Zusammenarbeit abzuleiten.[101] Ebenso ist die Pflicht des Arbeitgebers gem. § 78 Satz 1 BetrVG, die Betriebsratsmitglieder in der Ausübung ihrer Tätigkeit nicht zu stören oder zu behindern, letztlich ein Ausfluß des § 2 Abs. 1 BetrVG.[102] Die Geheimhaltungspflicht der Betriebsratsmitglieder gem. § 79 BetrVG und die Pflicht des Arbeitgebers zur rechtzeitigen und umfassenden Unterrichtung gem. § 80 Abs. 2 BetrVG lassen sich als weitere Beispiele für gesetzliche Konkretisierungen des § 2 Abs. 1 BetrVG aufzählen.[103]

Auch § 242 BGB hat eine große Zahl gesetzlicher Ausprägungen gefunden. Gem. § 162 Abs. 1 BGB gilt eine Bedingung als eingetreten, wenn ihr Eintritt von der Partei, zu deren Nachteil er gereichen würde, wider Treu und Glauben verhindert wird. Diese Vorschrift ist ebenso wie § 162 Abs. 2 BGB eine Konkretisierung des in § 242 BGB normierten Verbots der Berufung auf eigenes treuwidriges Verhalten.[104] Das Schikaneverbot des § 226 BGB, das keine große praktische Bedeutung hat, ist ebenfalls als ein im Grundsatz von Treu und Glauben enthaltener Gedanke anzusehen.[105] Andere Beispiele für gesetzliche Konkretisierungen des § 242 BGB sind in den §§ 611 ff. BGB zu finden. So darf der Arbeitgeber einen Arbeitnehmer gem. § 612 a BGB nicht benachteiligen, weil er in zulässiger Weise seine Rechte ausübt. Als eine Konkretisierung der Treuepflicht der Arbeitsvertragsparteien und somit als Konkretisierung des § 242 BGB, auf dessen Grundlage die Treuepflicht entwik-

---

[100] Vgl. amtliche Begründung, BT-Drucks. VI/1786, S. 46; *Buchner*, DB 1974, 530 (533); *Bulla*, RdA 1965, 121 (127); *van Gelder*, BUV 1971, 121 (122); *Hueck/Nipperdey* II/2, S. 1335 f.; *Kreutz*, BlStSozArbR 1972, 44 (50); *Söllner*, DB 1968, 571; *Wiese*, JArbR Bd. 9, 1971, 55 (69).

[101] Vgl. amtliche Begründung, BT-Drucks. VI/1786, S. 46; vgl. auch *Bulla*, RdA 1965, 121 (126); *Dietz/Richardi* § 74 Anm. 2; *Hueck/Nipperdey* II/2, S. 1336; *Kreutz*, BlStSozArbR 1972, 44 (51); *Wiese*, JArbR Bd. 9, 1971, 55 (69 f.).

[102] Vgl. *Dietz*, RdA 1969, 1 (3); *Dietz/Richardi* § 2 Anm. 5, 10; *Kammann/Hess/Schlochauer* § 2 Anm. 9; *Nikisch* III, S. 232; *Sandvoss*, MitbestGespr. 1977, 199 (200).

[103] Vgl. *Dietz/Richardi* § 80 Anm. 33; *Galperin/Löwisch* § 2 Anm. 13; *v. Hoyningen-Huene*, Betriebsverfassungsrecht, S. 34; *Nikisch* III, S. 232; *Wlotzke* § 2 Anm. 1 a. Weiterhin ist an §§ 75, 77 Abs. 1 Satz 2 BetrVG zu denken.

[104] Vgl. *Erman-Hefermehl* § 162 Anm. 1; *Larenz*, Allgemeiner Teil, S. 488; Münch.-Komm.-*Westermann* § 162 Anm. 1; *Palandt-Heinrichs* § 162 Anm. 1; *Soergel-Knopp* § 162 Anm. 1; *Staudinger-Dilcher* § 162 Anm. 2.

[105] Vgl. *Erman-Hefermehl* § 226 Anm. 1; *Larenz*, Allgemeiner Teil, S. 220 f.; Münch.-Komm.-*von Feldmann* § 226 Anm. 1; *Palandt-Heinrichs* § 226 Anm. 1 a; *Soergel-Knopp* § 226 Anm. 1.

kelt worden ist,[106] läßt sich beispielsweise auch § 618 BGB einordnen, der vom Dienstberechtigten die Vornahme von Maßnahmen zum Schutz des Dienstverpflichteten verlangt.[107] Die dem Schutz im vertraglichen Verkehr dienenden Vorschriften des AGBG, so insbesondere die §§ 9, 10, 11 AGBG, sind letztlich ebenfalls Beispiele für gesetzliche Konkretisierungen des Gebots von Treu und Glauben.[108]

Diese Beispiele zeigen eine formale Ähnlichkeit zwischen § 242 BGB und § 2 Abs. 1 BetrVG auf. Beide Vorschriften sind Generalklauseln, die der richterlichen Konkretisierung bedürfen. Beide Normen verfügen über eine Reihe gesetzlicher Konkretisierungen, in denen der Gesetzgeber den in der Generalklausel enthaltenen Grundsatz auf einen speziellen Lebenssachverhalt angewendet hat. Die formale Struktur beider Vorschriften im Rechtssystem ist demnach durchaus vergleichbar. Diese Tatsache allein kann jedoch ohne eine inhaltliche Analyse noch keinen Aufschluß über das Verhältnis des § 242 BGB zu § 2 Abs. 1 BetrVG geben.

E. Vergleich der Funktionen

Nachdem die grammatikalische, die historische und die systematische Auslegung keinen zwingenden Aufschluß über das Verhältnis der betriebsverfassungsrechtlichen Kooperationsmaxime zum Grundsatz von Treu und Glauben zugelassen haben, sind die Normen einer teleologischen Betrachtung zu unterziehen.[109] Ausgangspunkt ist die Frage, ob und inwieweit beide Vorschriften für die Beziehung der Betriebspartner zueinander im Bereich betriebsverfassungsrechtlicher Rechte und Pflichten die gleiche Funktion wahrnehmen.

I. Allgemeiner Verhaltensmaßstab

§ 242 BGB beinhaltet die Aufforderung an die Parteien einer Sonderverbindung, sich in einer Art und Weise zu verhalten, die Treu und Glauben entspricht.[110] Bei allen Tätigkeiten, welche die berechtigten Belange der ande-

---

[106] Zu § 242 BGB als Grundlage der Treuepflicht in der modernen Arbeitsrechtsdogmatik vgl. *Richardi*, in *Tomandl*, Treue- und Fürsorgepflicht im Arbeitsrecht, S. 41 (55 ff.).

[107] Vgl. Münch.Komm.-*Lorenz* § 618 Anm. 1 f.; *Palandt-Putzo* § 618 Anm. 1, § 611 Anm. 8; *Soergel-Kraft* § 618 Anm. 1, § 611 Anm. 174.

[108] Vgl. *Erman-Hefermehl* Vorbem. zu §§ 8, 9 AGBG Anm. 1 f.; Münch.Komm.-*Kötz* vor § 8 AGBG Anm. 5, 8; *Palandt-Heinrichs* Vorbem. vor § 8 AGBG Anm. 4 c.

[109] Zu dieser Auslegungsmethode vgl. *Larenz*, Methodenlehre, S. 319 ff.

[110] Vgl. oben § 1 A I.

ren Partei berühren, geht es darum, einen Ausgleich einander widerstreitender Interessen zu finden. § 242 BGB verlangt demnach eine generelle Rücksichtnahme auf die berechtigten Interessen des anderen Teils, deren Inhalt an der zugrundeliegenden Sonderverbindung zu orientieren ist.[111] Die Pflicht zu Rücksichtnahme, Redlichkeit und Loyalität ist Maßstab für alles Tun, Dulden oder Unterlassen, das im Rahmen privatautonomer Beziehungen die Interessen anderer berührt. Die grundsätzliche Funktion dieser Vorschrift liegt daher darin, die berechtigt eigennützige Interessenwahrnehmung der Parteien auf das ethische Ziel der gegenseitigen Rücksichtnahme hin zu überprüfen und gegebenenfalls zu korrigieren.

Das Gebot der vertrauensvollen Zusammenarbeit verlangt von den Betriebspartnern offenes, ehrliches und verständnisvolles Verhalten.[112] Wie bereits ausgeführt,[113] erfordert § 2 Abs. 1 BetrVG keinesfalls die Aufgabe der eigenen Interessen; das Betriebsverfassungsrecht ist im Gegenteil darauf gestützt, daß der Arbeitgeber seine betriebstechnischen und unternehmerischen Interessen wahrnimmt, während der Betriebsrat dies für die Belange der Belegschaft tut. Eine auf Vertrauen basierende Zusammenarbeit kann bei dieser divergierenden Interessenlage nur dadurch erreicht werden, daß die Betriebspartner zu gegenseitiger Rücksichtnahme und Anerkennung der anderen Seite verpflichtet werden. Die Kooperationsmaxime hat daher insoweit die gleiche Funktion wie § 242 BGB, als sie dazu dient, dem Gebot der gegenseitigen Rücksichtnahme zwischen den Betriebspartnern Geltung zu verschaffen und einen Ausgleich widerstreitender Interessen zu bewirken.[114]

Zu überlegen ist jedoch, ob das Verhaltensgebot des § 2 Abs. 1 BetrVG über den mit § 242 BGB gemeinsamen Grundsatz der gegenseitigen Rücksichtnahme hinausgeht. Der Grund hierfür könnte darin liegen, daß § 2 Abs.1 BetrVG die gesetzliche Ausprägung des durch das BetrVG 1952 konstituierten und durch das BetrVG 1972 bestätigten Partnerschaftsmodells ist.[115] Durch dieses wird den Betriebsparteien eine Verhaltensweise auferlegt, die von einer sehr intensiven Kooperation geprägt ist. Zwar ist ein Minimum an Zusammenarbeit im Rahmen der Betriebsverfassung notwendig, denn nur so kann es zu einer wirksamen und sinnvollen Beteiligung des Betriebsrats kommen; von daher gesehen ist die Zusammenarbeit der Betriebsverfassung im-

---

[111] Vgl. *Soergel-Knopp* § 242 Anm. 1; ähnlich *Larenz*, Schuldrecht I, S. 121, nach dem sich die Parteien so verhalten sollen, wie es Sinn und Zweck der Sonderverbindung entspricht.

[112] Vgl. BAG, AP Nr. 3 zu § 23 BetrVG Bl. 2 R; *Buchner*, DB 1974, 530 (533); *Bulla*, RdA 1965, 121 (126); *Dietz/Richardi* § 2 Anm. 5; *Fitting/Auffarth/Kaiser* § 2 Anm. 2 a; *Galperin/Löwisch* § 2 Anm. 12; *Hueck/Nipperdey* II/2, S. 1337; *Kraft*, GK-BetrVG, § 2 Anm. 12; *Kreutz*, BlStSozArbR 1972, 44 (45). Vgl. ferner oben § 2 A I.

[113] Vgl. oben § 2 A I.

[114] Ebenso *Sandvoss*, MitbestGespr. 1977, 199 (200).

[115] Vgl. ausführlich oben § 2 A III.

manent.[116] Vor dem Hintergrund des Kooperationsmodells beinhaltet § 2 Abs. 1 BetrVG jedoch nicht die Anordnung, sich lediglich im Rahmen einer so gering wie möglich gehaltenen Zusammenarbeit vertrauensvoll zu verhalten, sondern verlangt vielmehr grundsätzlich eine gesteigerte Kooperation, die über das absolut notwendige Minimum hinausgeht. Diese gesteigerte Pflicht, aufeinander zuzugehen und in Verständigungsbereitschaft zu kommunizieren, ist ein wichtiges Element des betrieblichen Geschehens, das für das „Wohl der Arbeitnehmer und des Betriebs" (§ 2 Abs. 1 BetrVG) wesentlich ist.[117] Die Pflicht zu vertrauensvollem Verhalten ist daher nicht lediglich in die Zusammenarbeit der Betriebspartner eingebettet, sondern mißt dieser eine besondere Bedeutung zu.

Der Grundsatz von Treu und Glauben beinhaltet hingegen ein solch starkes Element der Kooperation nicht. Er ist ein allgemeiner Verhaltensmaßstab im Rahmen der Privatautonomie. Als solcher soll er nicht grundsätzlich über die Pflicht zu gegenseitiger Rücksichtnahme hinaus die Parteien zur Zusammenarbeit bestärken. Zwar ist es unstreitig, daß aus § 242 BGB im Bereich der leistungssichernden Nebenpflichten die Pflicht beider Parteien folgt, zur Ermöglichung der Vertragsdurchführung und zur Verhinderung oder Beseitigung von Erfüllungshindernissen zusammenzuwirken.[118] Dies ist jedoch Ausfluß des allgemeinen Gebots zur Rücksichtnahme und nicht Ausdruck einer grundsätzlichen Betonung der Zusammenarbeit durch § 242 BGB. Eine Verpflichtung zur Zusammenarbeit, die der des § 2 Abs. 1 BetrVG gleichgewichtig ist, könnte sich allenfalls aus den Besonderheiten der zugrundeliegenden Sonderverbindung zwischen Arbeitgeber und Betriebsrat ergeben. Nun kann der Grundsatz von Treu und Glauben je nach der Art der Sonderverbindung zu einer Treuepflicht führen.[119] Die Anforderungen an den Inhalt dieser auf Schutz und Förderung der gemeinschaftlichen Interessen gerichteten Treuepflicht[120] erhöhen sich mit zunehmender Intensität der Rechtsbeziehungen. Zwar ließe sich die Ansicht vertreten, daß im Verhältnis von Arbeitgeber und Betriebsrat die auf § 242 BGB beruhende Treuepflicht so stark gesteigert ist, daß sie von beiden Seiten eine besondere Zusammenarbeit verlangt. Dieses Postulat einer rücksichtsvollen Zusammenarbeit nach § 242 BGB könnte aber

---

[116] Vgl. *Buchner*, DB 1974, 530; *Hueck/Nipperdey* II/2, S. 1336.

[117] Vgl. BAG, AP Nr. 6 zu § 56 BetrVG Wohlfahrtseinrichtungen Bl. 1 R, nach dem enge Zusammenarbeit Voraussetzung für ein günstiges Betriebsklima ist, das für das Wohlbefinden der Arbeitnehmer wie für ein günstiges Betriebsergebnis erforderlich ist; bestätigend *G. Müller*, Festschrift für *W. Herschel*, S. 269 (287).

[118] Vgl. *Erman-Sirp* § 242 Anm. 67; Münch.Komm.-*Roth* § 242 Anm. 165; *Palandt-Heinrichs* § 242 Anm. 4 B c; *Soergel-Knopp* § 242 Anm. 148; *Staudinger-Weber* § 242 Anm. A 857. Vgl. ferner unten § 7 B III 4, C III 5.

[119] Vgl. *Enneccerus/Lehmann* § 4 II; *A. Hueck*, Treuegedanke im modernen Privatrecht, S. 12ff., der von einer Treuepflicht in einem besonderen Gemeinschaftsverhältnis spricht.

[120] Vgl. zur abstrakten Definition der Treuepflicht *A. Hueck*, Treuegedanke im modernen Privatrecht, S. 15.

nicht das Gewicht erlangen, das § 2 Abs. 1 BetrVG als wesentlichster Ausdruck des Kooperationsmodells hat. Letztere Vorschrift mißt der gesteigerten Zusammenarbeit zwischen den Betriebspartnern eine herausragende sozialpolitische und rechtliche Bedeutung zu, die als gedanklicher Hintergrund dem Grundsatz von Treu und Glauben nicht innewohnt. Wenn also auch beiden Vorschriften als Gebote gegenseitiger Rücksichtnahme eine gleichbedeutende Funktion zukommt, so betont § 2 Abs. 1 BetrVG die Pflicht zur intensiven Kooperation in einem Maße, das selbst über eine entsprechende Steigerung des Grundsatzes von Treu und Glauben hinausgeht.

Zusammenfassend läßt sich feststellen: Die Kooperationsmaxime und der Grundsatz von Treu und Glauben wollen Arbeitgeber und Betriebsrat zu rücksichtsvollem, ehrlichem und loyalem Verhalten bewegen. Nur durch eine solche gegenseitige Rücksichtnahme können divergierende Interessen ausgeglichen und in für alle sinnvolle Bahnen gelenkt werden. Als allgemeine Verhaltensmaßstäbe haben sie daher grundsätzlich für das Verhältnis der Betriebspartner zueinander die gleiche Funktion. Eine über diese funktionelle Identität hinausgehende Besonderheit besteht jedoch darin, daß die Kooperationsmaxime einer intensiven Zusammenarbeit als tragendem Element des Partnerschaftsmodells eine weitaus größere Bedeutung zumißt als § 242 BGB.

II. Konkretisierungs- und Ergänzungsfunktion

1. § 242 BGB

Wie bereits aus dem Wortlaut der Vorschrift ersichtlich, bezieht sich der Grundsatz von Treu und Glauben in erster Linie auf die Art und Weise, in der die Leistung erbracht werden soll, also auf das „Wie" der Leistung.[121] Während sich der Inhalt von Rechten und Pflichten aus der zugrundeliegenden Sonderverbindung ergibt, hat das Gebot von Treu und Glauben die Aufgabe, die Pflichterfüllung auf das Gebot der gegenseitigen Rücksichtnahme hin zu konkretisieren. Der Grundsatz dient also im Rahmen seiner Konkretisierungsfunktion als Auslegungsmaßstab für die aus einer Sonderverbindung zwischen zwei Parteien resultierenden Rechte und Pflichten. Hierbei kann offenbleiben, ob man § 157 BGB oder § 242 BGB als formale Rechtsgrundlage heranzieht.[122]

---

[121] Vgl. BGH, JZ 1977, 95 (96); *Blomeyer*, Schuldrecht, S. 19; *Brox*, Schuldrecht, Rz. 79; *Enneccerus/Lehmann* § 4 II; *Fikentscher*, Schuldrecht, S. 111; *A. Hueck*, Treuegedanke im modernen Privatrecht, S. 10; *Larenz*, Schuldrecht I, S. 122; Münch.Komm.-*Roth* § 242 Anm. 110, 143ff.; *Palandt-Heinrichs* § 242 Anm. 4 A; *Wieacker*, Präzisierung, S. 22f.

[122] Das Verhältnis beider Vorschriften ist zwar dogmatisch bedeutsam, hat jedoch keinen Erkenntniswert in bezug auf die Konkretisierungsfunktion des Grundsatzes von Treu und Glauben. Vgl. zur Abgrenzung *Erman-Sirp* § 242 Anm. 12f.; *Larenz*, Schuldrecht I, S. 119; Münch.Komm.-*Roth* § 242 Anm. 86ff.; *Palandt-Heinrichs* § 242 Anm. 2 a; *Soergel-Knopp* § 157 Anm. 96ff.

Weiterhin kommt § 242 BGB eine Ergänzungsfunktion zu. Diese besteht darin, Nebenpflichten zu begründen, die in unterschiedlich engem Bezug zu den Hauptpflichten stehen und diese inhaltlich ergänzen.[123] Herkömmlich wird zwischen selbständigen und unselbständigen Nebenpflichten unterschieden, wobei erstere einen eigenen Zweck verfolgen, während letztere die Hauptpflicht bzw. die Abwicklung des Schuldverhältnisses sichern sollen.[124] Neben dieser Abgrenzung, die vor allem für die Einklagbarkeit von Bedeutung ist, lassen sich die denkbaren Nebenpflichten nach dem zugrundeliegenden Interesse einteilen.

Mit Eingehung einer Rechte und Pflichten begründenden Sonderverbindung haben die Parteien ein besonderes Interesse daran, die ihnen zustehenden Leistungen ordnungsgemäß und nicht beeinträchtigt zu erhalten.[125] Diese Interessenlage erfordert von beiden Seiten ein leistungssicherndes Verhalten; ein Verhalten, das jeder Gefährdung oder Beeinträchtigung des Leistungserfolges entgegenwirkt.[126] Beide Seiten müssen daher alles unterlassen, was geeignet ist, Leistungserfolg und Vertragszweck in Gefahr zu bringen; der Schuldner hat außerdem positiv auf dieses Sicherungsziel hinzuwirken. Die leistungssichernden aktiven Nebenpflichten können sich unter anderem in Obhuts- und Fürsorgepflichten äußern.[127] Aber auch die bereits angedeuteten[128] Mitwirkungspflichten lassen sich als Fälle der allgemeinen Pflicht zur Leistungssicherung qualifizieren.[129] Danach sind beide Parteien zum Zusammenwirken verpflichtet, wenn es darum geht, die Bedingungen für die Durchführung der Sonderverbindung zu schaffen und mögliche Leistungshindernisse aus dem Weg zu räumen. Ferner kann das Ziel der Erfüllung und der Sicherung des Leistungsinteresses Aufklärungs- sowie Auskunfts- und Rechenschaftspflichten begründen.[130]

---

123 Vgl. *Blomeyer*, Schuldrecht, S. 19f.; *Brox*, Schuldrecht, Rz. 80ff.; *Enneccerus/Lehmann* § 4 II 2; *Erman-Sirp* § 242 Anm. 50ff.; *Esser/Schmidt*, Schuldrecht, S. 86; *Fikentscher*, Schuldrecht, S. 111; *A. Hueck*, Treuegedanke im modernen Privatrecht, S. 11; *Larenz*, Schuldrecht I, S. 128ff.; Münch.Komm.-*Roth* § 242 Anm. 110ff.; *Palandt-Heinrichs* § 242 Anm. 4 B; *Soergel-Knopp* § 242 Anm. 100ff.; *Staudinger-Weber* § 242 Anm. A 771; vgl. auch AK-BGB-*Teubner* § 242 Anm. 45f.

124 Vgl. *Enneccerus/Lehmann* § 4 II 2; *Palandt-Heinrichs* § 242 Anm. 4 B; vgl. ferner *Brox*, Schuldrecht, Rz. 13; *Erman-Sirp* § 242 Anm. 54f.; Münch.Komm.-*Roth* § 242 Anm. 141; *Soergel-Knopp* § 242 Anm. 109ff.; vgl. auch *Staudinger-Weber* § 242 Anm. A 772 m. w. N., die zu Recht die Grenze als fließend ansehen.

125 Vgl. *Larenz*, Schuldrecht I, S. 128; Münch.Komm.-*Roth* § 242 Anm. 112f.

126 Vgl. *Erman-Sirp* § 242 Anm. 50; *Larenz*, Schuldrecht I, S. 9; *Medicus*, Schuldrecht I, S. 66; Münch.Komm.-*Roth* § 242 Anm. 148; *Palandt-Heinrichs* § 242 Anm. 4 B a; *Soergel-Knopp* § 242 Anm. 110; *Staudinger-Weber* § 242 Anm. A 772; *Teichmann*, JA 1984, 545 (546).

127 Vgl. *Brox*, Schuldrecht, Rz. 81; *Erman-Sirp* § 242 Anm. 59ff.; Münch.Komm.-*Roth* § 242 Anm. 149ff.; *Palandt-Heinrichs* § 242 Anm. 4 B a; *Soergel-Knopp* § 242 Anm. 103; *Staudinger-Weber* § 242 Anm. A 775.

128 Vgl. oben § 2 E I.

129 Vgl. *Erman-Sirp* § 242 Anm. 67; Münch.Komm.-*Roth* § 242 Anm. 165; *Palandt-Heinrichs* § 242 Anm. 4 B c; *Soergel-Knopp* § 242 Anm. 148.

130 Vgl. Münch.Komm.-*Roth* § 242 Anm. 119, 204.

Mit Aufnahme eines qualifizierten sozialen Kontakts entstehen auch erhöhte Gefahren für die Rechtsgüter beider Seiten, denn dieser bringt über das Übliche hinausgehende Einwirkungsmöglichkeiten auf die Güter der anderen Seite mit sich. Dies führt zu einem gesteigerten Interesse beider Seiten an der Erhaltung ihrer bereits vorhandenen Güter.[131] Dem entspricht die Entwicklung von Schutzpflichten, deren Ziel nicht die Sicherung des Vertragszwecks, sondern die Sicherung der Integritätsinteressen der anderen Seite ist.[132] So haben beispielsweise in Vertragsverhandlungen, bei denen das Merkmal der rechtlichen Sonderverbindung gegeben ist, beide Parteien Gefährdungen von Körper und Gesundheit der anderen Seite zu unterlassen bzw. aktiv zu verhindern.[133] Neben diesen Schutzpflichten können auch Aufklärungs- sowie Auskunfts- und Rechenschaftspflichten dem Erhaltungsinteresse dienen.[134]

2. § 2 Abs. 1 BetrVG

Das Gebot der vertrauensvollen Zusammenarbeit durchdringt als allgemeiner Grundsatz sämtliche betriebsverfassungsrechtlichen Beziehungen zwischen Arbeitgeber und Betriebsrat. Beide Betriebspartner müssen sich bei der Wahrnehmung ihrer Rechte und Pflichten stets offen, ehrlich und rücksichtsvoll verhalten.[135]

Dies bedeutet, daß Zweifelsfragen bei der Auslegung der gesetzlichen Normen ebenso wie bei der Auslegung betrieblicher Einigungen unter Berücksichtigung des Gebots der vertrauensvollen Zusammenarbeit zu klären sind. Demnach ist, wie von Wissenschaft und Rechtsprechung zutreffend konstatiert wird, § 2 Abs. 1 BetrVG als allgemeiner Auslegungsmaßstab heranzuziehen.[136] Aus ihm folgt, daß beide Seiten die ihnen obliegenden Pflichten ordnungsgemäß zu erfüllen haben.[137]

---

131 Vgl. Münch.Komm.-*Roth* § 242 Anm. 114.

132 Vgl. BGH, JZ 1979, 569 (570); AK-BGB-*Teubner* § 242 Anm. 55ff.; *Larenz*, Schuldrecht I, S. 128; Münch.Komm.-*Roth* § 242 Anm. 118, 180; *Palandt-Heinrichs* § 242 Anm. 4 B b; *Soergel-Knopp* § 242 Anm. 105; *Staudinger-Weber* § 242 Anm. A 772; *Teichmann*, JA 1984, 545 (546), 709 (712); vgl. auch *Wieacker*, Präzisierung, S. 24f.

133 Vgl. RGZ 78, 239 (240); Münch.Komm.-*Roth* § 242 Anm. 193; *Palandt-Heinrichs* § 242 Anm. 4 B b mit weiteren Beispielen.

134 Vgl. Münch.Komm.-*Roth* § 242 Anm. 119, 204.

135 Vgl. oben § 2 A I sowie BAG, AP Nr. 3 zu § 23 BetrVG Bl. 2 R.

136 Vgl. BAG, AP Nr. 1 zu § 67 BetrVG Bl. 3; *Auffarth*, AR-Blattei D, Betriebsverfassung XIV A I; *Buchner*, DB 1974, 530 (533); *Bulla*, RdA 1965, 121 (131f.); *Dietz*, RdA 1969, 1 (4); *Dietz/Richardi* § 2 Anm. 9; *Fitting/Auffarth/Kaiser* § 2 Anm. 2 a; *Galperin/Löwisch* § 2 Anm. 23; *Gamillscheg*, Arbeitsrecht, Bd. II, S. 239; *Halberstadt*, BUV 1971, 73 (74); *Hanau/Adomeit*, Arbeitsrecht, S. 104; *v. Hoyningen-Huene*, Betriebsverfassungsrecht, S. 33; *Hümmerich*, RdA 1979, 143 (146); *Kammann/Hess/Schlochauer* § 2 Anm. 11; *Konzen*, Leistungspflichten, S. 66; *Kraft*, GK-BetrVG, § 2 Anm. 12; *Kreutz*, BlStSozArbR 1972, 44 (45); *Richardi*, Recht der Betriebs- und Unternehmensmitbestimmung, Bd. 1, S. 94; *Schlochauer*, JArbR Bd. 20, 1982, 61 (74); *Söllner*, DB 1968, 571 (573); *Stege/Weinspach* § 2 Anm. 6.

137 Vgl. BAG, AP Nr. 5 zu § 61 BetrVG Bl. 2 R.

Der Charakter des § 2 Abs. 1 BetrVG als Auslegungsmaßstab kommt beispielsweise in einer Entscheidung des BAG vom 27. August 1982[138] zum Ausdruck. Dort stellte das BAG fest, der Arbeitgeber sei verpflichtet, das nach § 102 Abs. 1 BetrVG normierte Anhörungsverfahren vor jeder Kündigung grundsätzlich nur während der Arbeitszeit des für die Vertretung des Betriebsrats zuständigen Betriebsratsmitglieds, nicht jedoch außerhalb der Arbeitszeit oder der Betriebsräume einzuleiten.[139] In einem anderen Urteil vom 2. November 1983[140] zog das BAG § 2 Abs. 1 BetrVG zur Auslegung der Mitteilungspflicht des Arbeitgebers gem. § 102 Abs. 1 Satz 2 BetrVG heran. Das BAG führte aus, daß ein Arbeitgeber, der eine ordentliche Kündigung gegenüber einem noch nicht durch das KSchG geschützten Arbeitnehmer auf einen bestimmten Sachverhalt stützen will, im Rahmen des Anhörungsverfahrens aufgrund der Kooperationsmaxime verpflichtet sei, den Betriebsrat vollständig über die maßgeblichen Kündigungstatsachen zu unterrichten. Insbesondere wenn sich die vorgeworfenen Verfehlungen nachteilig auf die weitere berufliche Entwicklung des Arbeitnehmers auswirken können, sollten auch die ihm günstigen Tatsachen dem Betriebsrat mitgeteilt werden.[141]

Somit hat die Kooperationsmaxime ebenso wie der Grundsatz von Treu und Glauben die Aufgabe, die betriebsverfassungsrechtlich normierten Rechte und Pflichten zu konkretisieren. Die gleiche Aufgabe kommt den Vorschriften auch hinsichtlich betrieblicher Einigungen, insbesondere Betriebsvereinbarungen, zu, da beide Vorschriften auf alle Beziehungen der Betriebspartner normativ einwirken.[142] Beide Normen haben also für die Beziehungen zwischen Arbeitgeber und Betriebsrat die gleiche Konkretisierungsfunktion.

Weiterhin ist zu prüfen, ob die Kooperationsmaxime auch ergänzend wirken kann. Für die Beziehung von Arbeitgeber und Betriebsrat im Bereich von Mitwirkungs- und Mitbestimmungsrechten hat das BetrVG detaillierte Regelungen getroffen. Zudem hat es, wie bereits oben[143] festgestellt, insbesondere in den §§ 74, 78, 79, 80 Abs. 2 BetrVG bestimmte Handlungs- und Unterlassungspflichten als Konkretisierungen des § 2 Abs. 1 BetrVG niedergelegt. Darüber hinaus haben Rechtsprechung und Lehre dennoch aus der Koopera-

---

138 Vgl. AP Nr. 25 zu § 102 BetrVG 1972.

139 Vgl. AP Nr. 25 zu § 102 BetrVG 1972 Bl. 2 R. Vgl. zur Form der Mitteilung nach § 102 Abs. 1 BetrVG und zum Kreis der empfangsberechtigten Personen *Dietz/Richardi* § 102 Anm. 61ff.; *Galperin/Löwisch* § 102 Anm. 33ff.; *Kraft*, GK-BetrVG, § 102 Anm. 27, 36.

140 Vgl. AP Nr. 29 zu § 102 BetrVG 1972.

141 Vgl. AP Nr. 29 zu § 102 BetrVG 1972 Bl. 2 R f. Vgl. hierzu auch *Dietz/Richardi* § 102 Anm. 51ff.; *Galperin/Löwisch* § 102 Anm. 25ff.; *Kraft*, GK-BetrVG, § 102 Anm. 28ff.

142 Zur normativen Kraft vgl. oben § 2 D.

143 Vgl. § 2 D.

tionsmaxime konkrete Verhaltenspflichten hergeleitet, die nicht ausdrücklich im Gesetz normiert sind.[144]

In der bereits zitierten Entscheidung vom 27. August 1982[145] folgerte das BAG aus § 2 Abs. 1 BetrVG beispielsweise die Pflicht des Arbeitgebers, durch entsprechende organisatorische Vorkehrungen dafür zu sorgen, daß die Mitglieder des Betriebsrats in ihrer Amtseigenschaft regelmäßig nur während der Arbeitszeit in Anspruch genommen werden.[146] Diese Pflicht des Arbeitgebers, die ergänzend zu den gesetzlichen Konkretisierungen des § 2 Abs. 1 BetrVG tritt, dient dazu, dem Betriebsrat die ordnungsgemäße Wahrnehmung seiner Rechte und Pflichten zu ermöglichen. Es handelt sich hier demnach um die Begründung einer Pflicht, die der aus Treu und Glauben folgenden Pflicht zur Sicherung von Leistung und Vertragszweck entspricht, da an die Stelle des Vertragszwecks die gesetzliche Beteiligung des Betriebsrats nach dem BetrVG tritt.

In einer Entscheidung vom 27. Februar 1968[147] schloß das BAG aus § 49 Abs. 1 BetrVG 1952 sowie aus § 54 BetrVG 1952 (= § 80 BetrVG 1972) und § 58 BetrVG 1952 (= § 89 BetrVG 1972) die Pflicht des Arbeitgebers, dem Betriebsrat alle im Betrieb vorkommenden Fälle von Schwangerschaften mitzuteilen.[148] Dieser Beschluß hat in der Wissenschaft schwerwiegende Bedenken hinsichtlich des Rechts der schwangeren Arbeitnehmerin auf die Unantastbarkeit ihrer persönlichkeitsrechtlichen Eigensphäre hervorgerufen.[149]

---

144 Vgl. BAG, AP Nr. 3 zu § 23 BetrVG Bl. 2; AP Nr. 8 zu § 37 BetrVG Bl. 4; AP Nr. 7 zu § 39 BetrVG Bl. 3 R; AP Nr. 3 zu § 56 BetrVG Wohlfahrtseinrichtungen Bl. 3; AP Nr. 1 zu § 58 BetrVG Bl. 2f.; AP Nr. 6 zu § 20 BetrVG 1972 Bl. 2 R; AP Nr. 1 zu § 21 BetrVG 1972 Bl. 3 mit Anm. *Gast* Bl. 5; AP Nr. 14 zu § 40 BetrVG 1972 Bl. 4f.; AP Nr. 1 zu § 74 BetrVG 1972 Bl. 7 R; AP Nr. 3 zu § 76 BetrVG 1972 Bl. 3 R; AP Nr. 1 zu § 87 BetrVG 1972 Bl. 3; AP Nr. 25 zu § 102 BetrVG 1972 Bl. 2 R; DB 1984, 833 (834); LAG Bayern, DB 1958, 900; LAG Hamburg, DB 1982, 1522; *Auffarth*, AR-Blattei D, Betriebsverfassung XIV A I; *Buchner*, DB 1974, 530 (533); *Bulla*, RdA 1965, 121 (132); *Dietz*, RdA 1969, 1 (3); *ders.*, § 49 Anm. 6; *Dietz/Richardi* § 2 Anm. 10; *Fitting/Kraegeloh/Auffarth* § 49 Anm. 5; *Galperin/Löwisch* § 2 Anm. 18, 20; *Galperin/Siebert* § 49 Anm. 5ff.; *Hanau/Adomeit*, Arbeitsrecht, S. 104; *Kammann/Hess/Schlochauer* § 2 Anm. 21; *Konzen*, Leistungspflichten, S. 66; *K. Maier*, Interdependenzen, S. 154; *Neumann-Duesberg*, Betriebsverfassungsrecht, S. 439; *Richardi*, Recht der Betriebs- und Unternehmensmitbestimmung, Bd. 1, S. 94; *Söllner*, DB 1968, 571 (573); vgl. auch *Kraft*, GK-BetrVG, § 2 Anm. 12; *Kreutz*, BlStSozArbR 1972, 44 (45); *G. Müller*, Festschrift für *W. Herschel*, S. 269 (289f.); *Wiese*, GK-BetrVG, z.B. § 37 Anm. 180, § 40 Anm. 17, 78.

145 Vgl. AP Nr. 25 zu § 102 BetrVG 1972.

146 Dies folge vor allem daraus, daß die Betriebsratsmitglieder die ihnen vom Arbeitgeber zur Verfügung zu stellenden Räume und sachlichen Mittel nur während der Arbeitszeit benutzen können, vgl. BAG, AP Nr. 25 zu § 102 BetrVG 1972 Bl. 2 R; *Stege/Weinspach* § 37 Anm. 23; ausführlich unten § 7 B III 1.

147 Vgl. AP Nr. 1 zu § 58 BetrVG.

148 Vgl. AP Nr. 1 zu § 58 BetrVG Bl. 2f. mit krit. Anm. von *Dietz*, der a. a. O. Bl. 4 Rf. ausführt, daß aus § 49 Abs. 1 BetrVG 1952 keine generelle, abstrakte Informationspflicht folgen kann, sondern eine solche sich lediglich konkret im Einzelfall ergibt.

149 Vgl. nur *Wiese*, ZfA 1971, 273 (305ff.). Weitere Nachweise bei *Dietz/Richardi* § 80 Anm. 41; *Galperin/Löwisch* § 80 Anm. 27; *Thiele*, GK-BetrVG, § 80 Anm. 43.

Ohne hier auf die in der Tat in ihrer Allgemeinheit fragwürdige Entscheidung einzugehen, ist von Interesse, daß das BAG neben der Auslegung der Unterrichtungspflicht gem. § 54 Abs. 2 BetrVG 1952 (= § 80 Abs. 2 Satz 1 BetrVG 1972)[150] das Gebot gegenseitiger Offenheit als eigenständige Grundlage herangezogen hat.[151] Dieses begründe im Hinblick auf die Befugnisse des Betriebsrats nach §§ 54, 58 BetrVG 1952 bereits die Mitteilungspflicht.[152] Das BAG leitete also aus der Kooperationsmaxime eine aktive Handlungspflicht her, die der Gewährleistung der betriebsverfassungsrechtlichen Aufgabenwahrnehmung dient.[153] Eine entsprechende Pflicht der Betriebspartner, Handlungen zu unterlassen, welche die Grundlage des Vertrauens und so die Funktion der anderen Seite nachhaltig stören können, wird ebenfalls von Rechtsprechung und Lehre bestätigt.[154]

Eine andere Zielrichtung hat die Entscheidung des BAG vom 3. Oktober 1978.[155] Hier stellte das BAG im Rahmen einer Kostentragungsstreitigkeit in Bestätigung seiner früheren Rechtsprechung[156] heraus, daß § 2 Abs. 1 BetrVG dem Betriebsrat die angemessene Berücksichtigung der finanziellen Belange des Arbeitgebers gebiete.[157] Eine solche Verhaltenspflicht dient dem Interesse des Arbeitgebers, die für ihn entstehenden Kosten auf einem angemessenen Niveau zu halten und überflüssige Aufwendungen zu ersparen. Ebenso wie nach § 242 BGB wird eine Verhaltenspflicht begründet, die auch darauf abzielt, dem Interesse der anderen Seite an der Erhaltung ihrer bestehenden Rechtsgüter gerecht zu werden. Eine derartige Pflicht begründete das BAG beispielsweise in einem Beschluß vom 18. April 1967,[158] in dem es aus § 49 Abs. 1 BetrVG 1952 die Pflicht des Betriebsrats herleitete, den Arbeitgeber von einer völlig unüblichen Honorarabrede mit dem Beisitzer einer Einigungsstelle rechtzeitig zu unterrichten, um ihm die Möglichkeit zu geben, für ihn finanziell günstigere Alternativen zu suchen.[159]

---

150 In § 54 Abs. 2 BetrVG 1952 war im Gegensatz zu § 80 Abs. 2 BetrVG lediglich die Pflicht des Arbeitgebers zur Vorlage von Unterlagen normiert. Das BAG, AP Nr. 1 zu § 58 BetrVG Bl. 2, schloß hieraus jedoch, daß dann erst recht eine Pflicht zu Auskünften bestände.

151 Dieser strukturelle Ansatz wird in der diese Entscheidung kritisierenden Literatur nicht bestritten.

152 Vgl. AP Nr. 1 zu § 58 BetrVG Bl. 2 R.

153 In die gleiche Richtung zielt auch die stark umstrittene Entscheidung des BAG vom 15. Januar 1960, AP Nr. 3 zu § 56 BetrVG Wohlfahrtseinrichtungen, in der das BAG ein gesetzlich nicht vorgesehenes Anhörungsrecht des Betriebsrats aus § 49 Abs. 1 BetrVG 1952 herleitete. Vgl. hierzu ausführlich unten § 7 B II 3.

154 Vgl. BAG, AP Nr. 1 zu § 74 BetrVG 1972 Bl. 7 R; AP Nr. 1 zu § 87 BetrVG 1972 Betriebsbuße Bl. 3; statt vieler *Dietz*, RdA 1969, 1 (3); *Dietz/Richardi* § 2 Anm. 10.

155 Vgl. AP Nr. 14 zu § 40 BetrVG 1972.

156 Vgl. AP Nr. 6 zu § 20 BetrVG 1972 Bl. 2 R.

157 Vgl. AP Nr. 14 zu § 40 BetrVG 1972 Bl. 4f.

158 Vgl. AP Nr. 7 zu § 39 BetrVG.

159 Vgl. AP Nr. 7 zu § 39 BetrVG Bl. 3 R mit zust. Anm. von *Neumann-Duesberg* Bl. 4ff. (5 R); ebenso *Wiese*, Anm. zu BAG, SAE 1969, 121 (123); *ders.*, GK-BetrVG, § 40 Anm. 11 m. w. N.; kritisch *Söllner*, DB 1968, 571 (576f.).

Dem Interesse an der Erhaltung der bestehenden Rechtsgüter dient auch der am 1. März 1963 ergangene Beschluß des BAG,[160] in dem aus dem Gebot der vertrauensvollen Zusammenarbeit die Pflicht des Betriebsrats hergeleitet wurde, bei der Einteilung seiner Arbeit die rationellste Gestaltung anzustreben.[161] Dieser Pflicht des Betriebsrats zur Rücksicht auf die finanziellen Interessen des Arbeitgebers entspricht nach Ansicht des BAG eine gleichgeartete Pflicht des Arbeitgebers gegenüber dem Betriebsrat. Deshalb hat das BAG in einem Beschluß vom 11. Mai 1976[162] den Arbeitgeber als verpflichtet angesehen, seine Bedenken gegen eine vom Betriebsrat einem Dritten gemachte Honorarzusage dem Betriebsrat mitzuteilen.[163] Der Grund für diese Pflicht liege darin, daß die Betriebsratsmitglieder für nicht erforderliche Kosten selbst einstehen müßten und ein dahingehender Hinweis des Arbeitgebers aus Gründen der Rücksicht auf die finanziellen Belange der Betriebsratsmitglieder notwendig sei.

Solche dem Schutz der anderen Seite dienenden Verhaltenspflichten äußern sich in der Rechtsprechung regelmäßig auch in Unterlassungspflichten. So dürfen Betriebsratsmitglieder nach einer Entscheidung des BAG vom 22. Mai 1959[164] keine vom Arbeitgeber als vertraulich erklärte Liste über die Lohngruppenzugehörigkeit der Belegschaftsangehörigen zur Überprüfung der Beitragsehrlichkeit der Gewerkschaftsmitglieder an die Gewerkschaft weiterleiten. Dies brächte dem Arbeitgeber Unannehmlichkeiten, die aufgrund der Kooperationsmaxime vermieden werden sollen.[165] Diese Argumentation entspricht auch der des LAG Bayern,[166] das dem Betriebsrat die Aufwiegelung der Belegschaft gegen die Betriebsleitung selbst dann verbot, wenn ein Mitbestimmungsrecht des Betriebsrats verletzt wird. Ein weiteres Beispiel für eine Unterlassungspflicht, welche die andere Seite vor unnötigen Schwierigkeiten schützen soll, ist das Gebot, nicht eigenmächtig die Anschläge des Betriebspartners vom gemeinsamen Schwarzen Brett zu entfernen.[167]

Nach der höchstrichterlichen Rechtsprechung ist daher die Begründung von Verhaltenspflichten und entsprechenden Rechten aus der Kooperationsmaxime grundsätzlich möglich. Diese dem Ziel der Bildung eines Vertrauens-

---

160 Vgl. AP Nr. 8 zu § 37 BetrVG.
161 Vgl. AP Nr. 8 zu § 37 BetrVG Bl. 4.
162 Vgl. AP Nr. 3 zu § 76 BetrVG 1972.
163 Vgl. AP Nr. 3 zu § 76 BetrVG 1972 Bl. 3 R f. Vgl. ausführlich unten § 7 B III 1.
164 Vgl. AP Nr. 3 zu § 23 BetrVG.
165 Vgl. AP Nr. 3 zu § 23 BetrVG Bl. 2. Vgl. ferner *Bulla*, RdA 1965, 121 (132); *Dietz*, RdA 1969, 1 (3); *Söllner*, DB 1968, 571 (573).
166 Vgl. DB 1958, 900.
167 Vgl. *Bulla*, RdA 1965, 121 (132); vgl. auch *Neumann-Duesberg*, Betriebsverfassungsrecht, S. 441, der diesen Fall unter dem Aspekt der betrieblichen Friedenspflicht erörtert. Vgl. ausführlich zu Anschlägen am Schwarzen Brett *Wiese*, GK-BetrVG, § 40 Anm. 77 ff.

verhältnisses zwischen den Betriebspartnern dienenden Pflichten beziehen sich auf die Wahrnehmung der gesetzlich normierten Aufgaben oder die vermögensrechtlichen und sonstigen persönlichen Belange der anderen Seite.[168]

Angesichts dieser Rechtsprechung überrascht die in der Entscheidung des BAG vom 21. April 1983[169] getroffene Aussage, § 2 Abs. 1 BetrVG könne nicht unmittelbar Rechte und Pflichten für Arbeitgeber und Betriebsrat begründen.[170] Diese am Rande geäußerte Ansicht wird im Schrifttum nur vereinzelt, so vor allem von *Kraft,*[171] *Schlochauer*[172] und *Nipperdey/Säcker*[173] vertreten.[174] Der Grund liege darin, daß sich die Funktion der Kooperationsmaxime lediglich auf die Auslegung der gesetzlich normierten Mitbestimmungsrechte beschränke und sie als allgemeiner Verhaltens- und Verantwortungsmaßstab keine anspruchserzeugende Wirkung haben könne.[175] Die Kooperationsmaxime könne keine gegenständlich bestimmten Aufgaben übertragen.[176]

Diese Ansicht ist nicht überzeugend. Vor dem Hintergrund der großen Bedeutung, die dem Kooperationsmodell zukommt, darf die Funktion des § 2 Abs. 1 BetrVG nicht auf die Konkretisierung gesetzlich normierter Tatbestände beschränkt werden. Die Aufgabe dieser Vorschrift besteht darin, die Betriebspartner langfristig zu Loyalität, Rücksicht und Ehrlichkeit zu bewegen. Dieses Ziel ist nur durch ein vertrauensvolles, aktives Verhalten beider Seiten zu erreichen. Gerade dies bedeutet aber, daß aus der normativ wirkenden Pflicht[177] zur vertrauensvollen Zusammenarbeit grundsätzlich auch konkrete, unmittelbare Verhaltenspflichten folgen müssen, die über die gesetzlichen Konkretisierungen hinausgehen. Nur so ist ein Gesamtverhalten der Betriebspartner gewährleistet, das der gesetzlichen Zielsetzung entspricht. Es ist daher an der h. M. festzuhalten.

---

[168] Zur Frage, inwieweit diese Zielrichtungen einleuchtend sind, vgl. unten § 7 B, C.

[169] Vgl. DB 1984, 248.

[170] Vgl. DB 1984, 248 (250).

[171] Vgl. ZfA 1983, 171 (177).

[172] Vgl. JArbR Bd. 20, 1982, 61 (74f.).

[173] Vgl. *Hueck/Nipperdey* II/2, S. 1336f.; *Säcker*, Informationsrechte der Betriebs- und Aufsichtsratsmitglieder, S. 30.

[174] Vgl. ferner *Brecht* § 2 Anm. 9; *Erdmann/Jürging/Kammann* § 2 Anm. 2; *Weiss* § 2 Anm. 2.

[175] Vgl. *Hueck/Nipperdey* II/2, S. 1337; *Kraft*, ZfA 1983, 171 (177); *Schlochauer*, JArbR Bd. 20, 1982, 61 (74), die zu Unrecht auf die Entscheidung des BAG vom 3. Oktober 1978, AP Nr. 14 zu § 40 BetrVG 1972, verweist. Das BAG folgerte a. a. O. Bl. 4f. aus § 2 Abs. 1 BetrVG sehr wohl eine unmittelbare Pflicht für den Betriebsrat, die finanziellen Belange des Arbeitgebers angemessen zu berücksichtigen. Daß diese Pflicht im konkreten Fall nicht dazu führte, eine Pflicht des Betriebsrats zum Verzicht auf die Zuziehung eines Rechtsanwalts zu bejahen, ergibt sich aus der erforderlichen Abwägung im Einzelfall. Aber das BAG schloß hier die Begründung einer konkreten Verhaltenspflicht nicht aus.

[176] Vgl. *Hueck/Nipperdey* II/2, S. 1337; *Säcker*, Informationsrechte der Betriebs- und Aufsichtsratsmitglieder, S. 30.

[177] Vgl. oben § 2 A I, III.

Die Kooperationsmaxime ist auch zur Ergänzung betrieblicher Einigungen heranzuziehen. Es liegt auf der Hand, daß bei Betriebsvereinbarungen und Betriebsabsprachen in gleicher Weise wie bei sonstigen rechtsgeschäftlich begründeten Schuldverhältnissen eine Ergänzungsbedürftigkeit auftreten kann.[178] Wenn die Ergänzung bürgerlichrechtlicher Schuldverhältnisse durch § 242 BGB jedoch möglich ist, muß auch eine Ergänzung von Einigungen der Betriebspartner durch Rechte und Pflichten zulässig sein. Diese Ergänzungsfunktion wird durch das normativ auf die Einigung einwirkende Gebot der vertrauensvollen Zusammenarbeit wahrgenommen.

Die grundsätzliche Möglichkeit der Herleitung von Verhaltenspflichten aus § 2 Abs. 1 BetrVG darf jedoch nicht darüber hinwegtäuschen, daß sich Pflichten und Rechte nur unter Berücksichtigung der besonderen Umstände des Einzelfalles ergeben können. Umfang und Grenzen des Spektrums begründbarer Pflichten und Rechte sind an späterer Stelle näher zu prüfen.[179]

Zusammenfassend ist festzustellen, daß das Gebot der vertrauensvollen Zusammenarbeit als Auslegungsmaßstab aller betriebsverfassungsrechtlichen Vorschriften und betrieblichen Einigungen heranzuziehen ist. Außerdem soll es die im BetrVG enthaltenen Vorschriften und die vereinbarten Regelungen ergänzen und kann Verhaltenspflichten und -rechte auch außerhalb der gesetzlichen Konkretisierungen des § 2 Abs. 1 BetrVG begründen.

3. *Folgerung*

Dem Grundsatz von Treu und Glauben kommt in bezug auf die von ihm erfaßte Sonderverbindung eine Konkretisierungs- und Ergänzungsfunktion zu. Da § 242 BGB grundsätzlich auch im Verhältnis von Arbeitgeber und Betriebsrat gilt,[180] nimmt er auch dort diese Funktion wahr. Der Grundsatz von Treu und Glauben als Gebot der gegenseitigen Rücksichtnahme dient also zum einen als Auslegungsmaßstab für die Rechte und Pflichten der Betriebspartner aus dem BetrVG sowie aus betrieblichen Einigungen. Zum anderen kann er besondere Pflichten in Ergänzung der für die Sonderverbindung geltenden Vorschriften des Betriebsverfassungsrechts sowie des Inhalts betrieblicher Einigungen begründen. Genau diese Funktion hat aber auch das Gebot der vertrauensvollen Zusammenarbeit. § 2 Abs. 1 BetrVG dient als Auslegungsregel und kann Verhaltenspflichten in Ergänzung der betriebsverfassungsrechtlichen Vorschriften und Vereinbarungen schaffen. Es ist daher

---

[178] Dies gilt unabhängig von der dogmatischen Einordnung von Betriebsvereinbarung und Betriebsabsprache, vgl. hierzu *Birk*, ZfA 1986, 73; *Dietz/Richardi* § 77 Anm. 17ff., 163; *Galperin/Löwisch* § 77 Anm. 6, 103; *Thiele*, GK-BetrVG, § 77 Anm. 9ff., 31ff.

[179] Vgl. unten § 7.

[180] Vgl. oben § 1 C.

festzustellen, daß beide Vorschriften für das Verhältnis von Arbeitgeber und Betriebsrat die gleiche Konkretisierungs- und Ergänzungsfunktion wahrnehmen.

III. Schrankenfunktion

1. § 242 BGB

Aus dem Grundsatz von Treu und Glauben folgt das Verbot der mißbräuchlichen Rechtsausübung und der mißbräuchlichen Ausnutzung von Rechtslagen. Es ist darauf gegründet, daß nicht jedes Verhalten einer Partei innerhalb einer Sonderverbindung dem Gebot der gegenseitigen Rücksichtnahme entspricht. Ein Verhalten kann den Anschein der Rechtmäßigkeit erwecken, wenn es formal durch vertragliches oder gesetzliches Recht gedeckt ist. Da jedoch unredliches und rücksichtsloses Verhalten von der Rechtsordnung nicht gebilligt werden kann, bedarf es eines Korrektivs in Form einer Schranke. Diese ist von vornherein jeder Norm immanent;[181] die unzulässige Rechtsausübung ist ein Handeln ohne Recht.[182]

Innerhalb dieser bedeutsamen Schrankenfunktion des § 242 BGB sind zahlreiche, unterschiedlich gelagerte Fallkonstellationen denkbar. Fast allen ist gemeinsam, daß die von der Rechtsordnung mißbilligte Ausübung eines subjektiven Rechts der unredlich handelnden Partei verwehrt wird.[183] Da es aber um eine Interessenabwägung geht, ist unter besonderen Voraussetzungen ebenso die Zuerkennung von an sich nicht bestehenden Rechten möglich.[184]

Untersagt ist einmal die Ausübung eines Rechts, wenn sie nach ihrer Art und Weise einen abzulehnenden Mißbrauch darstellt;[185] dies kann beispielsweise bei einer in besonders entwürdigender Form ausgesprochenen Kündigung eines Arbeitsverhältnisses der Fall sein.[186] Eine dergestalt mißbilligte Rechtsausübung liegt ebenso vor, wenn für sie offensichtlich jedes eigene schützenswerte Interesse fehlt, sie also nur der Benachteiligung des Verpflich-

---

181 Vgl. hierzu auch *Wieacker,* Präzisierung, S. 34f., nach dem § 242 BGB die sozialen Grenzen der subjektiven Privatrechte vertritt. Völlig ablehnend *Wolf,* Schuldrecht, S. 292.

182 Vgl. *Blomeyer,* Schuldrecht, S. 21; *Enneccerus/Nipperdey* § 239 III 6; *Soergel-Mormann,* 10. Aufl., vor § 226 Anm. 12.

183 Vgl. *Erman-Sirp* § 242 Anm. 74; Münch.Komm.-*Roth* § 242 Anm. 229; *Palandt-Heinrichs* § 242 Anm. 1 b; *Soergel-Knopp* § 242 Anm. 37.

184 Hier ist vor allem an die Erwirkung von Rechten zu denken, vgl. hierzu umfassend *Canaris,* Vertrauenshaftung, S. 372ff.; *Larenz,* Schuldrecht I, S. 131f.; *Palandt-Heinrichs* § 242 Anm. 4 C e, Einf. 3 e vor § 116; *Staudinger-Schmidt* § 242 Anm. 514ff.; vgl. ferner Münch.Komm.-*Roth* § 242 Anm. 229ff. Vgl. auch unten § 8 D IV.

185 Vgl. Münch.Komm.-*Roth* § 242 Anm. 255f.; *Soergel-Knopp* § 242 Anm. 187ff.

186 Vgl. *Soergel-Knopp* § 242 Anm. 191.

teten dient. Insoweit stimmt der Grundsatz von Treu und Glauben mit dem Schikaneverbot nach § 226 BGB überein.[187]

Neben dieser Fallgruppe, die an gegenwärtig zu mißbilligendes Verhalten anknüpft, bezieht sich eine andere Gruppe auf die Fälle, in denen in der Vergangenheit ein zu mißbilligendes Verhalten vorlag und dieses nun die an sich legitime Ausübung eines bestehenden Rechts verwehrt.[188] Die herausragenden Fälle dieser Gruppe sind die, in denen sich eine Seite in unredlicher Weise eine Rechtsposition geschaffen hat, deren Ausnutzung ihr nun deshalb verboten wird.[189] Auch können schwerwiegende Verfehlungen in der Vergangenheit zu einem Rechtsverlust führen.[190] Weiter ist der in § 162 BGB zum Ausdruck kommende allgemeine Grundsatz relevant, daß ein Verhalten, das in gegen Treu und Glauben verstoßender Weise die Rechte der anderen Seite vereitelt, unbeachtlich bleibt.[191]

Eine Fallgruppe des § 242 BGB von erheblicher praktischer Bedeutung ist das Verbot des widersprüchlichen Verhaltens *(venire contra factum proprium)*.[192] Hier hat die eine Seite der Sonderverbindung in der Regel durch ihr Verhalten einen bestimmten Vertrauenstatbestand geschaffen, auf den sich die andere Seite verlassen durfte.[193] Nimmt nun die erste Seite eine an sich zulässige Handlung vor, die in Widerspruch zu ihrem früheren Verhalten steht, so verletzt sie in rechtsmißbräuchlicher Weise die Interessen ihres Partners. Daher gebieten Treu und Glauben, daß sie an ihr früheres Verhalten gebunden und deshalb widersprüchliches Verhalten unwirksam ist. Ein Sonderfall des *venire contra factum proprium* ist die Verwirkung eines Rechts

---

[187] Vgl. *Erman-Hefermehl* § 226 Anm. 2; Münch.Komm.-*Roth* § 242 Anm. 255; *Palandt-Heinrichs* § 242 Anm. 2 c; *Soergel-Knopp* § 242 Anm. 1.

[188] Vgl. Münch.Komm.-*Roth* § 242 Anm. 259; *Soergel-Knopp* § 242 Anm. 187.

[189] Vgl. BGHZ 57, 108 (111); *Enneccerus/Nipperdey* § 239 IV 1 b; *Erman-Sirp* § 242 Anm. 80; *Esser/Schmidt*, Schuldrecht, S. 154; Münch.Komm.-*Roth* § 242 Anm. 260ff.; *Palandt-Heinrichs* § 242 Anm. 4 C a; *Riezler*, Venire contra factum proprium, S. 176ff.; *Soergel-Knopp* § 242 Anm. 193ff.; *Staudinger-Weber* § 242 Anm. D 395ff.; *Wieacker*, Präzisierung, S. 30f.

[190] Man spricht hier von einer Art der Verwirkung, vgl. Münch.Komm.-*Roth* § 242 Anm. 280ff.; *Palandt-Heinrichs* § 242 Anm. 4 C b; *Soergel-Knopp* § 242 Anm. 283.

[191] Vgl. *Erman-Sirp* § 162 Anm. 7; Münch.Komm.-*Roth* § 242 Anm. 288ff.; *Palandt-Heinrichs* § 162 Anm. 4; *Soergel-Knopp* § 162 Anm. 13; kritisch *Staudinger-Schmidt* § 242 Anm. 567ff. Vgl. auch *Wieacker*, Präzisierung, S. 32f.

[192] Vgl. AK-BGB-*Teubner* § 242 Anm. 31f.; *Blomeyer*, Schuldrecht, S. 21; *Brox*, Schuldrecht, Rz. 87; *Canaris*, Vertrauenshaftung, S. 287ff.; *Enneccerus/Nipperdey* § 239 IV 1 c; *Erman-Sirp* § 242 Anm. 79; *Esser/Schmidt*, Schuldrecht, S. 150f.; *Fikentscher*, Schuldrecht, S. 118; *Larenz*, Schuldrecht I, S. 123; *Medicus*, Schuldrecht I, S. 66; Münch. Komm.-*Roth* § 242 Anm. 295; *Palandt-Heinrichs* § 242 Anm. 4 C e; *Riezler*, Venire contra factum proprium, S. 110ff.; *Soergel-Knopp* § 242 Anm. 228f.; *Staudinger-Weber* § 242 Anm. D 323ff.; *Wieacker*, Präzisierung, S. 27ff.; kritisch *Staudinger-Schmidt* § 242 Anm. 554ff. und *Wieling*, AcP Bd. 176, 334.

[193] Vgl. ausführlich *Canaris*, Vertrauenshaftung, S. 289ff. Vgl. bereits *Riezler*, Venire contra factum proprium, S. 166ff.

durch Zeitablauf.[194] Dies ist dann der Fall, wenn ein Recht verspätet geltend gemacht wird, obwohl seine Ausübung lange Zeit möglich war und der Verpflichtete nun zu Recht darauf vertrauen durfte, daß es nicht mehr ausgeübt werde.[195] Hier setzt sich der Berechtigte mit seiner Geltendmachung in Widerspruch zu seinem früheren untätigen Verhalten; das Recht ist, unabhängig von seiner Verjährung,[196] verwirkt.

Ein weiterer Fall eines Rechtsmißbrauchs ist gegeben, wenn eine Seite einen Anspruch geltend macht, ohne ihrerseits das diesem Anspruch im Rahmen der Sonderverbindung korrespondierende Verhalten zu zeigen.[197] Zwar gibt es keinen allgemeinen Grundsatz des Inhalts, daß nur derjenige, der selbst rechtstreu ist, Rechtstreue verlangen dürfe.[198] Wenn jedoch zwischen dem beanspruchten und dem eigenen Verhalten eine besondere Beziehung besteht, stellt die Rechtsausübung bei Fehlen des entsprechenden eigenen Verhaltens einen Verstoß gegen Treu und Glauben dar.[199]

In der letzten und größten Gruppe innerhalb des Verbots mißbräuchlicher Rechtsausübung und mißbräuchlicher Ausnutzung von Rechtslagen verfolgt die handelnde Seite keine schützenswerten Interessen oder es gehen die Interessen der anderen Seite vor.[200] In diesen im Rahmen einer einzelfallbezogenen Interessenabwägung zu ermittelnden Fällen wird zum einen eine Leistung gefordert, die sofort wieder zurückgewährt werden müßte *(dolo facit*

---

194 Vgl. AK-BGB-*Teubner* § 242 Anm. 33ff.; *Blomeyer*, Schuldrecht, S. 21f.; *Brox*, Schuldrecht, Rz. 88; *Enneccerus/Lehmann* § 4 II 5; *Erman-Sirp* § 242 Anm. 84; *Esser/Schmidt*, Schuldrecht, S. 151f.; *Fikentscher*, Schuldrecht, S. 118; *Larenz*, Schuldrecht I, S. 123f.; *Medicus*, Schuldrecht I, S. 66; Münch.Komm.-*Roth* § 242 Anm. 296, 333; *Palandt-Heinrichs* § 242 Anm. 9; *Siebert*, Verwirkung und Unzulässigkeit der Rechtsausübung, S. 172ff., 184; *Staudinger-Weber* § 242 Anm. D 561ff.; *Wieacker*, Präzisierung, S. 28; vgl. ferner *Soergel-Knopp* § 242 Anm. 231, 281ff., der der Verwirkung wegen des typischen Zeitablaufs eine selbständigere Stellung zubilligen will. Kritisch *Staudinger-Schmidt* § 242 Anm. 478ff. Vgl. auch BAG, AP Nr. 9 zu § 242 BGB Verwirkung.

195 Vgl. *Erman-Sirp* § 242 Anm. 84; Münch.Komm.-*Roth* § 242 Anm. 333ff.; *Palandt-Heinrichs* § 242 Anm. 9 d bb; *Soergel-Knopp* § 242 Anm. 281; vgl. auch BAG, AP Nr. 9 zu § 242 BGB Verwirkung Bl. 2.

196 Vgl. *Erman-Sirp* § 242 Anm. 86; *Esser/Schmidt*, Schuldrecht, S. 155; Münch.-Komm.-*Roth* § 242 Anm. 346; *Palandt-Heinrichs* § 242 Anm. 9 b bb; *Siebert*, Verwirkung und Unzulässigkeit der Rechtsausübung, S. 180f.; *Soergel-Knopp* § 242 Anm. 289; *Staudinger-Weber* § 242 Anm. D 587ff.

197 Vgl. AK-BGB-*Teubner* § 242 Anm. 42; *Erman-Sirp* § 242 Anm. 79; Münch.Komm.-*Roth* § 242 Anm. 372; *Palandt-Heinrichs* § 242 Anm. 4 C b; *Soergel-Knopp* § 242 Anm. 209; kritisch *Staudinger-Schmidt* § 242 Anm. 612ff.

198 Vgl. BGH, NJW 1971, 1747; Münch.Komm.-*Roth* § 242 Anm. 372; *Palandt-Heinrichs* § 242 Anm. 4 C b; *Soergel-Knopp* § 242 Anm. 223; a. A. *Wieacker*, Präzisierung, S. 31.

199 *Roth* spricht hier von einem besonderen, rechtlich relevanten Zusammenhang zwischen beanspruchter und eigener Handlung, vgl. Münch.Komm.-*Roth* § 242 Anm. 372.

200 Vgl. *Esser/Schmidt*, Schuldrecht, S. 155ff.; Münch.Komm.-*Roth* § 242 Anm. 387ff.; *Palandt-Heinrichs* § 242 Anm. 4 C d; *Soergel-Knopp* § 242 Anm. 245ff.; *Staudinger-Weber* § 242 Anm. D 83ff. Hier liegt teilweise eine Überschneidung mit der ersten Fallgruppe vor, vgl. Münch.Komm.-*Roth* § 242 Anm. 406.

qui petit quod statim redditurus est).[201] Zum anderen ist die Rechtsausübung insbesondere in den Fällen unzulässig, in denen der Berechtigte aus rücksichtslosem, übermäßigem Eigennutz heraus handelt und die andere Seite über Gebühr benachteiligt.[202] Ähnlich sind auch die Fälle gelegen, in denen der Berechtigte zwar nicht aus übermäßigem Egoismus handelt, in denen aber die Interessen der anderen Seite am Unterlassen der Rechtsausübung in besonderem Maße vorrangig sind. Dies ist vor allem dann der Fall, wenn sich die Pflichterfüllung als unzumutbar erweist.[203] Da jedoch nicht jede wirtschaftliche oder sonstige Belastung ausreichen kann, müssen hier an die Begrenzung eines Rechts infolge Unzumutbarkeit strenge Anforderungen gestellt werden.[204]

2. § 2 Abs. 1 BetrVG

Das Gebot der vertrauensvollen Zusammenarbeit verlangt von den Betriebspartnern ein Verhalten, das von gegenseitiger Rücksichtnahme und Loyalität geprägt ist. Deshalb ist ihnen zugleich jedes gegen dieses Gebot verstoßende Verhalten untersagt. Handeln die Betriebspartner in Ausübung eines Rechts oder in Ausnutzung einer Rechtslage, so ist diese Handlung daher dann zu verbieten, wenn sie dem Gebot gegenseitiger Rücksichtnahme und Loyalität widerspricht. Die formal zulässige Rechtsausübung muß dort ihre Grenze finden, wo sie nicht mehr von der Rechtsordnung gebilligt wird; dies ist nach § 2 Abs. 1 BetrVG der Fall, wenn sie nicht mehr dem vom Gesetzgeber zwingend angeordneten Kooperationsmodell entspricht.

Diese Möglichkeit, die zulässige Ausübung der betriebsverfassungsrechtlichen Rechte zu begrenzen, kommt in einigen Entscheidungen des BAG zum Ausdruck.

Nach dem bereits oben genannten Beschluß des BAG vom 5. Februar 1971[205] durfte der Arbeitgeber die Umgruppierung eines Arbeitnehmers

---

201 Vgl. *Blomeyer*, Schuldrecht, S. 21; *Brox*, Schuldrecht, Rz. 89; *Enneccerus/Nipperdey* § 239 IV 1 d; *Erman-Sirp* § 242 Anm. 81; *Fikentscher*, Schuldrecht, S. 122f.; *Larenz*, Schuldrecht I, S. 133f.; *Medicus*, Schuldrecht I, S. 66f.; Münch.Komm.-*Roth* § 242 Anm. 389ff.; *Palandt-Heinrichs* § 242 Anm. 4 C c; *Soergel-Knopp* § 242 Anm. 246; *Staudinger-Schmidt* § 242 Anm. 681f.; *Staudinger-Weber* § 242 Anm. D 520f.; *Wieacker*, Präzisierung, S. 29f.

202 Vgl. *Enneccerus/Nipperdey* § 239 IV 1 a; *Erman-Sirp* § 242 Anm. 83; Münch.-Komm.-*Roth* § 242 Anm. 410ff.; *Soergel-Knopp* § 242 Anm. 261ff.; *Wieacker*, Präzisierung, S. 33f.

203 Vgl. *Esser/Schmidt*, Schuldrecht, S. 155ff.; *Larenz*, Schuldrecht I, S. 124ff.; Münch.Komm.-*Roth* § 242 Anm. 424ff.; allgemein zur Unzumutbarkeit als dem beherrschenden Gesichtspunkt für Rechtsmißbrauch und Verwirkung *Soergel-Knopp* § 242 Anm. 40ff.; ausführlich *Staudinger-Weber* § 242 Anm. B 1ff. Vgl. auch *Fikentscher*, Schuldrecht, S. 111ff.

204 Vgl. *Larenz*, Schuldrecht I, S. 124f.; Münch.Komm.-*Roth* § 242 Anm. 425; *Palandt-Heinrichs* § 242 Anm. 4 C d. Vgl. auch *Wieacker*, Präzisierung, S. 34ff.

205 Vgl. AP Nr. 6 zu § 61 BetrVG sowie oben Einführung A.

nach §§ 61, 63 BetrVG 1952[206] nicht vornehmen, obwohl der Betriebsrat die für eine Geltendmachung seiner Bedenken nach § 61 Abs. 2 Satz 1 BetrVG 1952 erforderliche Wochenfrist versäumt hatte. Der Grund hierfür lag darin, daß die Betriebspartner die Wochenfrist einvernehmlich verlängert hatten. Eine solche einvernehmliche Fristverlängerung ist zwar nach der neueren Rechtsprechung des BAG zulässig.[207] Nach der damaligen Rechtslage ging jedoch das BAG davon aus, die Verlängerung verstoße gegen zwingende Regelungen und sei daher unzulässig. Dennoch entschied das Gericht, der Arbeitgeber müsse sich so behandeln lassen, als liefe die Frist erst zu dem Zeitpunkt ab, bis zu dem sie verlängert war.[208] Das BAG begründete dies mit dem Grundsatz von Treu und Glauben, der mit Rücksicht auf § 49 Abs. 1 BetrVG 1952 besondere Bedeutung habe.[209] Diese Argumentation im Rahmen des Gebots der vertrauensvollen Zusammenarbeit ist, wie bereits festgestellt,[210] auf das Verbot des widersprüchlichen Verhaltens gestützt, da der Arbeitgeber einen Vertrauenstatbestand gesetzt hatte, an den er sich halten mußte.[211]

Das Verbot des *venire contra factum proprium* kam ebenso in einem Beschluß des BAG vom 17. September 1974[212] zur Sprache. Hier führte das Gericht aus, daß neben dem Grundsatz des prozeßredlichen Verhaltens auch aus § 2 Abs. 1 BetrVG die Verpflichtung der Betriebspartner folge, sich an ihrem vorprozessualen und prozessualen Verhalten festhalten zu lassen.[213]

In die Richtung des Verbots mißbräuchlicher Rechtsausübung und unzulässiger Ausnutzung von Rechtslagen geht teilweise der Beschluß des BAG vom 18. September 1973.[214] Hier stellte das BAG fest, der Betriebsrat dürfe auch dann gem. § 80 Abs. 2 Satz 2 BetrVG tätig werden und der Betriebs-

---

206 Vgl. für das neue Recht § 99 BetrVG. Zur Änderung gegenüber dem BetrVG 1952 vgl. *Dietz/Richardi* § 99 Anm. 1; *Kraft*, GK-BetrVG, § 99 Anm. 1 ff.

207 Vgl. AP Nr. 18 zu § 99 BetrVG 1972 Bl. 3 R, wobei das BAG seine Ansicht darauf stützt, daß die Wochenfrist vornehmlich im Interesse des Arbeitgebers besteht; zust. *Fitting/Auffarth/Kaiser* § 99 Anm. 60 m. w. N. zum Meinungsstand; a. A. *Stege/Weinspach* § 99 Anm. 92.

208 Vgl. AP Nr. 6 zu § 61 BetrVG Bl. 3 Rf.; bestätigend AP Nr. 8 zu § 99 BetrVG 1972 Bl. 2 Rf. Das Schrifttum stimmte dieser Entscheidung nicht einhellig zu, da sie im Ergebnis zu einer faktischen Verlängerung der Wochenfrist führte, vgl. zu diesem Problemkreis *Dietz/Richardi* § 99 Anm. 203 f.; *Galperin/Löwisch* § 99 Anm. 107; *Kammann/Hess/Schlochauer* § 99 Anm. 101; *Kraft*, GK-BetrVG, § 99 Anm. 93, sowie die Nachweise bei BAG, AP Nr. 18 zu § 99 BetrVG 1972 Bl. 3 f.

209 Vgl. AP Nr. 6 zu § 61 BetrVG Bl. 3 mit Anm. *Richardi*, a. a. O. Bl. 6 R, der dies als Hinweis des BAG interpretiert, daß § 242 BGB in § 49 Abs. 1 BetrVG 1952 eine besondere Konkretisierung erfahren habe.

210 Vgl. oben Einführung A.

211 So auch *Richardi*, Anm. zu BAG, AP Nr. 6 zu § 61 BetrVG Bl. 6 R. Vgl. ausführlich zur Setzung eines Vertrauenstatbestands *Canaris*, Vertrauenshaftung, S. 289 ff.

212 Vgl. AP Nr. 6 zu § 40 BetrVG 1972.

213 Vgl. AP Nr. 6 zu § 40 BetrVG 1972 Bl. 2. Vgl. ferner *G. Müller*, Festschrift für *W. Herschel*, S. 269 (292 f.).

214 Vgl. AP Nr. 3 zu § 80 BetrVG 1972.

ausschuß bzw. ein weiterer Ausschuß nach § 28 BetrVG Einblick in die Bruttolohn- und -gehaltslisten nehmen, wenn kein bestimmter Verdacht hinsichtlich eines Verstoßes des Arbeitgebers gegen die zugunsten der Arbeitnehmer geltenden Regelungen vorliege.[215] Das BAG schränkte dieses Recht allerdings dahingehend ein, daß der Betriebsrat intern zu prüfen habe, ob für ihn ein sachlicher Anlaß besteht, Einblick in die Lohn- und Gehaltslisten zu nehmen. Jedes willkürlich verlangte Einblicksrecht sei mit dem Gebot der vertrauensvollen Zusammenarbeit unvereinbar und insofern rechtsmißbräuchlich.[216] Das BAG leitete aus § 2 Abs. 1 BetrVG demnach ein Verbot des Rechtsmißbrauchs her, das bereits im Rahmen des § 242 BGB erörtert wurde: Fehlt für die Ausübung eines Rechts jedes eigene schützenswerte Interesse, sondern wird sie willkürlich zur Benachteiligung des Verpflichteten vorgenommen, so stellt sie einen unzulässigen Rechtsmißbrauch dar.

Auch im Beschluß vom 22. Mai 1959,[217] der sich mit der Weitergabe von für vertraulich erklärten Listen durch den Betriebsrat befaßte, führte das BAG aus, ein Arbeitnehmer dürfe seine Betriebsratsstellung nicht mißbrauchen, um Angaben zu erlangen, die er in seiner Eigenschaft als Betriebsratsmitglied nicht benötige.[218] Da der Grundsatz der vertrauensvollen Zusammenarbeit auch für einzelne Betriebsratsmitglieder gegenüber dem Arbeitgeber gilt,[219] wurde aus § 2 Abs. 1 BetrVG ebenfalls das Verbot der Ausnutzung einer Rechtsposition bei Fehlen schützenswerter, sachgerechter Interessen begründet.

Diese Entscheidungen zeigen deutlich, daß der Kooperationsmaxime auch nach Ansicht des BAG die Funktion zukommt, einen Rechtsmißbrauch durch die Betriebspartner zu verhindern.[220] Dies wird auch von der Lehre, soweit sie sich mit dieser Frage beschäftigt, anerkannt.[221] Hierbei kann sich

---

215 Vgl. AP Nr. 3 zu § 80 BetrVG 1972 Bl. 2 R in Bestätigung von AP Nr. 1 zu § 80 BetrVG 1972 Bl. 2 R mit Anm. *Richardi*; vgl. ferner AP Nr. 7 Bl. 2, Nr. 12 Bl. 1 R, Nr. 15 Bl. 4, Nr. 16 zu § 80 BetrVG 1972. Ebenso *Dietz/Richardi* § 80 Anm. 66; *Fitting/Auffarth/Kaiser* § 80 Anm. 22; *Galperin/Löwisch* § 80 Anm. 34; *Gnade/Kehrmann/Schneider/Blanke* § 80 Anm. 32; *Stege/Weinspach* § 80 Anm. 12; *Wiese*, Anm. zu BAG, SAE 1974, 99 (99f.); differenzierend *Thiele*, GK-BetrVG, § 80 Anm. 50; a. A. *Kammann/Hess/Schlochauer* § 80 Anm. 35, 38.

216 Vgl. AP Nr. 3 zu § 80 BetrVG 1972 Bl. 3; bestätigend AP Nr. 12 zu § 80 BetrVG 1972 Bl. 2. Vgl. auch *Bulla*, RdA 1965, 121 (131); *Galperin/Löwisch* § 80 Anm. 34 a; *Stege/Weinspach* § 80 Anm. 12; *Thiele*, GK-BetrVG, § 80 Anm. 17f., 50; *Wiese*, Anm. zu BAG, SAE 1974, 99 (100).

217 Vgl. AP Nr. 3 zu § 23 BetrVG sowie oben § 2 E II 2.

218 Vgl. AP Nr. 3 zu § 23 BetrVG Bl. 2.

219 Vgl. oben § 2 A I; ausführlich *G. Müller*, Festschrift für *W. Herschel*, S. 269 (294ff.).

220 Vgl. weiter BAG, AP Nr. 14 zu § 40 BetrVG 1972 Bl. 4 R; DB 1986, 124 (126); EzA Nr. 60 zu § 102 BetrVG 1972, S. 512; ohne Hinweis auf § 2 Abs. 1 BetrVG LAG Frankfurt, NZA 1984, 97.

221 Vgl. *Buchner*, Festschrift für *G. Müller*, S. 93 (101); *Bulla*, RdA 1965, 121 (131); *Dietz/Richardi* § 2 Anm. 10; *Gaul*, DB 1960, 1099 (1100); *Kammann/Hess/Schlochauer*

die beschränkende Funktion sowohl auf Rechte beziehen, die auf gesetzlichen Regelungen beruhen, als auch auf solche aus betrieblichen Einigungen, insbesondere aus Betriebsvereinbarungen. Wie vorstehend erwähnt, ist das Verbot des Rechtsmißbrauchs eine unmittelbare Folge des vom Gesetzgeber für jede Beziehung der Betriebspartner angeordneten Kooperationsmodells. Das formale Bestehen eines Rechts darf die Betriebspartner nicht von gegenseitiger Rücksichtnahme und Loyalität entbinden. Eine wirklich effektive Durchsetzung des Gebots der vertrauensvollen Zusammenarbeit verlangt, daß auch bei Ausübung von Rechten und Ausnutzung von Rechtslagen Mißbräuche ausgeschlossen werden. Dies heißt für die Kooperationsmaxime, daß sie auch eine rechtsbeschränkende Funktion hat.

3. Folgerung

Der Grundsatz von Treu und Glauben verbietet die mißbräuchliche Rechtsausübung und Ausnutzung von Rechtslagen. Da § 242 BGB grundsätzlich auch im Verhältnis von Arbeitgeber und Betriebsrat gilt, beschränkt diese Vorschrift die Rechte der Betriebspartner, sofern deren Wahrnehmung dem Gebot gegenseitiger Rücksichtnahme widerspricht. Die gleiche Schrankenfunktion hat auch § 2 Abs. 1 BetrVG. Diese Vorschrift beschränkt die Betriebspartner in der Ausübung ihrer Rechte; sie sind nach § 2 Abs. 1 BetrVG stets an die Pflicht zu Rücksichtnahme und Loyalität gebunden. Beide Normen haben daher für das Verhältnis von Arbeitgeber und Betriebsrat die gleiche Schrankenfunktion.

IV. Korrekturfunktion

1. § 242 BGB

Schließlich kommt dem Grundsatz von Treu und Glauben eine Korrekturfunktion zu. Sie besagt, daß nach § 242 BGB der Inhalt bestehender Schuldverhältnisse zu korrigieren ist, wenn infolge bestimmter Umstände das Verhältnis der begründeten Rechte und Pflichten unangemessen oder die unveränderte Durchführung des Vertrages unzumutbar ist.[222] Die als Lehre vom Fehlen oder Fortfall der Geschäftsgrundlage bezeichnete Funktion ist streng von der Irrtumsanfechtung zu trennen und dann nicht anwendbar, wenn die Parteien bereits vertraglich besondere Rechtsfolgen für Fehlen, Fortfall oder

---

§ 2 Anm. 21; *Richardi*, Anm. zu BAG, AP Nr. 6 zu § 61 BetrVG Bl. 6 R; *Wiese*, GK-BetrVG, z.B. § 37 Anm. 123, § 40 Anm. 10, 35, 68, vgl. auch *Dietz*, RdA 1969, 1 (6), der sich auf die Haftung für einen geschaffenen Vertrauenstatbestand beschränkt. Vgl. ferner *Hacker*, Kurskorrektur, S. 1 (5).

[222] Vgl. *Blomeyer*, Schuldrecht, S. 20; *Enneccerus/Lehmann* § 4 II 4; *Erman-Sirp* § 242 Anm. 166; *Larenz*, Schuldrecht I, S. 126f.; Münch.Komm.-*Roth* § 242 Anm. 453; *Soergel-Knopp* § 242 Anm. 41, 365; *Wiese*, Festschrift für *Hilger/Stumpf*, S. 703 (713).

Veränderung bestimmter Umstände vereinbart haben.[223] Ist nichts vereinbart, so darf die nicht vorausgesehene Veränderung oder das unerwartete Fehlen äußerer Umstände nicht dazu führen, daß die eine Partei in erheblicher, ihr unzumutbarer Weise gegenüber der anderen benachteiligt wird.[224] Hierbei sind jene bei Vertragsschluß zutage getretenen Vorstellungen als Geschäftsgrundlage anzusehen, die beide Parteien gemeinschaftlich über das Vorliegen, Fortbestehen oder Eintreten bestimmter Umstände hatten; auch die Vorstellungen nur einer Partei sind maßgeblich, wenn sie für die andere Seite erkennbar waren und nicht beanstandet wurden.[225] Ein von einer Partei bewußt eingegangenes Risiko kann allerdings bei seiner Verwirklichung nicht zu einer Vertragskorrektur nach § 242 BGB führen, da in einem solchen Fall das Festhalten am Schuldverhältnis in seiner bestehenden Form nicht unzumutbar ist.[226]

Die Lehre vom Fortfall der Geschäftsgrundlage findet vor allem in den Fällen Anwendung, in denen die objektive Gleichwertigkeit von Leistung und Gegenleistung empfindlich gestört wird, es also zu einer schwerwiegenden Äquivalenzstörung kommt.[227] Hier wird vom Fortfall einer objektiven Geschäftsgrundlage gesprochen.[228] Hierzu kann es beispielsweise bei einer Erschütterung des Preisgefüges[229] oder einer sonstigen unerwarteten wirtschaftlichen Entwicklung[230] kommen. Dann wird regelmäßig davon auszuge-

---

223 Vgl. BGH, NJW 1983, 2034 (2036); *Erman-Sirp* § 242 Anm. 169; Münch.Komm.-*Roth* § 242 Anm. 507ff., 530ff.; *Palandt-Heinrichs* § 242 Anm. 6 B b; *Soergel-Knopp* § 242 Anm. 390ff.; vgl. ferner *Esser/Schmidt*, Schuldrecht, S. 333ff.

224 Vgl. *Larenz*, Schuldrecht I, S. 126f.; Münch.Komm.-*Roth* § 242 Anm. 455; *Palandt-Heinrichs* § 242 Anm. 6 B c; ähnlich *Erman-Sirp* § 242 Anm. 166, 173; zum Aspekt der Unzumutbarkeit *Soergel-Knopp* § 242 Anm. 371ff.

225 Vgl. RGZ 168, 121 (126f.); BGH, DB 1978, 1267; *Enneccerus/Lehmann* § 41 II 4; *Erman-Sirp* § 242 Anm. 168; Münch.Komm.-*Roth* § 242 Anm. 483f.; *Oertmann*, Geschäftsgrundlage, S. 37; *Palandt-Heinrichs* § 242 Anm. 6 B a; *Soergel-Knopp* § 242 Anm. 378, 397; *Staudinger-Weber* § 242 Anm. E 32; *Wiese*, Festschrift für *Hilger/Stumpf*, S. 703 (714).

226 Vgl. *Enneccerus/Lehmann* § 41 III 2. Vgl. ferner BGHZ 1, 170 (176); *Erman-Sirp* § 242 Anm. 172; Münch.Komm.-*Roth* § 242 Anm. 491; *Palandt-Heinrichs* § 242 Anm. 6 B d; *Soergel-Knopp* § 242 Anm. 369f., 405.

227 Vgl. AK-BGB-*Teubner* § 242 Anm. 96; *Erman-Sirp* § 242 Anm. 176; *Esser/Schmidt*, Schuldrecht, S. 337f.; ausführlich *Larenz*, Geschäftsgrundlage und Vertragserfüllung, S. 78ff.; *ders.*, Schuldrecht I, S. 300f.; Münch.Komm.-*Roth* § 242 Anm. 475ff.; *Palandt-Heinrichs* § 242 Anm. 6 C a; *Soergel-Knopp* § 242 Anm. 449ff.; *Staudinger-Weber* § 242 Anm. E 215ff.; *Wieacker*, Präzisierung, S. 37. Vgl. auch *Fikentscher*, Schuldrecht, S. 113f., 119f., der statt der Lehre von der Geschäftsgrundlage die der Begründung von Vertrauensumständen vorzieht. Zu den Schwierigkeiten bei der Feststellung einer objektiven Äquivalenzstörung durch einen Außenstehenden vgl. Münch.Komm.-*Roth* § 242 Anm. 476.

228 So insbesondere *Larenz*, Geschäftsgrundlage und Vertragserfüllung, S. 17ff., 185; *ders.*, Schuldrecht I, S. 299f. Vgl. auch *Enneccerus/Lehmann* § 41 II 4; *Palandt-Heinrichs* § 242 Anm. 6 B a; *Soergel-Knopp* § 242 Anm. 383, 386.

229 Vgl. hierzu *Erman-Sirp* § 242 Anm. 185, 194, 200ff.; *Larenz*, Schuldrecht I, S. 300; Münch.Komm.-*Roth* § 242 Anm. 535f.; *Palandt-Heinrichs* § 242 Anm. 6 C a aa.

230 Vgl. hierzu Münch.Komm.-*Roth* § 242 Anm. 581ff. Auch Rechtsänderungen können hierzu zählen, vgl. Münch.Komm.-*Roth* § 242 Anm. 567ff.; *Palandt-Heinrichs* § 242 Anm. 6 C a cc.

hen sein, daß Grundlage der vertraglichen Einigung die Erwartung der Parteien ist, daß der gesamtwirtschaftliche Status quo fortbesteht.

Weitere Fälle, in denen nach § 242 BGB eine privatautonome Einigung korrigiert wird, sind die der Zweckverfehlung.[231,232] In diesen Fällen kann zwar eine Leistung noch erbracht werden; der Gläubiger hat jedoch an der Erfüllung kein Interesse mehr. Auch wenn grundsätzlich das Risiko der Verwertbarkeit auf seiten des Gläubigers liegt,[233] kann der hinter dem Vertrag stehende Zweck ausnahmsweise zur Geschäftsgrundlage erhoben werden.[234] Dies ist aber letztlich eine Frage der Interessenabwägung im Einzelfall, wobei der Aspekt der Zumutbarkeit in besonderem Maße zu berücksichtigen ist.

Auch ein gemeinschaftlicher Irrtum, beispielsweise ein Kalkulationsirrtum[235] oder ein Irrtum über den Umrechnungskurs,[236] kann im Einzelfall zu einer Anwendbarkeit der Grundsätze über die Geschäftsgrundlage führen.[237] Man spricht hier von einer subjektiven Geschäftsgrundlage,[238] die allerdings zur Irrtumslehre zu zählen ist.

Als Rechtsfolge einer Korrektur über § 242 BGB kommt in erster Linie eine Anpassung des Schuldverhältnisses an die veränderten Umstände unter Abwägung der gegenseitigen Interessen in Betracht.[239] Der Fortfall der Ge-

---

231 Vgl. *Larenz*, Geschäftsgrundlage und Vertragserfüllung, S. 91 ff.; *ders.*, Schuldrecht I, S. 301 ff.; Münch.Komm.-*Roth* § 242 Anm. 603 ff.; *Palandt-Heinrichs* § 242 Anm. 6 C b; *Soergel-Knopp* § 242 Anm. 443 ff.; *Staudinger-Weber* § 242 Anm. E 208 ff.

232 Auch hier wird zuweilen von einer objektiven Geschäftsgrundlage gesprochen, so insbesondere *Larenz*, Geschäftsgrundlage und Vertragserfüllung, S. 17 ff., 185; *ders.*, Schuldrecht I, S. 300. Vgl. auch *Palandt-Heinrichs* § 242 Anm. 6 B a; *Soergel-Knopp* § 242 Anm. 383, 386.

233 Vgl. BGHZ 74, 370 (374); *Esser/Schmidt*, Schuldrecht, S. 333; *Larenz*, Schuldrecht I, S. 301; *Palandt-Heinrichs* § 242 Anm. 6 C b; *Soergel-Knopp* § 242 Anm. 369; *Staudinger-Schmidt* § 242 Anm. 1104 ff.

234 Vgl. *Larenz*, Schuldrecht I, S. 301.

235 Vgl. *Larenz*, Geschäftsgrundlage und Vertragserfüllung, S. 28 ff.; Münch.Komm.-*Roth* § 242 Anm. 615 ff. m. w. N.

236 Vgl. RGZ 105, 406; *Larenz*, Geschäftsgrundlage und Vertragserfüllung, S. 23 ff.; Münch.Komm.-*Roth* § 242 Anm. 613; *Palandt-Heinrichs* § 242 Anm. 6 C d aa.

237 Vgl. BGHZ 25, 390 (392); AK-BGB-*Teubner* § 242 Anm. 100; *Soergel-Knopp* § 242 Anm. 435 ff.; a. A. *Staudinger-Schmidt* § 242 Anm. 332 ff. Zu Fällen fehlgeschlagener Erwartungen Münch.Komm.-*Roth* § 242 Anm. 611 ff.; *Palandt-Heinrichs* § 242 Anm. 6 C d.

238 Vgl. *Larenz*, Geschäftsgrundlage und Vertragserfüllung, S. 17 ff., 21, 184; *ders.*, Schuldrecht I, S. 298; *Palandt-Heinrichs* § 242 Anm. 6 C d; vgl. auch *Enneccerus/Lehmann* § 41 II 4; *Soergel-Knopp* § 242 Anm. 382, 386.

239 Vgl. BGHZ 47, 48 (52); AK-BGB-*Teubner* § 242 Anm. 101; *Blomeyer*, Schuldrecht, S. 20; *Brox*, Schuldrecht, Rz. 84; *Enneccerus/Lehmann* § 41 III; *Erman-Sirp* § 242 Anm. 179; *Esser/Schmidt*, Schuldrecht, S. 341 f.; *Larenz*, Schuldrecht I, S. 304; Münch.-Komm.-*Roth* § 242 Anm. 494; *Oertmann*, Geschäftsgrundlage, S. 165 ff.; *Palandt-Heinrichs* § 242 Anm. 6 B f; *Soergel-Knopp* § 242 Anm. 414 ff.; *Staudinger-Weber* § 242 Anm. E 381 ff.; *Wieacker*, Präzisierung, S. 36 f.; *Wiese*, Festschrift für *Hilger/Stumpf*, S. 703 (719).

schäftsgrundlage kann aber auch ausnahmsweise zu einem Rücktritts- oder einem Kündigungsrecht führen.[240]

2. § 2 Abs. 1 BetrVG

Dem Gebot der vertrauensvollen Zusammenarbeit kommt eine Korrekturfunktion zu, wenn es geeignet ist, privatautonome Vereinbarungen zwischen Arbeitgeber und Betriebsrat unter bestimmten Voraussetzungen zu verändern oder zum Wegfall zu bringen. Als solche gemeinsamen Regelungen kommen insbesondere Betriebsvereinbarungen in Betracht; aber auch formlose Betriebsabsprachen und Verträge, wie beispielsweise ein Interessenausgleich über eine geplante Betriebsänderung nach § 112 Abs. 1 Satz 1 BetrVG oder Sozialpläne nach § 112 Abs. 1 Satz 2 BetrVG, sind zu berücksichtigen.[241]

Es ist evident, daß bei diesen betrieblichen Einigungen ein Bedürfnis nach einer Korrektur entstehen kann. Wie bei jedem privatrechtlichen Schuldverhältnis gehen auch bei Einigungen im betrieblichen Bereich die Betriebspartner oft gemeinsam oder zumindest der eine, für den anderen jedoch erkennbar, von bestimmten Vorstellungen über das Vorliegen, das Fortbestehen oder den Eintritt gewisser Umstände aus. Sollten diese vertraglich nicht niedergelegten Vorstellungen nicht der Wirklichkeit entsprechen oder sich nicht realisieren, so kann die betriebliche Einigung durchaus korrekturbedürftig werden. Dem entspricht es, daß in Literatur[242] und Rechtsprechung[243] die Lehre vom Fortfall der Geschäftsgrundlage für die Korrektur betrieblicher Einigungen, insbesondere von Sozialplänen, herangezogen wird.

Auch wenn dies bislang noch nicht erörtert wurde, ist eine der Lehre vom Fortfall der Geschäftsgrundlage entsprechende Korrekturfunktion aus § 2 Abs. 1 BetrVG abzuleiten. Der Grundsatz der vertrauensvollen Zusammenarbeit als Gebot gegenseitiger Rücksichtnahme und Loyalität verbietet die Berufung auf eine formale Rechtslage, die den Betriebspartner in erheblicher,

---

240 Vgl. RGZ 165, 193 (199f.); 168, 65 (73); *Erman-Sirp* § 242 Anm. 179; *Esser/Schmidt*, Schuldrecht, S. 342; *Larenz*, Schuldrecht I, S. 304; Münch.Komm.-*Roth* § 242 Anm. 494; *Oertmann*, Geschäftsgrundlage, S. 161ff.; *Palandt-Heinrichs* § 242 Anm. 6 B f; *Soergel-Knopp* § 242 Anm. 428; *Staudinger-Weber* § 242 Anm. E 377, 379; *Wiese*, Festschrift für *Hilger/Stumpf*, S. 703 (719).

241 Ein Überblick über die möglichen Formen einer betrieblichen Einigung findet sich bei *Thiele*, GK-BetrVG, § 77 Anm. 2ff.; vgl. auch *Birk*, ZfA 1986, 73; *Dietz/Richardi* § 77 Anm. 158; *v. Hoyningen-Huene*, Betriebsverfassungsrecht, S. 138f.

242 Vgl. *Dietz/Richardi* § 77 Anm. 141, 164, § 112 Anm. 91, 107; *Fabricius*, GK-BetrVG, § 112 Anm. 72; *Fitting/Auffarth/Kaiser* § 112 Anm. 24; *Galperin/Löwisch* § 112 Anm. 44; *Gnade/Kehrmann/Schneider/Blanke* § 77 Anm. 55; *Hueck/Nipperdey* II/2, S. 1283ff.; *Kammann/Hess/Schlochauer* § 77 Anm. 105, § 112 Anm. 56; *Säcker*, AR-Blattei D, Betriebsvereinbarung I F IV 2; *Stege/Weinspach* § 77 Anm. 40; *Thiele*, GK-BetrVG, § 77 Anm. 220; *Weller*, AR-Blattei D, Sozialplan I F 2.

243 Vgl. BAG, AP Nr. 11 zu § 112 BetrVG 1972 Bl. 5 für die Aufstellung eines Sozialplans; AP Nr. 24 zu § 59 BetrVG Bl. 6 für eine Betriebsvereinbarung; wohl auch AP Nr. 6 zu § 112 BetrVG 1972 Bl. 15.

unzumutbarer Weise belastet.[244] Es kann gerade diesem Gebot widersprechen, wenn ein Betriebspartner an einer betrieblichen Einigung festhält, obwohl ihr Inhalt aufgrund äußerer Umstände nicht mehr haltbar und der anderen Seite nicht mehr zumutbar ist.[245] Das Festhalten an einer Einigung ist daher nur dann nach § 2 Abs. 1 BetrVG zulässig, wenn sie im Rahmen einer beiden Seiten gerecht werdenden Interessenabwägung an die Veränderung der äußeren Umstände angepaßt worden ist; in besonders gelagerten Fällen wird ein weiteres Festhalten generell unzulässig sein. Das Gebot der vertrauensvollen Zusammenarbeit kann daher durchaus die Funktion haben, betriebliche Einigungen zu korrigieren, indem es eine Berufung auf sie nur in einer korrigierten Form für zulässig erklärt oder ganz verbietet.

3. Folgerung

Da der Grundsatz von Treu und Glauben im Verhältnis von Arbeitgeber und Betriebsrat grundsätzlich Anwendung findet, hat er für diesen Bereich eine Korrekturfunktion. Danach können zwischen den Betriebspartnern geschlossene Vereinbarungen nach den Grundsätzen der Lehre vom Wegfall der Geschäftsgrundlage an veränderte Umstände angepaßt werden. Die gleiche Funktion wird aber auch vom Gebot der vertrauensvollen Zusammenarbeit wahrgenommen. Nach § 2 Abs. 1 BetrVG ist die Berufung auf eine Vereinbarung unzulässig, wenn das Festhalten an ihr wegen der Veränderung oder des unerwarteten Fehlens äußerer Umstände grob unbillig und der benachteiligten Seite in besonderem Maße unzumutbar ist. Dann verlangt auch die Kooperationsmaxime eine Korrektur dieser Vereinbarung. Sie hat daher insoweit die gleiche Funktion wie der Grundsatz von Treu und Glauben.

F. Zwischenergebnis

Der Grundsatz von Treu und Glauben und das Gebot der vertrauensvollen Zusammenarbeit haben im Verhältnis von Arbeitgeber und Betriebsrat eine weitgehend vergleichbare Bedeutung.

Die diese Vorschriften tragenden Worte „Treue“, „Glauben“ und „Vertrauen“ lassen sich auf dieselben ethischen Wurzeln zurückführen. Hinzu kommt eine starke Vergleichbarkeit der rechtssystematischen Stellung. Beide

---

[244] Vgl. oben § 2 E III 2.

[245] Insoweit sind die Grenzen zwischen Rechtsmißbrauch und Fortfall der Geschäftsgrundlage fließend. Jede Berufung auf eine vertragliche Einigung, deren Geschäftsgrundlage weggefallen ist, stellt zugleich einen verbotenen Rechtsmißbrauch dar, vgl. BGH, NJW 1958, 1772; *Erman-Sirp* § 242 Anm. 173; *Palandt-Heinrichs* § 242 Anm. 6 B c; *Soergel-Knopp* § 242 Anm. 371.

Vorschriften sind Generalklauseln mit zahlreichen gesetzlichen Konkretisierungen und wirken normativ auf die Beziehung von Arbeitgeber und Betriebsrat ein.

Neben diese formale Vergleichbarkeit tritt eine weitgehende teleologische Übereinstimmung. § 242 BGB und § 2 Abs. 1 BetrVG verlangen von den Betriebspartnern in gleichem Maße gegenseitige Rücksichtnahme, Ehrlichkeit und Loyalität, um so ihre widerstreitenden Interessen zu einem Ausgleich zu bringen. Ebenso wie der Grundsatz von Treu und Glauben ist das Gebot der vertrauensvollen Zusammenarbeit als Auslegungsregel für die Vorschriften des BetrVG sowie für betriebliche Einigungen heranzuziehen. Beide Normen können konkrete Verhaltenspflichten in Ergänzung gesetzlicher Vorschriften und betrieblicher Einigungen schaffen. Weiterhin verbieten sie die mißbräuchliche Rechtsausübung und die mißbräuchliche Ausnutzung von Rechtslagen; sie können daher die Rechte der Betriebspartner beschränken, wenn dies sonst zu unangemessenen, eine Seite unzumutbar benachteiligenden Ergebnissen führen würde. Schließlich können beide Vorschriften ausnahmsweise zur Korrektur betrieblicher Einigungen führen, wenn deren nicht zum Vertragsinhalt gewordene Geschäftsgrundlage von Anfang an fehlte oder später fortgefallen ist und ein weiteres Festhalten an der betrieblichen Einigung ohne inhaltliche Änderung zumindest einer Seite unzumutbar ist.[246] In ihrer Zielrichtung geht die Kooperationsmaxime allerdings insoweit über den Grundsatz von Treu und Glauben hinaus, als sie vor dem Hintergrund der betrieblichen Partnerschaft die Pflicht zu intensiver Kooperation in stärkerem Maße betont, als dies bei § 242 BGB der Fall ist. Dieser besondere Aspekt ist stets bei der nach § 2 Abs. 1 BetrVG erforderlichen Interessenabwägung zu berücksichtigen.

---

[246] Weitere Funktionen lassen nach dem heutigen Stand der Wissenschaft weder § 242 BGB noch § 2 Abs. 1 BetrVG erkennen. Da der Generalklauselcharakter beider Normen eine Rechtsfortbildung zuläßt und oft geradezu verlangt, ist es denkbar, daß ihnen von Rechtsprechung und Lehre neue, bisher nicht erörterte Funktionen zugeordnet werden; die skizzierten Fallgruppen sind nicht abschließend, vgl. *Erman-Sirp* § 242 Anm. 45; *Larenz*, Methodenlehre, S. 279ff. Dies kann jedoch nichts an der grundsätzlichen Vergleichbarkeit beider Normen ändern, da jede Rechtsfortbildung auf das Gebot gegenseitiger Rücksichtnahme zurückzuführen ist, das in beiden Vorschriften übereinstimmt.

§ 3 Das Verhältnis beider Vorschriften zueinander

A. Vorrang der Kooperationsmaxime

Es fragt sich angesichts der Vergleichbarkeit beider Normen, ob sie nebeneinander anwendbar sind oder ob § 2 Abs. 1 BetrVG dem § 242 BGB vorgeht.

Beide Vorschriften regeln die Rechtsbeziehung von Arbeitgeber und Betriebsrat. Während sich jedoch § 2 Abs. 1 BetrVG auf dieses Verhältnis und die Beziehung einzelner Betriebsratsmitglieder zum Arbeitgeber beschränkt,[1] geht der persönliche Geltungsbereich des § 242 BGB sehr viel weiter; er kommt in allen Fällen einer rechtlichen Sonderverbindung zur Anwendung.[2] Die Kooperationsmaxime ist daher bezüglich ihres persönlichen Anwendungsbereiches im weiterreichenden Grundsatz von Treu und Glauben voll enthalten.

Die Anwendung beider Vorschriften führt aber nicht zwangsläufig stets zu dem gleichen Ergebnis. Sie sind zwar vor allem teleologisch und funktionell wesensgleich[3] und verlangen von den Betriebspartnern gegenseitige Rücksichtnahme, Ehrlichkeit und Loyalität. Das Gebot der vertrauensvollen Zusammenarbeit legt jedoch auf die Pflicht zu einer intensiven Kooperation ein stärkeres Gewicht als der Grundsatz von Treu und Glauben.[4] Dies folgt insbesondere aus dem historisch gewachsenen, vom Gesetzgeber in § 2 Abs. 1 BetrVG niedergelegten Kooperationsmodell. Dieses Gebot zu einem verstärkten Zusammenwirken der Betriebspartner ist im Rahmen der nach § 2 Abs. 1 BetrVG stets erforderlichen Interessenabwägung in besonderem Maße zu berücksichtigen. Die Interessenabwägung kann daher im Rahmen des § 2 Abs. 1 BetrVG zu anderen Ergebnissen führen als die Interessenabwägung im Rahmen des § 242 BGB, der dieses Merkmal nicht gesondert berücksichtigt. Somit besteht immer die Möglichkeit, daß die Anwendung beider Vorschriften zu unterschiedlichen Ergebnissen führt. Wäre dies nicht der Fall, könnte man beide Normen parallel anwenden und die Frage nach der Vorrangigkeit wäre bedeutungslos. Die abstrakte Möglichkeit differierender Rechtsfolgen läßt indessen die Frage aufkommen, ob es bei einer parallelen Anwendung bleibt oder ob eine Vorschrift die andere verdrängt.[5]

---

[1] Vgl. BAG, AP Nr. 1 zu § 87 BetrVG 1972 Betriebsbuße Bl. 3; AP Nr. 1 zu § 74 BetrVG 1972 Bl. 7 R. Vgl. bereits oben § 2 A I.

[2] Vgl. oben § 1 A III.

[3] Vgl. oben § 2 E.

[4] Vgl. oben § 2 E I.

[5] Vgl. ausführlich zu diesem Problemkreis *Larenz*, Methodenlehre, S. 255 ff.

Eine Normkonkurrenz in der Weise, daß beide Normen immer parallel anwendbar sind, ist von vornherein abzulehnen, da dies bei unterschiedlichen Ergebnissen zu einer nicht tragbaren Rechtsunsicherheit führen würde und zudem die Entscheidung zwischen den Rechtsfolgen letztlich der Willkür überlassen bliebe. Vielmehr liegt die Überlegung nahe, daß § 2 Abs. 1 BetrVG dem § 242 BGB in einer ihn verdrängenden Weise vorgeht. Diese Frage kann nur durch Auslegung des § 2 Abs. 1 BetrVG beantwortet werden.[6] Insbesondere ist danach zu fragen, ob es ein Bedürfnis dafür gibt, daß der Grundsatz von Treu und Glauben von der Kooperationsmaxime verdrängt wird.

Vertretbar wäre die Ansicht, das Wesen des Betriebsverfassungsrechts mache eine Spezialnorm erforderlich, die seinen Besonderheiten gerecht werde. Dies wäre jedoch nur zum Teil richtig. Sicherlich hat das Betriebsverfassungsrecht im Vergleich zum allgemeinen Privatrecht zahlreiche Besonderheiten, die insbesondere aus der gesetzlichen Anordnung von Mitwirkungs- und Mitbestimmungsrechten des Betriebsrats folgen. Dies allein kann jedoch noch nicht ausreichen, § 2 Abs. 1 BetrVG als eine den § 242 BGB verdrängende Spezialregelung anzusehen. Den Besonderheiten des Betriebsverfassungsrechts trägt § 242 BGB nämlich bereits von sich aus Rechnung, da er immer die Abwägung der besonderen Umstände des Einzelfalls verlangt. Die Einführung einer besonderen Norm wäre allein unter diesem Gesichtspunkt daher nicht erforderlich. Entscheidend ist die besondere Zielrichtung der Kooperationsmaxime. Neben die mit § 242 BGB übereinstimmende Grundtendenz zur gegenseitigen Rücksichtnahme tritt das zusätzliche Merkmal des gesteigerten Zusammenarbeitserfordernisses als der tragende Gedanke des vom BetrVG 1952 neu konstituierten und vom BetrVG im Jahre 1972 bestätigten Partnerschaftsmodells. Dieser Gedanke hat als ein wesentliches sozialpolitisches Vorhaben im Betriebsverfassungsrecht besonderes Gewicht. Um dieser Bedeutung gerecht zu werden, muß das Element der Kooperation bei der Klärung betriebsverfassungsrechtlicher Fragen immer berücksichtigt werden; seine Einbeziehung in jede Interessenabwägung ist für das Verhältnis von Arbeitgeber und Betriebsrat zwingend angeordnet und somit unumgänglich. Hieraus folgt, daß die Vorschriften, die den Gedanken der Kooperation nicht in diesem Maße beinhalten, gegenüber § 2 Abs. 1 BetrVG zurückzutreten haben, wenn sie zu einem abweichenden Ergebnis führen.

Denkbar sind zwei Lösungsmöglichkeiten. Man könnte erwägen, eine Verdrängung des § 242 BGB durch § 2 Abs. 1 BetrVG nur bei abweichenden Ergebnissen anzunehmen, sonst aber beide Vorschriften parallel anzuwenden.

---

[6] Vgl. zur Notwendigkeit einer teleologischen Auslegung ausführlich *Larenz*, Methodenlehre, S. 257. Vgl. auch *Engisch*, Einführung in das juristische Denken, S. 162.

Weiterhin könnte man eine generelle Verdrängung des § 242 BGB in Betracht ziehen.

Beide Ansichten sind durchaus vertretbar. Da sich im Ergebnis nichts ändert, sollte die Lösung gesucht werden, die auch den Bedürfnissen der Praxis Rechnung trägt. Am klarsten und praktikabelsten ist es, von einer generellen Verdrängung des § 242 BGB durch § 2 Abs. 1 BetrVG auszugehen. Diese Lösung ist eindeutig und erspart überflüssige Differenzierungen bei der Wahl der in Frage kommenden Rechtsgrundlage.

Es ist daher festzustellen, daß § 2 Abs. 1 BetrVG in der Beziehung von Arbeitgeber und Betriebsrat die Vorschrift des § 242 BGB vollständig verdrängt, also für das Verhältnis der Betriebspartner abschließenden Charakter hat.

B. Terminologie

Fraglich ist die Bezeichnung des Verhältnisses beider Vorschriften zueinander. Nach der in der Literatur regelmäßig verwendeten Formulierung handelt es sich bei § 2 Abs. 1 BetrVG um eine „Konkretisierung" des § 242 BGB.[7] Das BAG bezeichnet hingegen in einem Beschluß vom 21. April 1983 § 2 Abs. 1 BetrVG gegenüber § 242 BGB als „speziellere Regelung".[8]

Die Frage nach der exakten Terminologie des Verhältnisses beider Vorschriften hat keine große Bedeutung, da auch in der Methodenlehre beide Formulierungen zuweilen synonym gebraucht werden.[9] Treffender als der Ausdruck „Konkretisierung" ist indessen die Bezeichnung des § 2 Abs. 1 BetrVG als eine Spezialregelung des § 242 BGB. Die Konkretisierung einer Generalklausel zeichnet sich dadurch aus, daß sie in vollem Umfang aus dem in der Generalklausel enthaltenen allgemeinen Rechtsgedanken hergeleitet wird und bestimmte Rechtsfolgen für einen konkreten Lebenssachverhalt bestimmt.[10] Dies ist jedoch bei § 2 Abs. 1 BetrVG in dieser Weise nicht der Fall. Einmal ist zu bezweifeln, ob die Ausgestaltung der Vorschrift wirklich konkret genug ist, um, wie beispielsweise § 162 BGB als eine Konkretisie-

[7] Vgl. *Dietz/Richardi* § 2 Anm. 10; *Richardi*, Anm. zu BAG, AP Nr. 6 zu § 61 BetrVG Bl. 6 R; *Sandvoss*, MitbestGespr. 1977, 199 (200); *Wiese*, GK-BetrVG, z.B. § 37 Anm. 123, § 40 Anm. 10; *ders.*, NZA 1984, 378 (383); unklar *Dietz*, RdA 1969, 1 (6), der § 49 Abs. 1 BetrVG 1952 als eine besondere „Ausformung" des Gebots von Treu und Glauben ansieht.

[8] Vgl. DB 1984, 248 (250).

[9] Vgl. beispielsweise *Engisch*, Die Idee der Konkretisierung, S. 78ff.

[10] Zur Methode der Konkretisierung vgl. *Bydlinski*, Methodenlehre, S. 582ff.; *Larenz*, Methodenlehre, S. 279ff., 456ff.

rung von Treu und Glauben,[11] bestimmte Rechtsfolgen ohne weiteren Präzisierungsprozeß festzulegen. Die Kooperationsmaxime ist als Generalklausel gefaßt und von daher selbst konkretisierungsbedürftig.[12] Hinzu kommt, daß Sinn und Zweck des § 2 Abs. 1 BetrVG nicht in vollem Umfang aus dem Grundsatz von Treu und Glauben hergeleitet werden können; der tragende Gedanke eines verstärkten Zusammenwirkens ist Inhalt des vom Gesetzgeber im BetrVG statuierten Kooperationsmodells und läßt sich aus § 242 BGB selbst in der stärksten Ausprägung des in ihm enthaltenen Treuegedankens nicht begründen.[13]

Im Verhältnis der Spezialität stehen zwei ranggleiche Vorschriften dann, wenn die spezielle bezüglich ihres Anwendungsbereichs in der allgemeinen Norm enthalten ist, sie aber neben den Tatbestandsmerkmalen der allgemeinen Norm noch ein zusätzliches Merkmal enthält.[14] Dies ist bei § 2 Abs. 1 BetrVG der Fall. Diese Vorschrift gehört wie § 242 BGB dem einfachen Gesetzesrecht an und ist somit dieser Norm ranggleich.[15] Sie ist bezüglich ihres Anwendungsbereichs in der weitergehenden Norm enthalten. Da § 2 Abs. 1 BetrVG zudem das zu § 242 BGB zusätzliche Merkmal der gesteigerten Pflicht zur Kooperation enthält, ist er insoweit eine Spezialregelung zu dieser Vorschrift. In einem solchen Verhältnis wird man regelmäßig von dem Grundsatz „*lex specialis derogat legi generali*"[16] ausgehen müssen, wenn sich nicht durch Auslegung etwas anderes ergibt.[17] Es wurde bereits festgestellt,[18] daß Sinn und Zweck der Kooperationsmaxime eine vollständige Verdrängung des Grundsatzes von Treu und Glauben gebieten.

Im Ergebnis ist somit der Auffassung des BAG zuzustimmen. Das Gebot der vertrauensvollen Zusammenarbeit stellt sich im Verhältnis zum Grundsatz von Treu und Glauben als eine abschließende Spezialregelung dar.

§ 4 Ergebnis

Das in § 2 Abs. 1 BetrVG niedergelegte Gebot der vertrauensvollen Zusammenarbeit zwischen Arbeitgeber und Betriebsrat ist eine Spezialregelung

---

[11] Vgl. oben § 2 D.
[12] Vgl. oben § 2 A I.
[13] Vgl. oben § 2 E I.
[14] Vgl. *Bydlinski*, Methodenlehre, S. 465; *Larenz*, Methodenlehre, S. 256f.; *Zippelius*, Methodenlehre, S. 35.
[15] Vgl. *Larenz*, Methodenlehre, S. 256.
[16] Vgl. statt vieler *Bydlinski*, Methodenlehre, S. 465; *Engisch*, Einführung in das juristische Denken, S. 162.
[17] Vgl. *Larenz*, Methodenlehre, S. 257.
[18] Vgl. oben § 3 A.

des allgemeinen Grundsatzes von Treu und Glauben. Dies ergibt sich aus Anwendungsbereich, Sinn und Zweck beider Vorschriften.

Die normative Anordnung des § 242 BGB gilt in allen Fällen, in denen eine rechtliche Sonderverbindung vorliegt. Da eine solche in dem gesteigerten sozialen Kontakt zwischen Arbeitgeber und Betriebsrat gegeben ist, ist von der grundsätzlichen Geltung des § 242 BGB in diesem Verhältnis auszugehen. § 242 BGB wird jedoch durch die Spezialnorm des § 2 Abs. 1 BetrVG verdrängt. Zwar sind beide Normen grammatikalisch und systematisch vergleichbar. Auch haben sie prinzipiell den gleichen Zweck; sie sollen die gegensätzlichen Interessen der Betriebspartner zu einem Ausgleich bringen. Zu dieser allgemeinen Vergleichbarkeit kommt, daß beide Vorschriften grundsätzlich die gleichen rechtsordnenden Funktionen wahrnehmen. Der Unterschied beider Normen besteht jedoch darin, daß § 2 Abs. 1 BetrVG einer intensiven Zusammenarbeit der Betriebspartner als dem tragenden Gedanken des vom Gesetzgeber im BetrVG 1952 neu konstituierten und im BetrVG 1972 bestätigten Kooperationsmodells eine stärkere Bedeutung zumißt, als dies bei § 242 BGB der Fall ist. Daraus, daß dieses Element in der Beziehung von Arbeitgeber und Betriebsrat stets zu beachten ist, folgt, daß § 2 Abs. 1 BetrVG dem § 242 BGB vorgeht, es gilt der Grundsatz *„lex specialis derogat legi generali"*.

Zweiter Teil

Konsequenzen für das Betriebsverfassungsrecht

§ 5 Vorüberlegung

Aus der zwischen § 2 Abs. 1 BetrVG und § 242 BGB bestehenden Übereinstimmung folgt, daß die zu letzterer Vorschrift von Rechtsprechung und Lehre erarbeiteten und in Fallgruppen zusammengefaßten Rechtsgedanken und -prinzipien im Grundsatz auf die Kooperationsmaxime für den betrieblichen Bereich übertragen werden können. Dies ist deshalb von Bedeutung, weil so bei der Auslegung des § 2 Abs. 1 BetrVG auf zum Großteil ausdiskutierte und festgefügte Fallgruppen zurückgegriffen werden kann und damit dem praktischen Interesse an Rechtsklarheit und Rechtssicherheit Rechnung getragen wird.

Die Übertragung der Fallgruppen des § 242 BGB auf § 2 Abs. 1 BetrVG kann jedoch nicht unbegrenzt vorgenommen werden. Gerade die Gründe, die die Kooperationsmaxime als eine Spezialregelung des Grundsatzes von Treu und Glauben ausgewiesen haben, verbieten eine vorbehaltlose Übernahme der erarbeiteten Fallgruppen. Vielmehr sind jene nur unter Berücksichtigung der Besonderheiten des Betriebsverfassungsrechts und des Gebots der verstärkten Kooperation über § 2 Abs. 1 BetrVG auf das Verhältnis von Arbeitgeber und Betriebsrat zu übertragen.

Es geht im folgenden nicht darum, die Geltung der Fallgruppen an einer Fülle von denkbaren Einzelfällen zu demonstrieren und diese umfassend aufzulisten. Diese Aufgabe muß der Praxis des Rechtsanwenders überlassen bleiben, da nur dieser in der Lage ist, die stets erforderliche Berücksichtigung aller besonderen Umstände des Einzelfalls vorzunehmen. Ziel der nachfolgenden Ausführungen ist es vielmehr, die Besonderheiten bei der Übertragung der zu § 242 BGB erarbeiteten Fallgruppen herauszuarbeiten; hier interessiert insbesondere die Frage, welche Grenzen dieser Übertragung gezogen sind.

§ 6 § 2 Abs. 1 BetrVG als Auslegungsregel

A. Art und Weise der Erfüllung gesetzlich normierter Pflichten

Es wurde oben[1] dargelegt, daß § 2 Abs. 1 BetrVG als Maßstab für die Auslegung der im BetrVG normierten Rechte und Pflichten heranzuziehen ist, sofern sich diese auf Arbeitgeber und Betriebsrat beziehen. Wenn auch hierbei immer der besondere Sinn und Zweck jeder einzelnen Vorschrift zu berücksichtigen ist, stellt sich doch bei allen Pflichten in gleichem Maße die Frage, in welcher Art und Weise sie zu erfüllen sind.[2] Hierzu besteht im Rahmen des § 242 BGB ein relativ gefestigtes Meinungsbild.

So darf vor allem eine geschuldete Leistung nicht zur Unzeit erbracht werden.[3] Dieses Verbot folgt aus der gegenseitigen Verpflichtung zur Rücksichtnahme, die auch für die Betriebspartner gilt. Diese sind daher gehalten, ihre Pflichten aus dem BetrVG nicht zur Unzeit, z.B. nachts, zu erfüllen.

Aus dem besonderen Prinzip der Kooperation kann ausnahmsweise etwas anderes folgen. Der Arbeitgeber hat beispielsweise dem Betriebsrat gem. § 80 Abs. 2 Satz 2 BetrVG auf Verlangen jederzeit die zur Durchführung seiner Aufgaben erforderlichen Unterlagen zur Verfügung zu stellen. Da denkbar ist, daß die Unterlagen aus betriebsorganisatorischen Gründen nicht sofort zur Verfügung gestellt werden können, ist vom Arbeitgeber zu verlangen, seiner Pflicht alsbald nach dem Begehren des Betriebsrats nachzukommen.[4] Jedoch würde es dem Gebot der vertrauensvollen Zusammenarbeit widersprechen, wenn der Arbeitgeber dieser Pflicht zur Unzeit nachkäme, indem er beispielsweise die Unterlagen nur außerhalb der Dienstzeit oder am Wochenende zur Verfügung zu stellen bereit ist. Lediglich in besonders gelagerten Ausnahmefällen kann eine solche Pflichterfüllung durch den Arbeitgeber vom Gebot der Zusammenarbeit gebilligt oder sogar verlangt werden; so wäre es, wenn beide Seiten an der schnellen Klärung einer Angelegenheit interessiert sind oder die erforderlichen Unterlagen aus unvorhergesehenen Gründen nur am Wochenende verfügbar sind.

---

[1] Vgl. § 2 E II 2.

[2] Die Frage, in welcher Art und Weise ein Recht wahrzunehmen ist, gehört zwar systematisch auch hierher, wird jedoch herkömmlicherweise in der Fallgruppe des Rechtsmißbrauchs erörtert, vgl. unten § 8.

[3] Vgl. RGZ 92, 208 (210f.); *Brox*, Schuldrecht, Rz. 79; *Jauernig-Vollkommer* § 242 Anm. II 2 a; *Larenz*, Schuldrecht I, S. 122; Münch.Komm.-*Roth* § 242 Anm. 144; *Palandt-Heinrichs* § 242 Anm. 4 A; RGRK-*Alff* § 242 Anm. 22; *Staudinger-Weber* § 242 Anm. A 536.

[4] Vgl. *Thiele*, GK-BetrVG, § 80 Anm. 50.

Die gleichen Grundsätze gelten auch für Pflichten des Betriebsrats gegenüber dem Arbeitgeber. Nach § 30 Satz 3 BetrVG hat der Betriebsrat beispielsweise den Arbeitgeber vom Zeitpunkt einer Betriebsratssitzung vorher zu verständigen. Wenn auch die Festsetzung des Zeitpunkts einer Sitzung nicht von der Zustimmung des Arbeitgebers abhängt,[5] ist dessen rechtzeitige Information doch notwendig, damit er sich auf den Zeitpunkt der Sitzung einrichten kann.[6] Diese Verständigung darf nach § 2 Abs. 1 BetrVG nicht zur Unzeit erfolgen; eine Ausnahme kann sich unter Umständen jedoch daraus ergeben, daß der Arbeitgeber auch bei einer plötzlich erforderlich gewordenen Sitzung zu informieren ist.[7]

Ebenso ist nach § 242 BGB die Leistung an einem unangemessenen Ort untersagt.[8] Dies ist z.B. für die Auslegung des § 40 Abs. 2 BetrVG von Bedeutung, nach dem der Arbeitgeber dem Betriebsrat für Sitzungen, Sprechstunden und die laufende Geschäftsführung Räume in erforderlichem Umfang zur Verfügung zu stellen hat. Hierbei hat der Arbeitgeber hinsichtlich der Räume grundsätzlich die freie Wahl.[9] Denkbar wäre allerdings, daß der Arbeitgeber dem Betriebsrat einen bestens ausgestatteten Raum zuweist, der sich in der Vorstandsetage in unmittelbarer Nachbarschaft zu den Räumen der Vorstandsmitglieder oder der leitenden Angestellten befindet. Durch diese räumliche Situation könnte der Betriebsrat aus psychologischer Sicht in seiner Interessenwahrnehmung gelähmt und bei der Belegschaft der Eindruck von Kollusion der Betriebspartner erweckt werden. Auch könnte die Notwendigkeit für die Arbeitnehmer, den Betriebsrat in der Vorstandsetage aufsuchen zu müssen, eine starke Verringerung ihres Kontakts zum Interessenvertreter nach sich ziehen. Wäre dies der Fall, so wäre eine solche Raumzuweisung nach § 2 Abs. 1 BetrVG unzulässig, auch wenn der Raum hinsichtlich seiner Ausstattung den Bedürfnissen des Betriebsrats genügen würde.[10] Eine derartige Leistungserbringung, die geeignet ist, das Vertrauen der Belegschaft in den Betriebsrat zu erschüttern, verträgt sich nicht mit dem Gebot gegenseitiger Rücksichtnahme und Loyalität; der Betriebsrat muß in den zur Verfügung gestellten Räumen in jeder Hinsicht zur ordnungsgemäßen Wahrnehmung seiner Aufgaben in der Lage sein. Hierzu zählt insbesondere die un-

---

[5] Vgl. *Dietz/Richardi* § 30 Anm. 6; *Fitting/Auffarth/Kaiser* § 30 Anm. 11; *Galperin/Löwisch* § 30 Anm. 8; *Kammann/Hess/Schlochauer* § 30 Anm. 10f.; *Wiese*, GK-BetrVG, § 30 Anm. 14.

[6] Vgl. *Dietz/Richardi* § 30 Anm. 6; *Galperin/Löwisch* § 30 Anm. 8; *Gnade/Kehrmann/Schneider/Blanke* § 30 Anm. 7; *Kammann/Hess/Schlochauer* § 30 Anm. 10; *Wiese*, GK-BetrVG, § 30 Anm. 15.

[7] Vgl. *Wiese*, GK-BetrVG, § 30 Anm. 14.

[8] Vgl. RGZ 107, 121 (122); *Jauernig-Vollkommer* § 242 Anm. II 2 a; Münch.Komm.-*Roth* § 242 Anm. 144; *Palandt-Heinrichs* § 242 Anm. 4 A; RGRK-*Alff* § 242 Anm. 22.

[9] So ausdrücklich *Wiese*, GK-BetrVG, § 40 Anm. 64.

[10] Vgl. zur Ausstattung *Dietz/Richardi* § 40 Anm. 51; *Fitting/Auffarth/Kaiser* § 40 Anm. 32; *Galperin/Löwisch* § 40 Anm. 40; *Gnade/Kehrmann/Schneider/Blanke* § 40 Anm. 24; *Kammann/Hess/Schlochauer* § 40 Anm. 35; *Wiese*, GK-BetrVG, § 40 Anm. 66.

gehinderte Wahrnehmung der Arbeitnehmerinteressen.[11] Daher wäre es ebenso unzulässig, dem Betriebsrat weit abseits gelegene oder für die Arbeitnehmer schwer zugängliche Räume zu stellen.

Diese Beispiele belegen, daß die zu Art und Weise der Leistung im Rahmen des § 242 BGB herausgearbeiteten Verbote problemlos auf betriebsverfassungsrechtliche Pflichten übertragbar sind und nur in Ausnahmefällen durchbrochen werden können. Insoweit gibt es keine Besonderheiten.

B. Art und Weise der Erfüllung vereinbarter Pflichten

Wie schon oben[12] dargelegt, sind Zweifelsfragen bei der Auslegung betrieblicher Einigungen unter Berücksichtigung des Gebots der vertrauensvollen Zusammenarbeit zu klären, da dieses normative Gebot sämtliche Beziehungen der Betriebspartner erfaßt. Dies stellt jedoch nur einen Aspekt der Auslegung von betrieblichen Einigungen dar, da insbesondere bei Betriebsvereinbarungen im Hinblick auf ihre normative Wirkung (§ 77 Abs. 4 Satz 1 BetrVG) besondere Grundsätze gelten[13] und die konkrete inhaltliche Auslegung betrieblicher Einigungen immer eine Frage des Einzelfalls ist.

Wie bei der Auslegung gesetzlich normierter Pflichten läßt sich eine generelle Aussage lediglich für die Frage treffen, wie Pflichten zu erfüllen sind, die in betrieblichen Einigungen vereinbart werden. Hier richtet sich die Art und Weise vereinbarter Pflichten allerdings nur dann nach § 2 Abs. 1 BetrVG, wenn es sich um Pflichten des einen Betriebspartners gegenüber dem anderen handelt, da nach der hier verfolgten Konzeption die Kooperationsmaxime nur im Verhältnis von Arbeitgeber und Betriebsrat gilt.[14] Die Art und Weise der Erfüllung von Pflichten des Arbeitgebers den Arbeitnehmern gegenüber ist hingegen lediglich nach dem für deren Verhältnis geltenden allgemeinen Grundsatz von Treu und Glauben zu beurteilen. Für die Erfüllung von gegenseitigen Pflichten, welche die Betriebspartner vereinbart haben, gelten keine Besonderheiten; die zu schuldrechtlichen Verträgen entwickelten Grundsätze sind problemlos übertragbar. Hierbei kann es offenbleiben, ob schuldrechtli-

---

[11] Vgl. auch *Dietz/Richardi* § 40 Anm. 50; *Fitting/Auffarth/Kaiser* § 40 Anm. 31; *Gnade/Kehrmann/Schneider/Blanke* § 40 Anm. 23; *Kammann/Hess/Schlochauer* § 40 Anm. 34; *Wiese*, GK-BetrVG, § 40 Anm. 64.

[12] Vgl. § 2 E II 2.

[13] Vgl. *Dietz/Richardi* § 77 Anm. 151 ff.; *Fitting/Auffarth/Kaiser* § 77 Anm. 24; *Galperin/Löwisch* § 77 Anm. 20 ff.; *Kammann/Hess/Schlochauer* § 88 Anm. 30 ff.; *Säcker*, AR-Blattei D, Betriebsvereinbarung I E III; *Thiele*, GK-BetrVG, § 77 Anm. 187 ff. jeweils m. w. N.

[14] Vgl. oben § 2 A I m. w. N.

che Vereinbarungen der Betriebspartner in normativ wirkende Betriebsvereinbarungen aufgenommen werden dürfen, oder ob sie stets in gesonderten Betriebsabsprachen erfolgen müssen.[15]

§ 7 Begründung von Rechten und Pflichten durch § 2 Abs. 1 BetrVG

A. Grundsätzliches

Es wurde bereits ausgeführt,[1] daß das Gebot der vertrauensvollen Zusammenarbeit zwischen Arbeitgeber und Betriebsrat Rechte und Pflichten begründen kann. Da § 2 Abs. 1 BetrVG die Spezialregelung des Grundsatzes von Treu und Glauben für das Verhältnis der Betriebspartner ist, sind die im Rahmen des § 242 BGB zur Begründung von Nebenpflichten entwickelten Fallgruppen im Grundsatz übertragbar. Aus § 2 Abs. 1 BetrVG können daher bei Vorliegen bestimmter Interessenkonstellationen auf ein bestimmtes Verhalten gerichtete Pflichten eines Betriebspartners folgen. Diesen Pflichten der einen Seite stehen dann stets entsprechende Rechte der anderen Seite gegenüber. Da sie als ergänzende Pflichten neben die gesetzlichen Vorschriften treten[2] und letztere in ein, allerdings hinsichtlich des Umfangs äußerst umstrittenes[3] Sanktionensystem eingefaßt sind, fragt es sich, ob die den Pflichten aus § 2 Abs. 1 BetrVG gegenüberstehenden Rechte den Charakter gerichtlich durchsetzbarer Ansprüche haben.[4] Während ein Teil der Lehre[5] annimmt, daß die Betriebspartner voneinander die Erfüllung ihrer Verpflichtung zur Zusammenarbeit verlangen und diese im arbeitsgerichtlichen Beschlußverfahren geltend machen können, geht *Heinze*[6] davon aus, daß § 2 Abs. 1 BetrVG keine Ansprüche entnommen werden können. Er ist der Ansicht, die Vor-

---

[15] Vgl. hierzu *Dietz/Richardi* § 77 Anm. 45, 136; *Fitting/Auffarth/Kaiser* § 77 Anm. 18; *Galperin/Löwisch* § 77 Anm. 59; *Galperin/Siebert* § 52 Anm. 20; ausführlich *G. Hueck*, Betriebsvereinbarung, S. 73ff.; *Hueck/Nipperdey* II/2, S. 1269f.; *Neumann-Duesberg*, Betriebsverfassungsrecht, S. 359, 377; *Nikisch* III, S. 280ff.; *Thiele*, GK-BetrVG, § 77 Anm. 183.

[1] Vgl. oben § 2 E II 2.

[2] Zur Frage, inwieweit Mitbestimmungs- und Mitwirkungsrechte durch § 2 Abs. 1 BetrVG begründet werden können, vgl. unten § 7 B II 2, 3, 4.

[3] Vgl. nur BAG, AP Nr. 2 zu § 23 BetrVG 1972; *Derleder*, AuR 1985, 65; *Dütz*, DB 1984, 115; *Heinze*, DB 1983, Beil. Nr. 9, S. 1ff.; *Konzen*, Leistungspflichten, S. 1ff.; *Kümpel*, AuR 1985, 78.

[4] Bejahend *Dietz*, RdA 1969, 1 (5); *Kreutz*, BlStSozArbR 1972, 44 (46); wohl auch *Kümpel*, AuR 1985, 78 (85f.) m. w. N. zur Rechtsprechung der Instanzgerichte; *Trittin*, DB 1983, 230 (230f.). Verneinend *Derleder*, AuR 1983, 289 (301); *ders.*, AuR 1985, 65 (75); *Heinze*, DB 1983, Beil. Nr. 9, S. 14f.; *Konzen*, Leistungspflichten, S. 65f.

[5] Vgl. u.a. *Kreutz*, BlStSozArbR 1972, 44 (46).

[6] Vgl. DB 1983, Beil. Nr. 9, S. 14f.

schrift enthalte weder die für eine Anspruchsgrundlage notwendigen Tatbestandsteile noch die erforderliche Rechtsfolge. Sie sei vielmehr ein Hilfssatz, der erst zusammen mit anderen Anspruchsgrundlagen zu Ansprüchen führen könne; für Ansprüche des Betriebsrats sei § 23 Abs. 3 BetrVG die Grundlage.[7] *Konzen,*[8] der bereits den Wortlaut der Kooperationsmaxime als zu unbestimmt für konkrete Pflichten ansieht und einen gesetzgeberischen Appell annimmt, sieht zwar die Möglichkeit, daß § 2 Abs. 1 BetrVG unmittelbar Rechte und Pflichten begründen könne. Da diese Vorschrift aber nur ergänzend der Ausfüllung von Rechtslücken diene und solche kaum nachweisbar seien, seien mangels konkretisierbarer Pflichten unmittelbare Ansprüche kaum denkbar.

Diese Ansichten von *Heinze* und *Konzen* werden dem Charakter der Kooperationsmaxime indessen nicht gerecht. Es wurde bereits dargelegt,[9] daß § 2 Abs. 1 BetrVG eine unmittelbar geltende Rechtsnorm ist. Ihr Inhalt beschränkt sich nicht auf einen unverbindlichen Appell an die Betriebspartner; vielmehr soll die vom Gesetzgeber angestrebte partnerschaftliche Zusammenarbeit unmittelbar mit den Mitteln des Rechts erreicht werden. Dies bedeutet aber auch, daß die Betriebspartner die Möglichkeit haben müssen, voneinander ein der Kooperationsmaxime entsprechendes Verhalten zu verlangen. Bereits der Sinn der Vorschrift spricht daher für die Zuerkennung von rechtlichen Ansprüchen auf ein bestimmtes Tun, Dulden oder Unterlassen des Partners. Hinzu kommt, daß § 2 Abs. 1 BetrVG zwar als Generalklausel gefaßt ist, aber durch Rechtsprechung und Lehre inhaltlich ausgefüllt wird, so daß von Unbestimmtheit nicht gesprochen werden kann. Geht man deshalb davon aus, daß die Bestimmtheit von Tatbestand und Rechtsfolge in § 2 Abs. 1 BetrVG gewahrt ist, so spricht im Ergebnis nichts dagegen, den aus dieser Norm begründeten Pflichten entsprechende Ansprüche gegenüberzustellen. In welchen Fällen ergänzende Pflichten begründbar sind, ist die weitere, im folgenden zu behandelnde Frage; an der grundsätzlichen Bejahung von korrespondierenden Ansprüchen vermag sie nichts zu ändern.

Zur Präzisierung der begründbaren Pflichten liegt es nahe, an die im Rahmen des § 242 BGB in bezug auf das Rechtsschutzziel zu treffende Unterscheidung zwischen dem Interesse an der erfolgreichen Verwirklichung der aus der Sonderverbindung folgenden Rechte und Pflichten und dem davon unabhängigen Interesse beider Seiten an der Erhaltung ihrer Rechtsgüter anzuknüpfen; man spricht hier vom Schutz des Leistungsinteresses und des Er-

---

[7] Ebenso BAG, AP Nr. 2 zu § 23 BetrVG 1972 Bl. 3ff.; *Konzen,* Leistungspflichten, S. 42f., 44, 47ff., 52, 70ff.; a. A. *Derleder,* AuR 1983, 289 (293ff.); *ders.,* AuR 1985, 65 (68, 74); *Kümpel,* AuR 1985, 78 (82f.). Vgl. ferner unten § 7 B III 7.

[8] Vgl. Leistungspflichten, S. 65f.

[9] Vgl. oben § 2 A III.

haltungsinteresses.[10] Übertragen auf das Betriebsverfassungsrecht könnte man folgern, daß die Begründung von Pflichten zum einen der gesicherten Wahrnehmung betriebsverfassungsgesetzlich normierter oder vertraglich festgelegter Aufgaben dienen, zum anderen direkt auf den Schutz der finanziellen, persönlichen oder sonstigen Belange der anderen Seite gerichtet sein soll. Wie oben[11] dargelegt, hat das BAG verschiedene Pflichten der Betriebspartner in beiden Zielrichtungen aus § 2 Abs. 1 BetrVG hergeleitet. Im folgenden wird zu erörtern sein, ob und inwieweit eine solche Pflichtenbegründung möglich ist.

B. Begründung von Pflichten des Arbeitgebers

I. Grundsätzlicher Inhalt

Aus dem Gebot der vertrauensvollen Zusammenarbeit als Spezialisierung des Grundsatzes von Treu und Glauben können grundsätzlich Pflichten des Arbeitgebers und entsprechende Rechte des Betriebsrats hergeleitet werden. Der Inhalt dieser Pflichten ist im Rahmen einer Interessenabwägung zu ermitteln; hierbei spielen Vorliegen und Berechtigung eines bestimmten Interesses auf seiten des Betriebsrats eine entscheidende Rolle. Es ist daher zu überlegen, welche schützenswerten Interessen der Betriebsrat haben kann. Hierbei stellt sich die Frage, ob die nach § 242 BGB zu treffende Unterscheidung zwischen Leistungs- und Erhaltungsinteresse,[12] übertragen auf das Verhältnis der Betriebspartner, die Unterscheidung zwischen dem Interesse an der Wahrnehmung betriebsverfassungsrechtlicher Aufgaben und dem davon unabhängigen Interesse an der Erhaltung der eigenen Rechtsgüter, auch in bezug auf den Betriebsrat gilt.

Ein Interesse des Betriebsrats am Funktionieren der betrieblichen Mitbestimmung und der gesicherten und ungestörten Wahrnehmung seiner Aufgaben ist unzweifelhaft zu bejahen. Der Betriebsrat als Repräsentant[13] der Belegschaft hat zahlreiche gesetzlich normierte Aufgaben zu erfüllen, sein Interesse an der Erfüllung dieser Aufgaben ist als legitim und schützenswert anzu-

---

[10] Vgl. Münch.Komm.-*Roth* § 242 Anm. 112ff.; *Teichmann*, JA 1984, 545 (546); vgl. auch *Larenz*, Schuldrecht I, S. 128. Vgl. bereits oben § 2 E II 1.

[11] Vgl. § 2 E II 2.

[12] Vgl. oben § 2 E II 1, § 7 A.

[13] So die h. M., vgl. *Dietz* § 1 Anm. 23f.; *Dietz/Richardi* § 1 Anm. 19 m. w. N.; *Fitting/Auffarth/Kaiser* § 1 Anm. 32; *Galperin/Löwisch* vor § 1 Anm. 19; *v. Hoyningen-Huene*, Betriebsverfassungsrecht, S. 54; *Hueck/Nipperdey* II/2, S. 1091f. m. w. N.; *Kammann/Hess/Schlochauer* vor § 1 Anm. 28; *Konzen*, Leistungspflichten, S. 32; *Kraft*, GK-BetrVG, § 1 Anm. 44 m. w. N.; *Zöllner*, Arbeitsrecht, S. 418; kritisch *Thiele*, GK-BetrVG, Einleitung Anm. 81.

erkennen. Gleiches gilt für das Interesse jedes einzelnen Betriebsratsmitglieds, seinen Aufgaben ordnungsgemäß nachkommen zu können. Aus diesem Grund ist es berechtigt, Pflichten des Arbeitgebers zu bejahen, die auf Unterstützung und Sicherung des Betriebsrats und seiner Mitglieder bei der Wahrnehmung ihrer betriebsverfassungsrechtlichen Funktion gerichtet sind.[14] So ist beispielsweise eine Unterlassungspflicht dahingehend anzunehmen, daß es dem Arbeitgeber verwehrt ist, amtlichen Zwecken dienende, sachgemäße Anschläge des Betriebsrats oder seiner Mitglieder vom Schwarzen Brett zu entfernen.[15]

Problematischer ist hingegen die Frage, ob auch Pflichten des Arbeitgebers begründet werden können, die auf ein von der betriebsverfassungsrechtlichen Funktion unabhängiges Interesse des Betriebsrats an der Erhaltung seiner bestehenden Rechtsgüter gerichtet sind. Dies kann nur dann der Fall sein, wenn dem Betriebsrat als solchem Rechtsgüter zustehen können.

Die Rechtsfähigkeit des Betriebsrats, also seine Fähigkeit, Träger von Rechten und Pflichten[16] zu sein, ist bislang noch nicht endgültig geklärt.[17] Ohne auf diese Problematik vertieft eingehen zu müssen, läßt sich feststellen, daß dem Betriebsrat vom BetrVG bestimmte Pflichten und Rechte zugewiesen werden, die er in eigenem Namen zu erfüllen bzw. wahrzunehmen hat. Es ist daher durchaus gerechtfertigt, den Betriebsrat zumindest insoweit im Verhältnis zum Arbeitgeber als rechtsfähig anzusehen.[18] Im vorliegenden Zusammenhang geht es jedoch um die Frage, ob der Betriebsrat Rechtsgüter besitzen kann, die unabhängig von seiner Funktion bestehen.

Die Zuerkennung der Rechtsgüter Leben, Körper, Gesundheit und Bewegungsfreiheit scheidet von vornherein aus, da diese Rechtsgüter allein auf Menschen zugeschnitten sind. Auch läßt sich kein umfassendes Persönlichkeitsrecht des Betriebsrats annehmen, da der Betriebsrat als Organisationsform keine so weitgehend ausgeprägte Persönlichkeit wie natürliche Personen

---

[14] Vgl. *Neumann-Duesberg*, Betriebsverfassungsrecht, S. 439. Vgl. auch *Dietz*, RdA 1969, 1 (3), und *Dietz/Richardi* § 2 Anm. 10, die bezüglich des Verbots, den Betriebsrat in seiner Funktion zu stören, ausschließlich auf § 78 BetrVG zurückgreifen wollen. Hierzu unten § 7 B II 5.

[15] Vgl. *Bulla*, RdA 1965, 121 (132); *Neumann-Duesberg*, Betriebsverfassungsrecht, S. 441; ausführlich zu diesem Problemkreis *Wiese*, GK-BetrVG, § 40 Anm. 77 ff. mit zahlreichen Nachweisen.

[16] Vgl. *Enneccerus/Nipperdey* § 83 I; *Erman-Westermann* vor § 1 Anm. 1; *Larenz*, Allgemeiner Teil, S. 84; *Palandt-Heinrichs* vor § 1 Anm. 1; *Soergel-Schultze-v. Lasaulx* vor § 1 Anm. 6; *Staudinger-Coing/Habermann* Vorbem. zu § 1 Anm. 1; a. A. Münch.Komm.-*Gitter* § 1 Anm. 5 ff.

[17] Vgl. *Wiese*, GK-BetrVG, § 40 Anm. 86 m. w. N.

[18] Vgl. *Dietz/Richardi* vor § 26 Anm. 9; *Kraft*, GK-BetrVG, § 1 Anm. 17. Vgl. hierzu auch *Wiese*, GK-BetrVG, § 40 Anm. 86, der darauf hinweist, daß dies nur eine wenig ergiebige Frage der Terminologie ist; ebenso *Jahnke*, Zwangsvollstreckung in der Betriebsverfassung, S.50.

hat; zu Recht wird von einem Teil der Lehre sogar ein allgemeines Persönlichkeitsrecht juristischer Personen abgelehnt.[19] Zudem besteht ein ausreichender Schutz von Ehre und Geheimsphäre durch das Persönlichkeitsrecht der Betriebsratsmitglieder, da ein Angriff auf die Ehre des Betriebsrats immer einen Eingriff in das Persönlichkeitsrecht der einzelnen Mitglieder darstellt.[20]

Somit verbleiben lediglich Eigentum und Besitz als denkbare Rechtsgüter. In Betracht kommen sie vor allem an sachlichen Mitteln, die der Betriebsrat zur Erfüllung seiner Aufgaben benötigt. Nach § 40 Abs. 2 BetrVG hat der Arbeitgeber dem Betriebsrat Räume, sachliche Mittel und Büropersonal in erforderlichem Umfang zur Verfügung zu stellen. Diese Vorschrift legt in Zusammenhang mit § 40 Abs. 1 BetrVG den Grundsatz fest, daß der Betriebsrat keine eigenen Aufwendungen zur Wahrnehmung seiner Aufgaben zu erbringen hat, sondern daß diese Tätigkeit in jeder Hinsicht vom Arbeitgeber getragen wird. Zudem verlangt der Wortlaut der Norm lediglich eine „Zurverfügungstellung" durch den Arbeitgeber. Es ist daher davon auszugehen, daß nach dem Gesetz keine Änderung der vermögensrechtlichen Zuordnung von Rechten vorgesehen ist.[21] Gestützt wird diese Ansicht durch die Vorschrift des § 41 BetrVG, nach der eine Umlage der Betriebsratskosten unzulässig ist; auch diese Bestimmung geht ersichtlich davon aus, daß der Betriebsrat kein eigenes Vermögen hat, sondern ausschließlich vom Arbeitgeber finanziert wird.[22]

Trotz dieser Konzeption des Gesetzes wäre denkbar, dem Betriebsrat die Vermögensfähigkeit, insbesondere die Eigentums- und Besitzfähigkeit, zuzuerkennen, falls ein entsprechendes Bedürfnis vorliegt. Letzteres ist aber nicht der Fall. Der Betriebsrat hat im Rahmen der Interessenvertretung der Arbeitnehmer bestimmte gesetzlich zugewiesene Aufgaben. Einen über diese Funktion hinausgehenden Selbstzweck, beispielsweise die Erzielung eines Gewinns, hat der Betriebsrat grundsätzlich nicht. Wenn sich also die Funktion des Betriebsrats auf die betriebliche Interessenvertretung beschränkt, ist seinem Finanzierungsbedarf durch § 40 BetrVG ausreichend Rechnung getragen. Im Rahmen dieser Norm besteht kein Bedürfnis, dem Betriebsrat ein eigenes Vermögen zuzubilligen, da der Arbeitgeber verpflichtet ist, allen materiellen Bedürfnissen des Betriebsrats nachzukommen, er ihm insbesondere die Nutzungsmöglichkeit der erforderlichen Räume und sachlichen Mittel auch ge-

---

[19] So insbesondere *Leßmann*, AcP 1970, 266 (268ff., 291), nach dem juristische Personen lediglich Inhaber einzelner Persönlichkeitsrechte nach sorgfältiger Abwägung im Einzelfall sein können. Vgl. weiter *Hubmann*, Persönlichkeitsrecht, S. 334.

[20] Hiervon unabhängig ist die Frage zu sehen, ob der Betriebsrat als solcher nach § 185 StGB beleidigungsfähig ist, vgl. zu diesem Problemkreis *Lenckner*, in *Schönke/Schröder*, Strafgesetzbuch, Vorbem. zu §§ 185ff. Anm. 3 m. w. N.

[21] Vgl. *Böhm*, RdA 1974, 88 (89); *Wiese*, GK-BetrVG, § 40 Anm. 87.

[22] Vgl. *Böhm*, RdA 1974, 88 (89); *Wiese*, GK-BetrVG, § 40 Anm. 87, § 41 Anm. 3. Vgl. auch *Dietz/Richardi* § 41 Anm. 1; *Fitting/Auffarth/Kaiser* § 41 Anm. 5; *Galperin/Löwisch* § 41 Anm. 1.

genüber Dritten zu ermöglichen hat.[23] Es ist daher mit der h. M.[24] davon auszugehen, daß der Betriebsrat nach außen nicht vermögensfähig ist; die mehr terminologische Frage, ob bezüglich der Ansprüche nach § 40 Abs. 1 BetrVG gegen den Arbeitgeber eine Teilvermögensfähigkeit anzunehmen ist,[25] kann offenbleiben, da hier nur die Eigentums- und Besitzfähigkeit als solche interessiert.

An den Räumen und sachlichen Mitteln, die der Arbeitgeber dem Betriebsrat zur Verfügung stellt, kann letzterer daher kein Eigentum erwerben; dieses verbleibt beim Arbeitgeber.[26] Dem Betriebsrat als Gremium kann auch kein Eigentum von Außenstehenden, beispielsweise im Rahmen einer Schenkung von Fachliteratur, verschafft werden. In diesem Fall wird, sofern nicht die Zuwendung an einzelne Betriebsratsmitglieder persönlich erfolgt, der Arbeitgeber Eigentümer, da eine solche zweckgerichtete Zuwendung an die Institution Betriebsrat letztlich an den Betrieb und damit an dessen Eigentümer erfolgt.[27]

Weiterhin stehen dem nach außen nicht vermögensfähigen Betriebsrat keine Besitzrechte gegenüber Dritten zu; vielmehr ist der Arbeitgeber Besitzer der überlassenen Räume und sachlichen Mittel.[28] Zwar ist der Betriebsrat,

---

[23] Vgl. *Wiese*, GK-BetrVG, § 40 Anm. 87.

[24] Vgl. *Dietz/Richardi* § 1 Anm. 22; *Fitting/Auffarth/Kaiser* § 1 Anm. 37; *Galperin/Löwisch* vor § 1 Anm. 36; *v. Hoyningen-Huene*, Betriebsverfassungsrecht, S. 55; *Hueck/Nipperdey* II/2, S. 1103, 1106; *Jahnke*, Zwangsvollstreckung in der Betriebsverfassung, S. 48ff.; *Kammann/Hess/Schlochauer* vor § 1 Anm. 35; *Kraft*, GK-BetrVG, § 1 Anm. 64f.; *Neumann-Duesberg*, Betriebsverfassungsrecht, S. 334; *Nikisch* III, S. 172; *Thiele*, GK-BetrVG, Einleitung Anm. 72; *Wiese*, GK-BetrVG, § 40 Anm. 86f.

[25] So *Dietz/Richardi* § 1 Anm. 22, Vorbem. zu § 26 Anm. 8; *Dütz/Säcker*, DB 1972, Beil. Nr. 17, S. 7, 16; *Kraft*, GK-BetrVG, § 1 Anm. 64f.; *Wiese*, GK-BetrVG, § 40 Anm. 87; a. A. *Jahnke*, Zwangsvollstreckung in der Betriebsverfassung, S. 32f., 51.

[26] Vgl. *Böhm*, RdA 1974, 88 (89ff.); *Dietz/Richardi* § 40 Anm. 58; *Fitting/Auffarth/Kaiser* § 40 Anm. 38; *Galperin/Löwisch* § 40 Anm. 47; *Jahnke*, Zwangsvollstreckung in der Betriebsverfassung, S. 55; *Kammann/Hess/Schlochauer* § 40 Anm. 34; *Nikisch* III, S. 198; *Wiese*, GK-BetrVG, § 40 Anm. 89.

[27] Vgl. *Böhm*, RdA 1974, 88 (91); *Jahnke*, Zwangsvollstreckung in der Betriebsverfassung, S. 56; *Wiese*, GK-BetrVG, § 40 Anm. 91. Abzulehnen ist die von einigen Autoren (*Fitting/Auffarth/Kaiser* § 40 Anm. 38; *Thiele*, GK-BetrVG, Einleitung Anm. 73) vertretene Ansicht, daß die Betriebsratsmitglieder Eigentümer zur gesamten Hand werden. Diese Auffassung übersieht vor allem, daß Zuwendungen an den Betriebsrat regelmäßig diesem in seiner Funktion zugute kommen und vom Bestand der Mitglieder unabhängig sein sollen. Außerdem wäre eine solche Eigentumslage äußerst unpraktikabel, da bei Ausscheiden einzelner Mitglieder oder einer Neuwahl des Betriebsrats gesonderte Übereignungsakte an die Nachfolger erforderlich wären, vgl. *Thiele*, GK-BetrVG, Einleitung Anm. 74. Zum ähnlich gelagerten Problem des Eigentumserwerbs nach § 950 BGB vgl. *Dietz/Richardi* § 40 Anm. 59; *Galperin/Löwisch* § 40 Anm. 48; ausführlich *Wiese*, GK-BetrVG, § 40 Anm. 90 m. w. N. Zur generellen Frage, ob ein dem Betriebsrat dienendes Sondervermögen in Form eines Gesamthandsvermögens der Betriebsratsmitglieder denkbar ist, vgl. *Jahnke*, Zwangsvollstreckung in der Betriebsverfassung, S. 57ff.

[28] Vgl. *Jahnke*, Zwangsvollstreckung in der Betriebsverfassung, S. 79ff.; *Wiese*, GK-BetrVG, § 40 Anm. 92; a. A. LAG Hamm, AR-Blattei D, Betriebsverfassung X, Entsch. 6 a; *Bobrowski/Gaul*, Das Arbeitsrecht im Betrieb II, S. 541f.; *Galperin/Löwisch* § 40 Anm. 47; *Kammann/Hess/Schlochauer* § 40 Anm. 34.

wie vor allem von *Wiese*[29] und *Jahnke*[30] betont wird, im Verhältnis zum Arbeitgeber wie ein Besitzer zu behandeln.[31] Hierbei handelt es sich jedoch um eine Rechtsstellung, die dem Betriebsrat im Rahmen seiner betriebsverfassungsrechtlichen Funktion zusteht; ein Recht, an dessen Schutz und Erhaltung der Betriebsrat zusätzlich zur Wahrnehmung betriebsverfassungsrechtlicher Aufgaben interessiert ist, kann in diesem Recht zum Besitz nicht gesehen werden.

Wenn demnach auch Eigentums- und Besitzfähigkeit gegenüber Dritten ausscheiden, so bestehen Rechtspositionen des Betriebsrats lediglich im Rahmen seiner betriebsverfassungsrechtlichen Beziehung zum Arbeitgeber. Der Betriebsrat hat daher keinerlei Rechtsgüter inne, die unabhängig von seiner betriebsverfassungsrechtlichen Funktion bestehen, und hat insoweit auch kein schützenswertes Interesse. § 2 Abs. 1 BetrVG kann deshalb keine Pflichten begründen, die auf den Schutz eines Erhaltungsinteresses des Betriebsrats gerichtet sind.

Zu beachten ist allerdings, daß die einzelnen Mitglieder des Betriebsrats sehr wohl ein Interesse an der Erhaltung ihrer persönlichen Rechtsgüter haben, da ihnen als natürlichen Personen unzweifelhaft Güter wie Leben, Körper, Gesundheit, Freiheit, Eigentum oder Besitz zukommen. Dies kann jedoch nicht dazu führen, aus der Kooperationsmaxime eine entsprechende Pflicht des Arbeitgebers zum Schutz des Erhaltungsinteresses einzelner Betriebsratsmitglieder herzuleiten. Derartige Schutz- und Obhutspflichten folgen bereits aus der arbeitsvertraglichen Treuepflicht des Arbeitgebers, die dem Interesse der Arbeitnehmer an der Erhaltung ihrer Rechtsgüter in ausreichendem Maße gerecht wird.[32] Hinzu kommt, daß nach § 37 Abs. 1 BetrVG die Tätigkeit im Betriebsrat als Ehrenamt gilt – der hinter dieser Vorschrift stehende Gedanke, die Unabhängigkeit und Neutralität der Betriebsratsmitglieder zu wahren,[33] verbietet die Zuerkennung von Vorteilen, die nicht wegen der Funktion als Betriebsratsmitglied erforderlich und von daher gerechtfertigt sind.

Aus § 2 Abs. 1 BetrVG ist beispielsweise keine Pflicht des Arbeitgebers herleitbar, den Betriebsratsmitgliedern zum besonderen Schutz ihrer Kraftfahrzeuge Garagen zur Verfügung zu stellen, wenn aus dem Arbeitsvertrag le-

---

29 Vgl. GK-BetrVG, § 40 Anm. 92.

30 Vgl. Zwangsvollstreckung in der Betriebsverfassung, S. 81.

31 Unklar, aber wohl ebenso *Dietz/Richardi* § 40 Anm. 60.

32 Vgl. zum Umfang der Treuepflicht nur *Schaub*, Arbeitsrechts-Handbuch, S. 644 ff.; *Söllner*, Grundriß des Arbeitsrechts, S. 262 f.; *Zöllner*, Arbeitsrecht, S. 167 ff.

33 Vgl. BAG, AP Nr. 5 zu § 37 BetrVG Bl. 1 R; *Dietz/Richardi* § 37 Anm. 2; *Fitting/Auffarth/Kaiser* § 37 Anm. 2; *Galperin/Löwisch* § 37 Anm. 1 ff.; *Wiese*, GK-BetrVG, § 37 Anm. 2, 8. Vgl. auch *Thiele*, GK-BetrVG, § 78 Anm. 1.

diglich die Pflicht zur Einrichtung von Stellplätzen im Freien folgt.[34] Eine Pflicht, über den Arbeitsvertrag hinausgehende Parkmöglichkeiten zu stellen, könnte sich nur dann aus § 2 Abs. 1 BetrVG ergeben, wenn dies für die Funktion des Betriebsrats erforderlich ist. Dies wäre beispielsweise der Fall, wenn die Betriebsratsräume in einem Betriebsgebäude untergebracht sind, in dessen Nähe nur eine firmeneigene Tiefgarage zur Verfügung steht, und das Abstellen der Kraftfahrzeuge auf den üblichen Parkplätzen für die Betriebsratsmitglieder unzumutbare Wegezeiten mit sich bringen würde. Der erhöhte Schutz des Eigentums der einzelnen Mitglieder vor Witterungseinflüssen ist dann nur eine Begleiterscheinung, nicht das Ziel der Pflicht des Arbeitgebers.

Im Ergebnis ist daher festzuhalten, daß das Gebot der vertrauensvollen Zusammenarbeit Pflichten des Arbeitgebers begründen kann, die auf die Gewährleistung der betrieblichen Mitbestimmung sowie auf Förderung und Schutz des Betriebsrats in der Wahrnehmung seiner betriebsverfassungsrechtlichen Funktion gerichtet sind. Hierbei können die Pflichten sowohl gegenüber dem Betriebsrat als Gremium als auch gegenüber den einzelnen Betriebsratsmitgliedern in ihrer Funktion bestehen. Weitergehende Pflichten des Arbeitgebers, die sich auf die Erhaltung von Rechtspositionen und Rechtsgütern des Betriebsrats außerhalb seiner betriebsverfassungsrechtlichen Aufgaben beziehen, sind nicht denkbar. Auch kann § 2 Abs. 1 BetrVG keine Pflichten begründen, die zusätzlich zur arbeitsvertraglichen Treuepflicht dem von ihrer Funktion unabhängigen Interesse der einzelnen Betriebsratsmitglieder an der Erhaltung ihrer persönlichen Rechtsgüter dienen.

II. Grenzen

1. Ausgangspunkt

Der Grundsatz von Treu und Glauben kann nur ergänzende Nebenpflichten begründen, wenn die Parteien einer Sonderverbindung keine entsprechende Verpflichtung vereinbart haben und eine solche auch nicht durch gesetzliche oder sonstige normative Bestimmungen festgelegt wird.[35] Dies folgt aus dem Charakter des § 242 BGB als lediglich subsidiär anspruchserzeugende Generalklausel.[36]

---

[34] Dies ist immer eine Frage des Einzelfalls. Vgl. hierzu BAG, AP Nr. 1 zu § 611 BGB Parkplatz; *Schaub*, Arbeitsrechts-Handbuch, S. 649f. m. w. N.; *Zöllner*, Arbeitsrecht, S. 169f.

[35] Vgl. *Erman-Sirp* § 242 Anm. 51; *Palandt-Heinrichs* § 242 Anm. 4 B; *Staudinger-Weber* § 242 Anm. A 770 m. w. N.

[36] Dieser Ausdruck findet sich bei *Hueck/Nipperdey* II/2, S. 1337.

Diese Grenze der Begründung von Pflichten muß auch für § 2 Abs. 1 BetrVG gelten. Daher kann diese Vorschrift Pflichten in Ergänzung gesetzlicher Normen nur dann begründen, wenn im BetrVG keine abschließende Regelung getroffen ist, die eine Ergänzung verbietet.[37] Der gleiche Grundsatz gilt auch für die Ergänzung betrieblicher Einigungen; diese ist nur zulässig, soweit in der Einigung keine abschließende Regelung vereinbart ist. Während jedoch letzteres problemlos durch Einzelfallauslegung festgestellt werden kann,[38] ist dies für die Ergänzung betriebsverfassungsgesetzlich normierter Pflichten der Betriebspartner weitaus schwieriger. Es stellt sich daher die Frage, welchen Bereich der Rechte und Pflichten der Betriebspartner das BetrVG in einer solchen Weise abschließend geregelt hat, daß für die Begründung ergänzender Pflichten des Arbeitgebers aus § 2 Abs. 1 BetrVG kein Raum ist. Nur wenn das Gesetz eine nicht abschließende, ergänzungsbedürftige oder gar keine Regelung getroffen hat, läßt sich an die Begründung von Pflichten aus § 2 Abs. 1 BetrVG denken.

2. Erweiterung des Bereichs mitbestimmungspflichtiger Maßnahmen

Das BetrVG verwirklicht die Arbeitnehmerbeteiligung im betrieblichen Bereich durch eine große Zahl verschiedenartig ausgestalteter Beteiligungsrechte des Betriebsrats. An die Unterscheidung von Mitbestimmungsrechten und Mitwirkungsrechten anknüpfend[39] soll zunächst geprüft werden, ob § 2 Abs. 1 BetrVG den Bereich mitbestimmungspflichtiger Maßnahmen des Arbeitgebers erweitern, also dem Betriebsrat Mitbestimmungsrechte zuordnen kann, die im Gesetz nicht ausdrücklich normiert sind.

Diese Frage läßt sich nur durch eine Gesamtbetrachtung des Systems der betriebsverfassungsrechtlichen Mitbestimmung beantworten. Wenn der Katalog der normierten Mitbestimmungsrechte abschließend sein sollte, wäre eine Erweiterung über die Kooperationsmaxime mit dem Wesen des Betriebsverfassungsrechts unvereinbar und daher unzulässig.

Die Mitbestimmungsrechte des Betriebsrats sind die stärkste Form der Beteiligung. Kern der Mitbestimmung ist das Recht des Betriebsrats, in bestimmten Angelegenheiten an der Entscheidung des Arbeitgebers in der Weise zu partizipieren, daß diese Angelegenheiten nicht gegen seinen Willen geregelt

---

[37] Vgl. *Bulla*, RdA 1965, 121 (132); *Dietz*, RdA 1969, 1 (4); *Kraft*, GK-BetrVG, § 2 Anm. 12; *ders.*, ZfA 1983, 171 (177f.); *Kreutz*, BlStSozArbR 1972, 44 (46); *Söllner*, DB 1968, 571 (573); *Wiese*, NZA 1984, 378 (383).

[38] Vgl. zur Ergänzung betrieblicher Einigungen unten § 7 E.

[39] Vgl. nur *Dietz/Richardi* Vorbem. zu § 74 Anm. 23; *Fitting/Auffarth/Kaiser* § 1 Anm. 42; *Kraft*, GK-BetrVG, § 1 Anm. 45; *Thiele*, GK-BetrVG, Einleitung Anm. 97.

werden können.[40] Diese Rechte des Betriebsrats zur Mitentscheidung sind im BetrVG in den verschiedensten Formen ausgestaltet. Eine große Zahl von Mitbestimmungsrechten unterliegt dem „positiven Konsensprinzip", d.h. die Regelung einer Angelegenheit bedarf der Zustimmung des Betriebsrats oder des Abschlusses einer betrieblichen Einigung.[41] Zu nennen sind insbesondere die Mitbestimmung in sozialen Angelegenheiten nach § 87 BetrVG und bei personellen Einzelmaßnahmen nach § 99 BetrVG. Gleichgelagerte Mitbestimmungsrechte des Betriebsrats finden sich in §§ 94, 95, 98 Abs. 1 und 6, 103 Abs. 1 BetrVG sowie in § 112 Abs. 1 Satz 2 BetrVG für die Aufstellung eines Sozialplans bei Betriebsänderungen.[42] Andere Mitbestimmungsrechte sind mit Modifikationen am „negativen Konsensprinzip" orientiert, das dem Betriebsrat die Möglichkeit gibt, durch einen Widerspruch gegen eine Maßnahme des Arbeitgebers, die dieser selbständig durchführen kann, die Wirksamkeit dieser Maßnahme aufzuheben oder sonstige Rechtsfolgen herbeizuführen.[43] So besteht beispielsweise bei Kündigungen nach § 102 BetrVG ein auf ein Widerspruchsrecht des Betriebsrats gestütztes Mitbestimmungsrecht. Weitere Rechte dieser Art finden sich in §§ 91, 98 Abs. 2, 100 Abs. 2 BetrVG.[44]

Die Mitbestimmungsrechte des Betriebsrats sind detailliert geregelt und scharf umrissen. Ihre Ausgestaltung im BetrVG 1952 und, daran anschließend, im BetrVG 1972 ist das Ergebnis eines stark umkämpften Kompromisses, der erst nach harten politischen Auseinandersetzungen zustande gekommen ist.[45] Dies wird beispielsweise durch die Tatsache dokumentiert, daß die Gewerkschaften bereits im Jahre 1950 die Mitbestimmung in allen wirtschaftlich maßgebenden Fragen forderten und diese im betrieblichen Bereich als Basis für eine Beteiligung der Gewerkschaften an einer vertikal konzipierten Wirtschaftsdemokratie festgelegt haben wollten.[46] Der Gesetzgeber folgte dem nicht, sondern entschied sich nach erbittertem politischen Ringen für

---

[40] So *Thiele*, GK-BetrVG, Einleitung Anm. 98. Vgl. auch *Dietz/Richardi* Vorbem. zu § 74 Anm. 29; *Fitting/Auffarth/Kaiser* § 1 Anm. 43; *Hueck/Nipperdey* II/2, S. 1062f.; *Neumann-Duesberg*, Betriebsverfassungsrecht, S. 132f.

[41] Vgl. *Dietz/Richardi* Vorbem. zu § 74 Anm. 29; *v. Hoyningen-Huene*, Betriebsverfassungsrecht, S. 133; *Nikisch* III, S. 345; *Thiele*, GK-BetrVG, Einleitung Anm. 98.

[42] Außerdem können die Betriebspartner nach § 102 Abs. 6 BetrVG ein Zustimmungserfordernis des Betriebsrats bei Kündigungen vereinbaren. Vgl. zum Ganzen *Thiele*, GK-BetrVG, Einleitung Anm. 99.

[43] Vgl. *Dietz/Richardi* Vorbem. zu § 74 Anm. 29; *v. Hoyningen-Huene*, Betriebsverfassungsrecht, S. 133; *Nikisch* III, S. 345; *Thiele*, GK-BetrVG, Einleitung Anm. 98.

[44] Vgl. zum Ganzen *Thiele*, GK-BetrVG, Einleitung Anm. 102ff.

[45] Vgl. *Dietz*, RdA 1969, 1 (4); *ders.*, Anm. zu BAG, AP Nr. 1 zu § 58 BetrVG Bl. 4 R f.; *Dietz/Richardi* Vorbem. zu § 1 Anm. 14; *Galperin/Löwisch* vor § 1 Anm. 2; *Kreutz*, BlStSozArbR 1972, 44 (46); *Thiele*, GK-BetrVG, Einleitung Anm. 13ff.

[46] Vgl. die Vorschläge des Deutschen Gewerkschaftsbundes zur Neuordnung der deutschen Wirtschaft vom 14. April 1950, RdA 1950, 183, und den Gesetzesvorschlag des Deutschen Gewerkschaftsbundes für das Gebiet der Bundesrepublik Deutschland zur Neuordnung der deutschen Wirtschaft vom 22. Mai 1950, RdA 1950, 227. Zur Entwicklung des Betriebsverfassungsrechts aus Gewerkschaftssicht vgl. *Gnade/Kehrmann/Schneider/Blanke*, Einleitung.

das Mitbestimmungssystem des BetrVG 1952, das im Jahre 1972 von einem erweiterten und teilweise modifizierten Mitbestimmungssystem abgelöst wurde.[47]

Wollte man aus § 2 Abs. 1 BetrVG für bestimmte Maßnahmen des Arbeitgebers gesetzlich nicht ausdrücklich festgelegte Mitbestimmungsrechte herleiten, so würde damit die gesetzgeberische Entscheidung für den im BetrVG festgelegten Katalog von Mitbestimmungsrechten, um dessen Auslegung und Präzisierung sich Wissenschaft und Rechtsprechung seit langem bemühen, mißachtet. Er ist daher als eine abschließende gesetzliche Regelung zu betrachten.[48] Zwar ist umstritten, inwieweit die Beteiligung des Betriebsrats in sozialen, personellen und wirtschaftlichen Angelegenheiten durch freiwillige Betriebsvereinbarung oder durch Tarifvertrag erweitert werden kann.[49] Diese Frage kann hier jedoch offenbleiben; im vorliegenden Zusammenhang geht es lediglich um die Bedeutung der Mitbestimmungsrechte in bezug auf die Generalklausel des § 2 Abs. 1 BetrVG und ihre durch die Rechtsprechung vorzunehmende Konkretisierung.

Entscheidend ist, daß, von freiwilliger Selbstbindung abgesehen, eine Erweiterung des Katalogs der betriebsverfassungsrechtlichen Mitbestimmung nur durch den Gesetzgeber vorgenommen werden darf. Hierbei muß eine ausdrückliche Regelung verlangt werden.[50] Mit der Anordnung von Mitbestimmungsrechten werden das Alleinentscheidungsrecht des Arbeitgebers und seine Befugnis zu individualrechtlichem Vorgehen[51] beschnitten und so seine grundrechtlich geschützte Rechtsposition als Eigentümer der Produktionsmittel, sein Direktionsrecht als Vertragspartner der Arbeitnehmer sowie seine sonstige allgemeine Handlungsfreiheit berührt.[52] Die Entscheidung über diese Einschränkungen ist nach Art. 14 Abs. 1 Satz 2, 12 Abs. 1 Satz 2, 2 Abs. 1 GG allein dem Gesetzgeber überlassen und darf nicht von der Rechtsprechung in Konkretisierung der Generalklausel unter Übergehung der gesetzgeberischen Wertentscheidung getroffen werden. Dies wird auch durch das Gebot der

---

[47] Vgl. *Dietz/Richardi* Vorbem. zu § 1 Anm. 14, 17; *Galperin/Löwisch* vor § 1 Anm. 2; *Thiele*, GK-BetrVG, Einleitung Anm. 13.

[48] Vgl. *Bulla*, RdA 1965, 121 (132); *Dietz*, RdA 1969, 1 (4); *Dietz/Richardi* Vorbem. zu § 74 Anm. 44; *Kreutz*, BlStSozArbR 1972, 44 (46); *Söllner*, DB 1968, 571 (576); a. A. anscheinend *K. Maier*, Interdependenzen, S. 155.

[49] Vgl. *Dietz/Richardi* § 1 Anm. 46ff.; *Fitting/Auffarth/Kaiser* § 1 Anm. 45ff.; *Galperin/Löwisch* vor § 1 Anm. 6, § 87 Anm. 13ff.; *v. Hoyningen-Huene*, Betriebsverfassungsrecht, S. 14f.; *Kammann/Hess/Schlochauer* vor § 1 Anm. 70ff.; *Thiele*, GK-BetrVG, Einleitung Anm. 110ff.; *Wiese*, GK-BetrVG, § 87 Anm. 6ff. für soziale Angelegenheiten.

[50] So auch *Kammann/Hess/Schlochauer* § 2 Anm. 21; *G. Müller*, Festschrift für *W. Herschel*, S. 269 (289).

[51] Vgl. *Wiese*, 25 Jahre BAG, S. 661 (662f.).

[52] Zur verfassungsrechtlichen Zulässigkeit der gesetzlichen Anordnung von Mitbestimmungsrechten vgl. *Dietz/Richardi* Vorbem. zu § 1 Anm. 25ff.; *Galperin/Löwisch* vor § 1 Anm. 4; *Hueck/Nipperdey* II/2, S. 1321ff.; *Neumann-Duesberg*, Betriebsverfassungsrecht, S. 79f.; *Papier*, in *Maunz/Dürig/Herzog/Scholz*, Grundgesetz, Art. 14 Anm. 427.

Rechtssicherheit verlangt, das in besonderem Maße gefährdet würde, wenn über § 2 Abs. 1 BetrVG neue, unvorhergesehene Mitbestimmungsrechte begründet werden könnten. Für dieses Ergebnis spricht schließlich die Tatsache, daß die ausdrückliche Festlegung bestimmter Rechte im BetrVG jeden Sinn verlieren würde, wenn im nichterfaßten Bereich Mitbestimmungsrechte aus § 2 Abs. 1 BetrVG hergeleitet würden.[53]

Die Begründung von Mitbestimmungsrechten aus der Kooperationsmaxime widerspricht aus diesen Gründen dem Charakter des BetrVG und der Systematik der normierten Mitbestimmungsrechte. Dem entspricht die in der Lehre zu findende Formulierung, die Kooperationsmaxime dürfe nicht so konkretisiert werden, daß die gesetzliche Konzeption der Betriebsmitbestimmung beiseite geschoben werde.[54] Auch das BAG hat in einer Entscheidung vom 6. Dezember 1963[55] am Rande bestätigt, daß § 49 BetrVG 1952 als solcher kein obligatorisches Mitbestimmungsrecht des Betriebsrats begründen kann.[56]

3. Erweiterung des Bereichs anhörungs- oder beratungspflichtiger Maßnahmen

Neben Mitbestimmungsrechten kennt das BetrVG verschiedene Arten von Mitwirkungsrechten des Betriebsrats, nämlich Beratungsrechte, Anhörungsrechte und Informationsrechte.[57] Zunächst stellt sich die Frage, ob aus § 2 Abs. 1 BetrVG Anhörungs- oder Beratungsrechte des Betriebsrats hergeleitet werden können, die nicht im BetrVG ausdrücklich festgelegt sind.[58]

Das BAG hat diese Möglichkeit in einem Beschluß vom 15. Januar 1960[59] bejaht. In dieser Entscheidung ging es insbesondere um die Frage, ob der Betriebsrat bei der Erhöhung des Mietzinses für Werkwohnungen durch den Ar-

---

[53] Vgl. *Dietz/Richardi* § 2 Anm. 11; *Hümmerich,* RdA 1979, 143 (146).

[54] So *Dietz/Richardi* § 2 Anm. 11; ähnlich *Dietz,* RdA 1969, 1 (4); *ders.,* Anm. zu BAG, AP Nr. 1 zu § 58 BetrVG Bl. 4 R f.; *Kreutz,* BlStSozArbR 1972, 44 (46). Ebenfalls gegen die Erweiterung der Mitbestimmungsrechte *Brecht* § 2 Anm. 9; *Buchner,* RdA 1974, 530 (533); *Bulla,* RdA 1965, 121 (132); *Galperin/Löwisch* § 2 Anm. 21; *Gamillscheg,* Arbeitsrecht, Bd. II, S. 240; *v. Hoyningen-Huene,* Betriebsverfassungsrecht, S. 34; *Hueck/Nipperdey* II/2, S. 1337; *Hümmerich,* RdA 1979, 143 (146); *Kammann/Hess/Schlochauer* § 2 Anm. 21; *Kraft,* GK-BetrVG, § 2 Anm. 12; *Kümpel,* AuR 1985, 78 (86); *G. Müller,* Festschrift für *W. Herschel,* S. 269 (290); *Schlochauer,* JArbR Bd. 20, 1982, S. 61 (75); *Stege/Weinspach* § 2 Anm. 6; a. A. *K. Maier,* Interdependenzen, S. 155; vgl. auch *Konzen,* Leistungspflichten, S. 66.

[55] Vgl. AP Nr. 6 zu § 56 BetrVG Wohlfahrtseinrichtungen.

[56] Vgl. AP Nr. 6 zu § 56 BetrVG Wohlfahrtseinrichtungen Bl. 1 R. Ebenso LAG Hamburg, DB 1983, 2369 (2371).

[57] Vgl. statt vieler *Thiele,* GK-BetrVG, Einleitung Anm. 105ff. Vgl. auch *Dietz/Richardi* Vorbem. zu § 74 Anm. 23ff., der das Informationsrecht des Betriebsrats noch nicht als Mitwirkungsrecht betrachtet.

[58] Vgl. zur Begründung von Informationspflichten des Arbeitgebers unten § 7 B II 4.

[59] Vgl. AP Nr. 3 zu § 56 BetrVG Wohlfahrtseinrichtungen.

beitgeber mitzubestimmen habe. Das BAG lehnte ein Mitbestimmungsrecht nach § 56 Abs. 1 Buchst. e BetrVG 1952 vor allem mit der Begründung ab, daß sich die Mitbestimmung des Betriebsrats bei der Verwaltung von Wohlfahrtseinrichtungen nur auf formelle Arbeitsbedingungen, also auf Ordnungsvorschriften, nicht aber auf materielle Arbeitsbedingungen beziehe.[60] Wenn demnach kein Mitbestimmungsrecht bestünde, so gebiete jedoch § 49 Abs. 1 BetrVG 1952 dem Arbeitgeber, sich in der Frage der Mietpreisbildung mit dem Betriebsrat zu beraten oder zumindest diesen bei einer generellen Veränderung der Mietsätze anzuhören.[61] Ein solches Anhörungs- und Beratungsrecht war im BetrVG 1952 nicht ausdrücklich vorgesehen.

Dahinstehen kann hier, ob nach heutigem Recht ein Mitbestimmungsrecht des Betriebsrats bei Mieterhöhungen gem. § 87 Abs. 1 Nr. 9 BetrVG in bezug auf die allgemeine Festlegung der Nutzungsbedingungen von Wohnräumen besteht.[62] Entscheidend ist im vorliegenden Zusammenhang die Frage, ob das BAG aus § 49 Abs. 1 BetrVG 1952 Mitwirkungsrechte bezüglich einer Veränderung der Mietsätze herleiten durfte. Eine nähere Begründung seiner Aussage gab das Gericht nicht. Es stellte lediglich heraus, § 49 BetrVG 1952 mache es dem Arbeitgeber zur Pflicht, in allen Fragen vertrauensvoll mit dem Betriebsrat zusammenzuarbeiten; hieraus folge das angeführte Mitwirkungsrecht.[63] Die für den konkreten Fall nicht entscheidungsrelevante und nur als *obiter dictum*[64] getroffene Aussage ist in der Lehre vereinzelt auf Zustimmung,[65] vorwiegend jedoch auf Ablehnung gestoßen.[66] Insbesondere *Söllner*[67] billigt die Aussage des BAG und weist darauf hin, daß Maßnahmen des Arbeitgebers denkbar sind, die in die persönliche oder soziale Sphäre der Arbeitnehmer eingreifen und die nach dem Gesetzeswortlaut nicht mitbestimmungs- oder mitwirkungspflichtig sind. Wenn solche Maßnahmen hart an der Grenze des Tatbestands eines gesetzlichen Beteiligungsrechts oder zwischen zwei verschiedenen Tatbeständen liegen und die Nichtbeteiligung des Be-

---

60 Vgl. AP Nr. 3 zu § 56 BetrVG Wohlfahrtseinrichtungen Bl. 1 R f. Vgl. zur Bedeutung dieser Unterscheidung nach dem BetrVG 1952 und dem BetrVG 1972 *Wiese*, GK-BetrVG, § 87 Anm. 21 ff. m. w. N.

61 Vgl. AP Nr. 3 zu § 56 BetrVG Wohlfahrtseinrichtungen Bl. 3.

62 Nach heute h. M. ist die generelle Festsetzung der Grundsätze für die Mietzinsbildung bei Werkmietwohnungen im Rahmen der vom Arbeitgeber festgelegten Dotierung mitbestimmungspflichtig, vgl. BAG, AP Nr. 1 zu § 87 BetrVG 1972 Werkmietwohnungen Bl. 2 R f; *Starck*, Leistungspflichten und betriebliche Mitbestimmung, S. 94 m. w. N.; *Wiese*, GK-BetrVG, § 87 Anm. 314 m. w. N.

63 Vgl. AP Nr. 3 zu § 56 BetrVG Wohlfahrtseinrichtungen Bl. 3.

64 Hierauf weist vor allem *Dietz*, RdA 1969, 1 (4), hin.

65 Vgl. *Söllner*, DB 1968, 571 (576); wohl zust. *Bulla*, RdA 1965, 121 (132); *Fitting/Auffarth/Kaiser* § 2 Anm. 2 a und *Galperin/Siebert* § 49 Anm. 3. In der Sache zust. *K. Maier*, Interdependenzen, S. 155.

66 Vgl. *Dietz*, RdA 1969, 1 (4); *Dietz/Richardi* § 2 Anm. 11; *Galperin/Löwisch* § 2 Anm. 21; *Kammann/Hess/Schlochauer* § 2 Anm. 21; *Kraft*, GK-BetrVG, § 2 Anm. 12; *Kreutz*, BlStSozArbR 1972, 44 (45 f.). Ebenso im Ergebnis *Hueck/Nipperdey* II/2, S. 1337; *Stege/Weinspach* § 2 Anm. 6. Vgl. auch LAG Hamburg, DB 1983, 2369 (2371).

67 Vgl. DB 1968, 571 (576).

triebsrats unbefriedigend erscheinen würde, könne hier die Kooperationsmaxime zur Lückenschließung herangezogen werden. Im vorliegenden Fall zieht *Söllner* die Parallele zur Erhöhung von Kantinenpreisen, die nach dem BetrVG 1952 mitbestimmungspflichtig war,[68] und stellt fest, daß der Unterschied zu einer Erhöhung der Mietsätze bei Werkwohnungen aus betriebsverfassungsrechtlicher Sicht minimal sei. Wenn sich nach seiner Ansicht auch kein notwendiges Mitbestimmungsrecht aus § 49 Abs. 1 BetrVG 1952 ergebe, so sei doch die Herleitung eines Anhörungsrechts des Betriebsrats berechtigt.[69]

Diese Ansicht ist nicht überzeugend. Für die Begründung von Anhörungs- und Beratungsrechten aus dem Gebot der vertrauensvollen Zusammenarbeit kann nichts anderes gelten als für die Begründung von Mitbestimmungsrechten.[70] Auch die Anhörungs- und Beratungsrechte, die dem Betriebsrat die Chance geben sollen, auf bestimmte Entscheidungen des Arbeitgebers Einfluß zu nehmen,[71] haben im BetrVG eine detaillierte Regelung gefunden. Nach § 102 Abs. 1 BetrVG besteht die Pflicht des Arbeitgebers, den Betriebsrat vor jeder Kündigung zu hören. Eine Pflicht zur Anhörung des Betriebsrats ergibt sich auch aus § 80 Abs. 1 Nr. 2 und 3 BetrVG, der dem Betriebsrat die Aufgabe und das Recht gibt, mit bestimmten Anliegen an den Arbeitgeber heranzutreten.[72] Pflichten des Arbeitgebers, sich mit dem Betriebsrat zu beraten, folgen insbesondere aus den §§ 90, 92 Abs. 1 Satz 2, 96, 97, 111 BetrVG.[73]

Wie die Mitbestimmungsrechte sind auch die sonstigen Beteiligungsrechte des Betriebsrats Gegenstand einer von harten politischen Kämpfen begleiteten gesetzgeberischen Entscheidung.[74] Diese hat zu scharf umrissenen, von Rechtsprechung und Literatur präzisierten Mitwirkungstatbeständen geführt und darf deshalb nicht durch eine Ausdehnung der Kooperationsmaxime überspielt werden. Zwar liegt in der Anordnung, daß der Arbeitgeber vor bestimmten Maßnahmen den Betriebsrat anhören oder sich sogar mit diesem

---

[68] Vgl. BAG, AP Nr. 6 zu § 56 BetrVG Wohlfahrtseinrichtungen; *Fitting/Kraegeloh/Auffarth* § 56 Anm. 34 b; *Söllner*, DB 1968, 571 (576); a. A. *Dietz* § 56 Anm. 143. Nach § 87 Abs. 1 Nr. 8 BetrVG ist die Maßnahme ebenfalls als mitbestimmungspflichtig anzusehen, vgl. *Wiese*, GK-BetrVG, § 87 Anm. 265 m. w. N.

[69] Im Ergebnis ebenso *K. Maier*, Interdependenzen, S. 155, der allerdings ohne nähere Begründung auf ein Bedürfnis nach zusätzlichen Mitwirkungsrechten abhebt.

[70] Vgl. hierzu oben § 7 B II 2. Ebenso *Dietz*, RdA 1969, 1 (4); *Dietz/Richardi* § 2 Anm. 11; *Kammann/Hess/Schlochauer* § 2 Anm. 21; *Kreutz*, BlStSozArbR 1972, 44 (46).

[71] Vgl. *Dietz/Richardi* Vorbem. zu § 74 Anm. 29; *Fitting/Auffarth/Kaiser* § 1 Anm. 44; *Thiele*, GK-BetrVG, Einleitung Anm. 105.

[72] Vgl. *Dietz/Richardi* Vorbem. zu § 74 Anm. 27, § 80 Anm. 18; *Galperin/Löwisch* vor § 74 Anm. 15, § 80 Anm. 16; *Thiele*, GK-BetrVG, § 80 Anm. 22.

[73] Vgl. zum Ganzen *Dietz/Richardi* Vorbem. zu § 74 Anm. 23f.; *Fitting/Auffarth/Kaiser* § 1 Anm. 44; *Konzen*, Leistungspflichten, S. 49ff.; *Thiele*, GK-BetrVG, Einleitung Anm. 105ff.

[74] Vgl. bereits oben § 7 B II 2. Ebenso *Dietz*, RdA 1969, 1 (4); *Kreutz*, BlStSozArbR 1972, 44 (46).

beraten muß, keine so weitgehende Beschränkung seiner Entscheidungskompetenz wie bei den Mitbestimmungsrechten, denn hier bleibt der Arbeitgeber letztlich in der Entscheidung frei.[75] Trotzdem stellen auch Anhörungs- und Beratungspflichten eine Hürde im Alleinentscheidungsrecht des Arbeitgebers dar, da er sich mit der möglicherweise abweichenden Ansicht des Betriebsrats auseinanderzusetzen hat. Auch hier ist daher an der grundsätzlichen Zuständigkeit des Gesetzgebers festzuhalten, die nicht durch Begründung zusätzlicher Pflichten aus § 2 Abs. 1 BetrVG umgangen werden darf.

Sieht man also auch den Katalog der gesetzlich ausdrücklich normierten Anhörungs- und Beratungsrechte des Betriebsrats im Verhältnis zur Kooperationsmaxime als abschließend an, so ist zu dem von *Söllner* angesprochenen Problem der Lückenfüllung festzustellen: Zwar ist es richtig, daß § 2 Abs. 1 BetrVG Pflichten begründen kann, die das Gesetz ergänzen und so ausdrückliche Regelungen ersetzen. Bei den Beteiligungsrechten des Betriebsrats handelt es sich jedoch um einen abschließenden Katalog. Sollte eine Maßnahme vorliegen, die weder mitbestimmungs- noch mitwirkungspflichtig ist, die aber einer anderen beteiligungspflichtigen Maßnahme stark ähnelt, so ist dieses Ergebnis hinzunehmen; eine Ergänzung durch § 2 Abs. 1 BetrVG ist nicht erlaubt, selbst wenn das Ergebnis unangemessen erscheint.[76] Lediglich der Gesetzgeber ist befugt, solche Unbilligkeiten mittels ausdrücklicher Regelung zu beseitigen.

Aus diesen Gründen ist die *obiter dictum* getroffene Aussage des BAG[77] mit der h. L. abzulehnen. Aus der Kooperationsmaxime lassen sich keine generellen Anhörungs- oder Beratungsrechte des Betriebsrats bei bestimmten Maßnahmen des Arbeitgebers herleiten, die gesetzlich nicht ausdrücklich normiert sind. Insoweit lassen sich die im Rahmen des § 242 BGB zur Begründung von Rechten und Pflichten erarbeiteten Grundsätze nicht übertragen.

4. Begründung von Informationspflichten

Als schwächste Form der Beteiligung sieht das BetrVG eine Anzahl von Informationspflichten des Arbeitgebers vor. Diese Informationspflichten sind zum Großteil einer weiterreichenden Beteiligung des Betriebsrats vorgelagert.[78] Gesetzlich normierte Unterrichtungspflichten des Arbeitgebers bestehen vor allem nach den §§ 89 Abs. 2, 90 Satz 1, 92 Abs. 1 Satz 1, 99 Abs. 1 Satz 1, 100 Abs. 2 Satz 1, 102 Abs. 1 Satz 2 BetrVG sowie bei Betriebsände-

---

[75] Vgl. *Dietz/Richardi* Vorbem. zu § 74 Anm. 29; *Fitting/Auffarth/Kaiser* § 1 Anm. 44; *Galperin/Löwisch* vor § 74 Anm. 15; *Thiele*, GK-BetrVG, Einleitung Anm. 105.

[76] Zu Möglichkeit und Grenzen der Analogie vgl. *Hanau*, Festschrift für *G. Müller*, S. 169.

[77] Vgl. AP Nr. 3 zu § 56 BetrVG Wohlfahrtseinrichtungen.

[78] Vgl. nur *Thiele*, GK-BetrVG, Einleitung Anm. 108.

rungen gem. § 111 Satz 1 BetrVG. Eine andere Art der Informationspflicht, die keine weitere Beteiligung nach sich zieht, findet sich in § 105 BetrVG. Auch bestehen beispielsweise Unterrichtungspflichten gegenüber dem Wirtschaftsausschuß (§§ 106 Abs. 2, 108 Abs. 5 BetrVG).[79] Diese speziellen Informationspflichten werden durch die in § 80 Abs. 2 Satz 1 BetrVG enthaltene Pflicht des Arbeitgebers ergänzt, den Betriebsrat zur Durchführung seiner Aufgaben rechtzeitig und umfassend zu unterrichten.

Es ist zu überlegen, ob zusätzlich zu diesen Vorschriften die Begründung von Informationspflichten aus § 2 Abs. 1 BetrVG möglich ist. Wie dargelegt wurde,[80] kann die Kooperationsmaxime grundsätzlich Pflichten des Arbeitgebers begründen, die darauf gerichtet sind, den Betriebsrat in der Wahrnehmung seiner betriebsverfassungsrechtlichen Funktion zu fördern und zu schützen. Von daher liegt es nahe, aus ihr entsprechende Informationspflichten herzuleiten. Dies ist durch das BAG[81] und einige Autoren[82] zu § 49 Abs. 1 BetrVG 1952 auch geschehen; es wurde zum Beispiel die Ansicht vertreten, der Arbeitgeber habe den Betriebsrat rechtzeitig von Ermittlungen, die zu beteiligungspflichtigen Maßnahmen führen sollen, in Kenntnis zu setzen.[83]

Nun ist allerdings für das geltende Recht zu beachten, daß im Gegensatz zum BetrVG 1952 in § 80 Abs. 2 Satz 1 BetrVG eine umfassende Informationspflicht des Arbeitgebers enthalten ist.[84] Diese Pflicht ist generell auf die rechtzeitige und umfassende Unterrichtung des Betriebsrats zur Durchführung seiner Aufgaben gerichtet und gibt diesem einen allgemeinen Informationsanspruch.[85] Sie erlangt beispielsweise dann besondere Bedeutung, wenn der Betriebsrat im Bereich der Mitbestimmung in sozialen Angelegenheiten Informationen über die bisher bestehenden Regelungen benötigt.[86]

Wollte man aus § 2 Abs. 1 BetrVG Informationspflichten herleiten, so wäre dies wie bei § 80 Abs. 2 Satz 1 BetrVG nur zur Förderung des Betriebsrats in der Wahrnehmung seiner Aufgaben möglich, da weitergehende Pflichten zu Schutz und Erhaltung der Rechtsgüter der einzelnen Betriebsratsmitglie-

---

[79] Vgl. zum Ganzen *Dietz/Richardi* Vorbem. zu § 74 Anm. 24ff.; *Fitting/Auffarth/Kaiser* § 80 Anm. 19; *Galperin/Löwisch* vor § 74 Anm. 14; *Konzen*, Leistungspflichten, S. 54ff.; *Thiele*, GK-BetrVG, Einleitung Anm. 108, § 80 Anm. 41.

[80] Vgl. oben § 7 B I.

[81] Vgl. AP Nr. 1 zu § 58 BetrVG Bl. 2f.

[82] Vgl. *Bulla*, RdA 1965, 121 (132); *Galperin/Siebert* § 49 Anm. 6; *K. Maier*, Interdependenzen, S. 154; *Nikisch* III, S. 343; *Söllner*, DB 1968, 571 (574). Vgl. auch *Konzen*, Leistungspflichten, S. 54f.

[83] Vgl. *Söllner*, DB 1968, 571 (574).

[84] Zum Vergleich mit der früheren Rechtslage vgl. *Thiele*, GK-BetrVG, § 80 Anm. 3.

[85] Vgl. nur *Konzen*, Leistungspflichten, S. 55 m. w. N.

[86] Vgl. BAG, AP Nr. 14 zu § 80 BetrVG 1972 Bl. 2; *Dietz/Richardi* § 80 Anm. 34; *Galperin/Löwisch* § 80 Anm. 26; *Thiele*, GK-BetrVG, § 80 Anm. 44.

der nicht aus der Kooperationsmaxime begründbar sind.[87] Beide Vorschriften können daher an sich in gleichem Umfang Unterrichtungspflichten zur Ermöglichung der Betriebsratstätigkeit begründen und sind insoweit inhaltsgleich. Da die selbst generalklauselartig gefaßte Vorschrift des § 80 Abs. 2 Satz 1 BetrVG jedoch als eine abschließende gesetzliche Konkretisierung der Kooperationsmaxime anzusehen ist,[88] verdrängt sie, wie insbesondere von *Kraft*[89] zu Recht ausgeführt wird, diese Maxime für ihren Bereich. Dies ist auch deshalb sachgerecht, weil angesichts des umfassenden Regelungscharakters des § 80 Abs. 2 Satz 1 BetrVG für weitergehende Informationspflichten kein Bedürfnis besteht. Wenn also die Begründung von Unterrichtungspflichten aus § 49 Abs. 1 BetrVG 1952 in Ermangelung einer gesetzlichen Konkretisierung durchaus berechtigt war, ist dies nach dem BetrVG 1972 nicht mehr möglich.[90]

Aus diesen Gründen lassen sich zusätzlich zu den gesetzlich normierten und in § 80 Abs. 2 Satz 1 BetrVG umfassend festgelegten Informationspflichten aus der Kooperationsmaxime keine Pflichten des Arbeitgebers zur Unterrichtung des Betriebsrats herleiten. § 2 Abs. 1 BetrVG ist lediglich zur Auslegung dieser Pflichten heranzuziehen.[91]

5. *Verhältnis zu sonstigen Vorschriften, weitere Grenzen*

Im Gesetz befinden sich, wie bereits erwähnt,[92] einige Konkretisierungen des Gebots der vertrauensvollen Zusammenarbeit. Soweit diese dem Arbeitgeber ein bestimmtes Verhalten zur Pflicht machen, ist ein Rückgriff auf § 2 Abs. 1 BetrVG nicht erforderlich.

Nach § 74 Abs. 1 BetrVG hat der Arbeitgeber mindestens einmal im Monat mit dem Betriebsrat eine Besprechung abzuhalten; hierbei ist, wie sonst auch,[93] über strittige Fragen mit dem ernsten Willen zur Einigung zu verhandeln. Diese Konkretisierung der Kooperationsmaxime geht bezüglich des von ihr erfaßten Bereichs, der Besprechungs- und Verhandlungspflichten, dem § 2 Abs. 1 BetrVG vor. Wenn daher für die Begründung dieser Pflichten die Kooperationsmaxime keine eigenständige Anspruchsgrundlage bietet, so ist

---

87 Vgl. oben § 7 B I.

88 Vgl. *Dietz/Richardi* § 80 Anm. 33; *Galperin/Löwisch* § 2 Anm. 13; *v. Hoyningen-Huene*, Betriebsverfassungsrecht, S. 34; *Kammann/Hess/Schlochauer* § 80 Anm. 27; *Kraft*, ZfA 1983, 171 (178, 185).

89 Vgl. ZfA 1983, 171 (177f.); *ders.*, GK-BetrVG, § 2 Anm. 12.

90 Vgl. a. A. *Buchner*, DB 1974, 530 (533); *Galperin/Löwisch* § 2 Anm. 20; *Zöllner*, Arbeitsrecht, S. 429.

91 Vgl. oben § 2 E II 2, § 6 A.

92 Vgl. oben § 2 D.

93 Vgl. *Fitting/Auffarth/Kaiser* § 74 Anm. 3; *Gnade/Kehrmann/Schneider/Blanke* § 74 Anm. 8; *Thiele*, GK-BetrVG, § 74 Anm. 14.

sie dennoch für die Auslegung des § 74 Abs. 1 BetrVG heranzuziehen. Dies ist insbesondere für die Häufigkeit der Besprechungen von Bedeutung, so daß über den Monatsturnus hinaus nach § 74 Abs. 1 BetrVG unter Berücksichtigung des Gebots der vertrauensvollen Zusammenarbeit immer dann Pflichten des Arbeitgebers zu einer Besprechung mit dem Betriebsrat herzuleiten sind, wenn ein entsprechendes Bedürfnis im Einzelfall besteht.[94] Da die Vorschrift des § 74 Abs. 1 BetrVG den gesetzgeberischen Willen wiedergibt, ein Mindestmaß der Zusammenarbeit der Betriebspartner zu institutionalisieren,[95] ist sie keinesfalls dahin zu verstehen, daß sie sämtliche Kooperationspflichten abschließend regelt und einen Rückgriff auf § 2 Abs. 1 BetrVG generell verbietet; vielmehr stellt § 74 Abs. 1 BetrVG für die Begründung anderweitiger Pflichten aus der Kooperationsmaxime kein Hindernis dar.

Gleiches hat für die in § 74 Abs. 2 BetrVG enthaltene Friedenspflicht zu gelten. Für den von ihr erfaßten Bereich geht diese Vorschrift dem § 2 Abs. 1 BetrVG vor, begrenzt aber andererseits nicht die weitergehende Pflichtenbegründung über die Generalklausel.

Nach § 78 Satz 1 BetrVG dürfen die Mitglieder des Betriebsrats[96] in der Ausübung ihrer Tätigkeit nicht gestört oder behindert werden. Das Verbot richtet sich an jedermann,[97] bedeutet aber insbesondere eine Unterlassungspflicht für den Arbeitgeber. Diese ist nicht nur auf den Schutz der einzelnen Betriebsratsmitglieder in ihrer Funktion gerichtet, sondern soll auch den Betriebsrat als solchen vor Störung und Behinderung schützen,[98] weil jede Behinderung eines Betriebsratsmitglieds in seiner Funktion zugleich eine Störung des gesamten Betriebsrats ist. § 78 Satz 1 BetrVG stellt eine Konkretisierung des Gebots der vertrauensvollen Zusammenarbeit dar und geht insoweit § 2 Abs. 1 BetrVG vor. Die Pflicht des Arbeitgebers, den Betriebsrat und seine Mitglieder in ihrer Funktion nicht zu stören, ist deshalb ausschließlich auf § 78 Satz 1 BetrVG zu stützen.[99] Es stellt beispielsweise einen Verstoß gegen § 78 Satz 1 BetrVG dar, wenn der Arbeitgeber Betriebsratsmitglieder gezielt vom Besuch einer Betriebsratssitzung abhält.[100] Die Vorschrift

---

94 Ähnlich *Dietz/Richardi* § 74 Anm. 5.

95 Vgl. *Dietz/Richardi* § 74 Anm. 3; *Thiele*, GK-BetrVG, § 74 Anm. 6.

96 Gleiches gilt für die Mitglieder des Gesamtbetriebsrats, des Konzernbetriebsrats, der Jugendvertretung etc. (vgl. § 78 Satz 1 BetrVG).

97 Vgl. *Dietz/Richardi* § 78 Anm. 11; *Fitting/Auffarth/Kaiser* § 78 Anm. 2; *Galperin/Löwisch* § 78 Anm. 5; *Gnade/Kehrmann/Schneider/Blanke* § 78 Anm. 4; *Kammann/Hess/Schlochauer* § 78 Anm. 3; *Thiele*, GK-BetrVG, § 78 Anm. 12.

98 Vgl. *Dietz/Richardi* § 78 Anm. 8; *Fitting/Auffarth/Kaiser* § 78 Anm. 1; *Galperin/Löwisch* § 78 Anm. 8; *Gnade/Kehrmann/Schneider/Blanke* § 78 Anm. 6; *Kammann/Hess/Schlochauer* § 78 Anm. 4; *Thiele*, GK-BetrVG, § 78 Anm. 8, 11.

99 Vgl. auch *Dietz*, RdA 1969, 1 (3); *Dietz/Richardi* § 2 Anm. 10.

100 Vgl. *Dietz/Richardi* § 78 Anm. 14; *Fitting/Auffarth/Kaiser* § 78 Anm. 4; *Galperin/Löwisch* § 78 Anm. 7; *Gnade/Kehrmann/Schneider/Blanke* § 78 Anm. 6; *Kammann/Hess/Schlochauer* § 78 Anm. 6; *Thiele*, GK-BetrVG, § 78 Anm. 18.

des § 78 Satz 1 BetrVG darf allerdings nicht dergestalt als abschließend betrachtet werden, daß neben ihr eine weitergehende Begründung von Pflichten des Arbeitgebers unzulässig wäre; Sinn und Zweck der Kooperationsmaxime begründen über § 78 Satz 1 BetrVG hinaus generell Pflichten des Arbeitgebers, die auf Förderung und Sicherung des Betriebsrats und seiner Mitglieder in der Wahrnehmung ihrer betriebsverfassungsrechtlichen Funktion gerichtet sind.[101]

Zahlreiche weitere gesetzliche Vorschriften legen dem Arbeitgeber bestimmte Verhaltens-, insbesondere Handlungspflichten gegenüber dem Betriebsrat und seinen Mitgliedern auf. Hier lassen sich keine allgemeinen Aussagen treffen, inwieweit sie infolge abschließenden Charakters einen Rekurs auf die Kooperationsmaxime verbieten. Dies ist immer eine Frage der Gesetzesauslegung im Einzelfall. So kann zum Beispiel aus § 2 Abs. 1 BetrVG keine über § 37 Abs. 2 BetrVG hinausgehende Pflicht des Arbeitgebers zur Befreiung eines Betriebsratsmitglieds von seiner beruflichen Tätigkeit hergeleitet werden.

Die Begründung von Verhaltenspflichten des Arbeitgebers aus § 2 Abs. 1 BetrVG ist zudem stets eine Frage der Interessenabwägung im Einzelfall. Dabei ist der Aspekt der Zumutbarkeit in besonderem Maße zu berücksichtigen. Dem Arbeitgeber können daher nur solche Pflichten auferlegt werden, die ihn in seiner persönlichen und wirtschaftlichen Entschluß- und Handlungsfreiheit nicht unzumutbar belasten. Die Unzumutbarkeit stellt daher im Rahmen der vorzunehmenden Interessenabwägung eine weitere Grenze dar.

III. Begründung einzelner, das Gesetz ergänzender Pflichten und Rechte

1. Pflicht zur Rücksichtnahme bei der Wahrnehmung betriebsverfassungsrechtlicher Aufgaben

Der Grundsatz von Treu und Glauben verpflichtet beide Parteien zur Rücksichtnahme bei der Erbringung der Hauptleistungen.[102] Als Spezialisierung dieses Grundsatzes verlangt § 2 Abs. 1 BetrVG gegenseitige Rücksicht bei der Wahrnehmung betriebsverfassungsrechtlicher Aufgaben. Wie bereits oben[103] ausgeführt, ist daher die Art und Weise der Pflichterfüllung an § 2 Abs. 1 BetrVG zu orientieren; darüber hinaus können aber auch besondere ergänzende Rücksichtspflichten, hier des Arbeitgebers, entstehen. Diese Pflichten

---

101 Vgl. oben § 7 B I.

102 Vgl. *Erman-Sirp* § 242 Anm. 50; *Larenz*, Schuldrecht I, S. 122; Münch.Komm.-*Roth* § 242 Anm. 144f.; *Soergel-Knopp* § 242 Anm. 112; *Staudinger-Weber* § 242 Anm. A 268.

103 Vgl. § 6 A.

sind stets das Ergebnis einer einzelfallbezogenen Interessenabwägung, bei der die besondere Bedeutung der Kooperation, die § 2 Abs. 1 BetrVG nach der hier vertretenen Ansicht beinhaltet,[104] berücksichtigt werden muß.

Eine Pflicht des Arbeitgebers zur Rücksichtnahme bei der Wahrnehmung seiner Rechte und Pflichten wird beispielsweise in einem Urteil des BAG vom 22. August 1982[105] angesprochen. Hier stellte das Gericht zutreffend fest, das Gebot der vertrauensvollen Zusammenarbeit gebiete dem Arbeitgeber regelmäßig, das nach § 102 Abs. 1 BetrVG bei einer Kündigung erforderliche Anhörungsverfahren während der Arbeitszeit des Betriebsratsvorsitzenden einzuleiten. Der Grund hierfür liegt darin, daß die Betriebsratstätigkeit grundsätzlich während der Arbeitszeit der einzelnen Mitglieder erfolgen soll; dies folgt insbesondere aus den §§ 30 Satz 1, 37 Abs. 3, 39 Abs. 1 Satz 1, 44 Abs. 1 Satz 1 BetrVG.[106] Wenn auch, wie sich aus § 37 Abs. 3 BetrVG ergibt, die Betriebsratstätigkeit aus betriebsbedingten Gründen außerhalb der Arbeitszeit stattfinden kann, ist stets zu bedenken, daß die Betriebsratsmitglieder die vom Arbeitgeber zur Verfügung gestellten Räume und sachlichen Mittel regelmäßig nur während ihrer Arbeitszeit benutzen können und zudem die Amtstätigkeit in der Freizeit zumeist eine Belastung darstellt. Es ist daher dem BAG zuzustimmen, wenn es aus § 2 Abs. 1 BetrVG die Pflicht des Arbeitgebers herleitet, durch organisatorische Maßnahmen dafür zu sorgen, daß die Mitglieder des Betriebsrats in ihrer Tätigkeit regelmäßig nur während der Arbeitszeit beansprucht werden.[107] Als solche Maßnahmen kommen zum Beispiel interne Anweisungen an die Mitarbeiter in Betracht, die für Kündigungen und die Einleitung des Verfahrens nach § 102 Abs. 1 BetrVG zuständig sind. Kommt es häufiger vor, daß ohne Vorliegen eines Eilfalles der Betriebsratsvorsitzende von Kündigungen erst nach Feierabend zu Hause telefonisch informiert wird, so liegt darin, obwohl der Vorsitzende nicht verpflichtet ist, die Erklärung anzunehmen,[108] eine unangemessene Belastung. Der Arbeitgeber ist daher aufgrund der Kooperationsmaxime verpflichtet, seine Mitarbeiter intern anzuweisen, das Anhörungsverfahren regelmäßig während der Arbeitszeit des zur Entgegennahme von Erklärungen berechtigten Betriebsratsmitglieds einzuleiten.

Bei der Begründung von Pflichten zur Rücksichtnahme ist zu beachten, daß diese stets auf das Interesse des Betriebsrats am ordnungsgemäßen Funktionieren der Betriebsverfassung und an der ungestörten Wahrnehmung seiner

---

104 Vgl. oben § 2 E I.

105 Vgl. AP Nr. 25 zu § 102 BetrVG 1972. Vgl. bereits oben § 2 E II 2.

106 Vgl. BAG, AP Nr. 25 zu § 102 BetrVG 1972 Bl. 2; *Dietz/Richardi* § 37 Anm. 21; *Fitting/Auffarth/Kaiser* § 37 Anm. 24, 33, 36; *Kammann/Hess/Schlochauer* § 37 Anm. 16; *Wiese*, GK-BetrVG, § 37 Anm. 17, 54.

107 Vgl. AP Nr. 25 zu § 102 BetrVG 1972 Bl. 2 R.

108 So zu Recht BAG, AP Nr. 25 zu § 102 BetrVG 1972 Bl. 2 R; *Wiese*, GK-BetrVG, § 26 Anm. 55.

Funktion, grundsätzlich jedoch nicht auf das Interesse der einzelnen Betriebsratsmitglieder an der Erhaltung ihrer persönlichen Rechtsgüter gerichtet sind.[109]

Zu überlegen wäre beispielsweise, ob der Arbeitgeber gem. § 2 Abs. 1 BetrVG verpflichtet ist, dem Betriebsrat seine Bedenken hinsichtlich der Kosten eines von diesem gefaßten Beschlusses mitzuteilen. Es ist denkbar, daß der Betriebsrat eine Honorarvereinbarung beschließt, um einen Außenstehenden als Beisitzer der Einigungsstelle zu gewinnen, und daß die durch diese Vereinbarung entstehenden Kosten nach dem Urteil eines vernünftigen Dritten vom Betriebsrat nicht für erforderlich gehalten werden durften.[110] Das BAG hat sich in einer solchen Situation generell dafür ausgesprochen, daß sich der Arbeitgeber, sobald ihm dieser Beschluß mitgeteilt wird, nach § 2 Abs. 1 BetrVG dem Betriebsrat gegenüber äußern muß, falls er eine Zahlung ablehnt.[111] Begründet wurde dies damit, daß die einzelnen Betriebsratsmitglieder für nicht erforderliche Kosten selbst einstehen müssen und eine vertrauensvolle Zusammenarbeit eine rechtzeitige Klarstellung verlange.

Die Begründung einer so weitgehenden Pflicht zur Rücksichtnahme auf die finanziellen Belange der Betriebsratsmitglieder ist nicht überzeugend. Es ist regelmäßig davon auszugehen, daß den Betriebsratsmitgliedern die Folgen der Verursachung nicht erforderlicher Kosten bekannt sind, so daß kein Bedürfnis nach einer Rechtsberatung besteht. Beschließen die Betriebsratsmitglieder gemeinsam eine Kosten verursachende Maßnahme, die sie nicht für erforderlich halten durften, ist dies ausschließlich ihr Risiko, welches nicht auf den Arbeitgeber verlagert werden darf. Aus dem Gebot der vertrauensvollen Zusammenarbeit lassen sich keine Pflichten herleiten, die lediglich den Schutz der Rechtsgüter des Betriebspartners ohne Bezug zu dessen betriebsverfassungsrechtlicher Funktion bezwecken. Gerade dies wäre aber der Fall, wenn man den Arbeitgeber als verpflichtet ansähe, finanzielle Nachteile der Betriebsratsmitglieder vorsorglich abzuwenden. Die Ansicht des BAG ist daher abzulehnen.[112] Liegt also kein ausdrückliches oder stillschweigendes Einverständnis des Arbeitgebers vor, das ihn zur Zahlung nicht erforderlicher Kosten verpflichtet,[113] haben die Betriebsratsmitglieder die Kosten der nicht erforderlichen Honorarvereinbarung selbst zu tragen, ohne daß der Arbeitgeber verpflichtet ist, sie zuvor darauf hinzuweisen. Lediglich in Ausnahmefällen kann im Schweigen des Arbeitgebers ein Einverständnis zu erblicken

---

109 Vgl. oben § 7 B I.

110 Vgl. zum Merkmal der Erforderlichkeit bei § 40 Abs. 1 BetrVG *Wiese*, GK-BetrVG, § 40 Anm. 9 m. w. N. sowie unten § 7 C III 1.

111 Vgl. AP Nr. 3 zu § 76 BetrVG 1972 Bl. 3 R f. Vgl. bereits oben § 2 E II 2.

112 Ebenso *Dütz*, Anm. zu BAG, AP Nr. 3 zu § 76 BetrVG 1972 Bl. 5 R.

113 Insoweit zutreffend BAG, AP Nr. 3 zu § 76 BetrVG 1972 Bl. 3 R.

sein[114] oder die spätere Berufung auf die Nichterforderlichkeit der Kosten einen Rechtsmißbrauch des Arbeitgebers darstellen.[115]

2. *Erhaltungs- und Obhutspflichten in bezug auf zur Verfügung gestellte Räume und sachliche Mittel*

Im Rahmen leistungssichernder Nebenpflichten begründet der Grundsatz von Treu und Glauben die Pflicht des Schuldners, bis zur Leistung den Leistungsgegenstand zu schützen und zu erhalten sowie generell jede Gefährdung des Leistungserfolgs zu unterlassen und positiv alles zu tun, was zur Erreichung und Erhaltung dieses Erfolgs erforderlich ist.[116]

Für das Betriebsverfassungsrecht bedeutet dies, daß den Arbeitgeber in bezug auf die dem Betriebsrat gem. § 40 Abs. 2 BetrVG zur Verfügung gestellten Räume und sachlichen Mittel eine Erhaltungs- und Obhutspflicht trifft. Diese endet nicht mit dem Zeitpunkt der einmaligen Leistung, d.h. der Übergabe der Mittel, wie es bei einem gewöhnlichen Schuldverhältnis der Fall ist, in dem mit der Leistung die Gefahr und damit die Zuständigkeit für Schutz und Erhaltung auf den Empfänger übergehen. Zwar kann man von den Betriebsratsmitgliedern erwarten, daß sie mit den zur Verfügung gestellten Räumen und Gegenständen sorgsam umgehen.[117] Die Pflicht des Arbeitgebers gem. § 40 Abs. 2 BetrVG geht jedoch dahin, dem Betriebsrat immer in erforderlichem Umfang geeignete Räume und sachliche Mittel zur Verfügung zu stellen – insoweit handelt es sich um eine Dauerpflicht. Der Arbeitgeber ist daher aufgrund der Kooperationsmaxime stets zum Schutz und zur Erhaltung der zur Verfügung gestellten Räume und sachlichen Mittel verpflichtet, der Betriebsrat ist hierfür also nicht zuständig.

Ziel dieser Pflichten ist es, die Betriebsratstätigkeit in ausreichender Weise zu gewährleisten. So hat der Arbeitgeber nach § 40 Abs. 2 BetrVG Räume zu stellen, die so beschaffen sein müssen, daß der Betriebsrat in ihnen seiner Tätigkeit ordnungsgemäß nachgehen kann; er hat beispielsweise eine ausreichende Heizung zu installieren und betriebsbereit zu halten.[118] Denkbar ist, daß sich im Winter, für den Arbeitgeber erkennbar, ein Defekt im Heizungs-

---

114 Dies war in dem Beschluß des BAG der Fall, vgl. AP Nr. 3 zu § 76 BetrVG 1972 Bl. 3 f.

115 Vgl. hierzu unten § 8 D I 1.

116 Vgl. BGH, NJW 1978, 260; NJW 1983, 998; *Erman-Sirp* § 242 Anm. 59; *Larenz*, Schuldrecht I, S. 9, 128; Münch.Komm.-*Roth* § 242 Anm. 149; *Palandt-Heinrichs* § 242 Anm. 4 B a.

117 Dies folgt aus ihrer arbeitsvertraglichen Verpflichtung, ihnen anvertraute Gegenstände sorgfältig zu behandeln, vgl. *Hueck/Nipperdey* I, S. 226 f.; *Nikisch* I, S. 447 f. Vgl. auch unten § 7 C 1.

118 Vgl. *Dietz/Richardi* § 40 Anm. 51; *Fitting/Auffarth/Kaiser* § 40 Anm. 32; *Galperin/Löwisch* § 40 Anm. 40; *Gnade/Kehrmann/Schneider/Blanke* § 40 Anm. 24; *Kammann/Hess/Schlochauer* § 40 Anm. 35; *Wiese*, GK-BetrVG, § 40 Anm. 66.

system anbahnt, der zwar erst in einigen Tagen zum Ausfall der Heizung des Betriebsratsraumes führen wird, jetzt aber noch ohne Aufwand und Ausfall behoben werden kann. Ein zumutbarer Ersatzraum steht für den Betriebsrat nicht zur Verfügung. In einem solchen Fall besteht keine unmittelbare Reparaturpflicht des Arbeitgebers aus § 40 Abs. 2 BetrVG, da die Heizung noch funktioniert und den Erfordernissen der Norm genügt. Trotzdem ist der Arbeitgeber in Ergänzung dieser Vorschrift bereits jetzt nach § 2 Abs. 1 BetrVG zur Reparatur der Anlage verpflichtet, wenn so eine spätere Beeinträchtigung der Betriebsratsmitglieder in ihrer Tätigkeit vermieden werden kann.

Erhaltungspflichten des Arbeitgebers können zum Beispiel auch hinsichtlich der Betriebsratsakten bestehen. Wenn auch der Arbeitgeber nach zutreffender Ansicht Eigentümer der Akten bleibt,[119] hat der ihm gegenüber zum Besitz berechtigte Betriebsrat ein großes Interesse an der Unversehrtheit der Akten. Kommt es bei einem Großfeuer im Betrieb zu einer erheblichen Gefahr für die Betriebsratsakten, verpflichtet die Kooperationsmaxime den Arbeitgeber, die Betriebsratsmitglieder bei der unverzüglichen Bergung der Akten zu unterstützen und, falls erforderlich, zusätzliche Arbeitnehmer für diese Arbeit freizustellen.

Am Beispiel der Betriebsratsakten lassen sich auch die bei § 242 BGB diskutierten nachwirkenden Pflichten[120] erörtern. Nach zutreffender Ansicht hat der Arbeitgeber die Akten nach Ablauf der Amtszeit des Betriebsrats vorläufig aufzubewahren, wenn kein neuer Interessenvertreter gewählt wird, und diese stets einem später gewählten Betriebsrat zu übergeben.[121] Die Pflicht zur Aufbewahrung läßt sich m. E. nicht auf § 40 Abs. 2 BetrVG stützen, da es sich gerade nicht um die Zurverfügungstellung von Akten, sondern um deren Verwahrung handelt. Zudem ist es ungewiß, ob später ein Betriebsrat gewählt werden wird und die Akten benötigt, so daß kaum von einer Maßnahme im Vorfeld der Zurverfügungstellung gesprochen werden kann. Um eine Überdehnung des § 40 Abs. 2 BetrVG zu vermeiden, bleibt als Grundlage dieser Pflicht nur das Gebot der vertrauensvollen Zusammenarbeit zum Wohl der Arbeitnehmer und des Betriebs, das hier nach Beendigung der Amtszeit des Betriebsrats eine Nachwirkung entfaltet. Die Pflicht wird in zeitlicher Hinsicht lediglich durch das Gebot der Zumutbarkeit begrenzt.

---

[119] Vgl. *Böhm*, RdA 1974, 88 (89ff.); *Dietz/Richardi* § 40 Anm. 58; *Wiese*, GK-BetrVG, § 40 Anm. 90 mit zahlreichen Nachweisen zum Meinungsstand; a. A. *Fitting/Auffarth/Kaiser* § 40 Anm. 38. Vgl. zur Eigentumsfähigkeit des Betriebsrats oben § 7 B I.

[120] Vgl. *Erman-Sirp* § 242 Anm. 58; *Larenz*, Schuldrecht I, S. 130f.; Münch.Komm.-*Roth* § 242 Anm. 160, 164; *Soergel-Knopp* § 242 Anm. 122; *Staudinger-Weber* § 242 Anm. A 953ff.

[121] So *Wiese*, GK-BetrVG, § 40 Anm. 90; a. A. *Fitting/Auffarth/Kaiser* § 40 Anm. 38, die dem Betriebsrat das Recht geben, die Akten nach Ablauf der Amtszeit zu vernichten.

3. *Pflicht zur Förderung der Interessen des Betriebsrats und zur Unterstützung gegen Dritte*

Als leistungssichernde Nebenpflichten kann der Grundsatz von Treu und Glauben positive Pflichten zur Wahrnehmung der Interessen der anderen Seite begründen, die sich auch in Pflichten zur Unterstützung gegen Dritte äußern können.[122] Dies muß ebenso für das Gebot der vertrauensvollen Zusammenarbeit gelten.

Eine Pflicht zur Förderung der Interessen des Betriebsrats könnte beispielsweise in der im Rahmen des § 40 Abs. 1 BetrVG diskutierten Pflicht liegen, dem Betriebsrat einen angemessenen Vorschuß zukommen zu lassen.[123] Grundlage und Umfang dieser Pflicht sind umstritten, zum Teil wird an eine entsprechende Anwendung des § 669 BGB gedacht.[124] Dieser Ansatz ist allerdings deshalb fraglich, weil die Beziehung zwischen den Betriebspartnern unter alleiniger Kostentragungspflicht des Arbeitgebers nicht mit einem Auftragsverhältnis vergleichbar ist, da der Betriebsrat seine Tätigkeit im Dienste der Belegschaft, nicht aber im Auftrag und im Interesse des Arbeitgebers wahrnimmt.[125] Die Grundlage einer Vorschußpflicht ist mit einem Teil der Lehre[126] vielmehr in der Kooperationsmaxime zu sehen. Es handelt sich hier um die Begründung einer Pflicht, die dem Interesse des Betriebsrats am reibungslosen Ablauf seiner Geschäfte und damit an der ungehinderten Wahrnehmung seiner betriebsverfassungsrechtlichen Funktion dient; Umfang und Zeitpunkt des Vorschusses sind eine Frage der Einzelfallabwägung. So wird zu verlangen sein, daß größere Kosten mit einer gewissen Wahrscheinlichkeit bevorstehen und ein Handeln ohne Vorschuß den Betriebsratsmitgliedern unzumutbar ist.

Eine Pflicht des Arbeitgebers zur Unterstützung des Betriebsrats gegen Dritte kommt vor allem in Betracht, wenn dem Betriebsrat von Dritten widerrechtlich vom Arbeitgeber zur Verfügung gestellte Sachen entzogen werden. Der Betriebsrat, der die Sachen zurückhaben will, kann in einem solchen Fall nicht selber gegen den Dritten vorgehen, da er nach außen nicht rechtsfähig ist und gegenüber dem Dritten weder Eigentums- noch Besitzrechte an

---

[122] Vgl. BGH, DB 1968, 2210; Münch.Komm.-*Roth* § 242 Anm. 157; *Palandt-Heinrichs* § 242 Anm. 4 Bf.; *Soergel-Knopp* § 242 Anm. 120; *Staudinger-Weber* § 242 Anm. A 951.

[123] Vgl. hierzu *Dietz/Richardi* § 40 Anm. 36; *Dütz/Säcker*, DB 1972, Beil. Nr. 17, S. 7; *Fitting/Auffarth/Kaiser* § 40 Anm. 15; *Galperin/Löwisch* § 40 Anm. 17, 33; *Neumann-Duesberg*, Betriebsverfassungsrecht, S. 327; *Wiese*, GK-BetrVG, § 40 Anm. 17 m. w. N.

[124] So *Dietz/Richardi* § 40 Anm. 36; *Dütz/Säcker*, DB 1972, Beil. Nr. 17, S. 7; *Kammann/Hess/Schlochauer* § 40 Anm. 17; weitere Nachweise bei *Wiese*, GK-BetrVG, § 40 Anm. 17.

[125] So *Galperin/Löwisch* § 40 Anm. 17; *Wiese*, GK-BetrVG, § 40 Anm. 17; *ders.*, Anm. zu BAG, SAE 1969, 121 (122).

[126] Vgl. *Wiese*, GK-BetrVG, § 40 Anm. 17.

den Sachen hat.[127] Grundsätzlich muß in einer solchen Situation der Arbeitgeber dafür sorgen, daß dem Betriebsrat die fehlenden Sachmittel ersetzt werden; dies folgt aus § 40 Abs. 2 BetrVG.[128] Diese Vorschrift gebietet indessen nur die Zurverfügungstellung von erforderlichen Mitteln, nicht aber die Wiederbeschaffung bestimmter, bereits gestellter Mittel. Eine solche Pflicht kann lediglich aus der Kooperationsmaxime folgen. Voraussetzung hierfür ist ein besonderes, schützenswertes Interesse des Betriebsrats an der Wiederbeschaffung der entzogenen Gegenstände, was vor allem dann zu bejahen ist, wenn sie über ihren Materialwert hinaus für die Tätigkeit des Betriebsrats eine besondere Bedeutung erlangt haben. Dies wird insbesondere bei Betriebsratsakten der Fall sein. Darum gebietet das Gebot der vertrauensvollen Zusammenarbeit dem Arbeitgeber, seine Herausgabeansprüche aus Eigentum und Besitz gegen den Dritten geltend zu machen.[129] Das gilt auch dann, wenn nicht ein Außenstehender, sondern ein betriebsangehöriger Arbeitnehmer oder gar ein Betriebsratsmitglied Gegenstände wie zum Beispiel Betriebsratsliteratur oder -akten unbefugterweise mit nach Hause nimmt und nicht wieder herausgibt.[130]

Die Kooperationsmaxime kann auch dazu dienen, die Zusammenarbeit des Betriebsrats mit Dritten zu fördern. Gem. § 89 Abs. 1 BetrVG hat beispielsweise der Betriebsrat bei der Bekämpfung von Unfall- und Gesundheitsgefahren u.a. die Betriebsärzte und Fachkräfte für Arbeitssicherheit durch Anregung, Beratung und Auskunft zu unterstützen.[131] Diese wiederum sind gem. § 9 Abs. 1 ASiG bei der Erfüllung ihrer Aufgaben zur Zusammenarbeit mit dem Betriebsrat verpflichtet.[132] Verweigern die Ärzte und Fachkräfte für Arbeitssicherheit grundlos jede Zusammenarbeit mit dem Betriebsrat, so wird letzterer in der Erfüllung seiner Aufgaben aus dem BetrVG (§§ 80 Abs. 1 Nr. 1, 87 Abs. 1 Nr. 7, 89 BetrVG) erheblich beeinträchtigt. Aus der aus § 2 Abs. 1 BetrVG folgenden Förderungs- und Unterstützungspflicht ist daher die Verpflichtung des Arbeitgebers herzuleiten, die Betriebsärzte und Fachkräfte für Arbeitssicherheit zur Kooperation mit dem Betriebsrat anzuhalten und, falls nötig, hierzu von seinen vertraglichen Rechten Gebrauch zu machen.[133]

---

[127] Vgl. bereits oben § 7 B I m. w. N.

[128] Vgl. nur *Wiese*, GK-BetrVG, § 40 Anm. 89.

[129] So zutreffend *Dietz/Richardi* § 40 Anm. 60; im Ergebnis ebenso *Wiese*, GK-BetrVG, § 40 Anm. 89f., der allerdings nicht auf § 2 Abs. 1 BetrVG zurückgreift.

[130] So *Wiese*, GK-BetrVG, § 40 Anm. 89; wohl auch *Dietz/Richardi* § 40 Anm. 60.

[131] Vgl. *Dietz/Richardi* § 89 Anm. 5; *Fitting/Auffarth/Kaiser* § 89 Anm. 5; *Galperin/Löwisch* § 89 Anm. 4; *Kammann/Hess/Schlochauer* § 89 Anm. 6; *Wiese*, GK-BetrVG, § 89 Anm. 10.

[132] Vgl. hierzu *Giese/Ibels/Rehkopf*, ASiG, § 9 Anm. 1f.; *Graeff*, ASiG, § 9 Anm. 2; *Kliesch/Nöthlichs/Wagner*, ASiG, § 9 Anm. 4; *Krebs*, ASiG, § 9 Anm. III; *Wiese*, GK-BetrVG, § 87 Anm. 244.

[133] Ebenso, aber ohne Hinweis auf die Rechtsgrundlage *Krebs*, ASiG, § 9 Anm. III. Diese Pflicht steht neben der Pflicht des Arbeitgebers aus §§ 2 Abs. 2 Satz 1, 5 Abs. 2

4. Sonstige Pflichten zur aktiven Zusammenarbeit

Als leistungssichernde Nebenpflichten kann der Grundsatz von Treu und Glauben auch verschiedenartige Mitwirkungspflichten begründen.[134] Diese gebieten beiden Parteien eines Schuldverhältnisses, in Zusammenarbeit die Voraussetzungen für die Durchführung des Vertrages zu schaffen und den Bestand des Leistungserfolgs zu gewährleisten. Die Betriebspartner haben daher in vertrauensvoller aktiver Zusammenarbeit zum Wohl der Arbeitnehmer und des Betriebs dafür zu sorgen, daß beide Seiten ihre Aufgaben aus dem BetrVG unbeeinträchtigt und ordnungsgemäß durchführen können und so das Funktionieren der Betriebsverfassung gewährleistet wird.

Diese Pflicht zur aktiven Zusammenarbeit ist für einzelne Fälle bereits im Gesetz ausdrücklich angeordnet; die Betriebspartner haben beispielsweise gem. § 39 Abs. 1 Satz 2 BetrVG Zeit und Ort der Sprechstunden des Betriebsrats zu vereinbaren.[135] Wenn auch die Pflicht zur Zusammenarbeit in gewissem Sinne allen Pflichten zugrunde liegt, sind aktive Zusammenarbeitspflichten des Arbeitgebers denkbar, die bisher nicht erfaßt wurden.

Auszugehen ist davon, daß der Arbeitgeber grundsätzlich verpflichtet ist, den Anliegen des Betriebsrats mit Aufgeschlossenheit und Gesprächsbereitschaft entgegenzukommen; es ist mit § 2 Abs. 1 BetrVG unvereinbar, wenn der Arbeitgeber jedes Gespräch mit dem Betriebsrat ablehnt und dessen Anliegen von vornherein abblockt.

Die Betriebspartner haben nach § 88 BetrVG beispielsweise die Möglichkeit, in sozialen Angelegenheiten freiwillige Betriebsvereinbarungen abzuschließen. Im Gegensatz zu § 87 Abs. 1 BetrVG, in dessen Bereich der Betriebsrat ein weitgehendes Initiativrecht hat,[136] besitzt er ein solches im Rahmen des § 88 BetrVG nicht, d.h. der Betriebsrat hat nicht die Möglichkeit, notfalls durch Anrufung der Einigungsstelle eine verbindliche Entscheidung herbeizuführen.[137] Der Betriebsrat darf dennoch mit Vorschlägen für freiwil-

---

Satz 1 ASiG, dafür zu sorgen, daß die Betriebsärzte sowie die Fachkräfte für Arbeitssicherheit ihre Aufgaben erfüllen; letztere Pflicht besteht nicht gegenüber dem Betriebsrat, sondern lediglich gegenüber der Überwachungsbehörde, vgl. *Graeff,* ASiG, § 2 Anm. 7, § 5 Anm. 8; *Krebs,* ASiG, § 2 Anm. V, § 5 Anm. VIII.

134 Vgl. *Erman-Sirp* § 242 Anm. 67f.; Münch.Komm.-*Roth* § 242 Anm. 165ff.; *Palandt-Heinrichs* § 242 Anm. 4 B c; *Soergel-Knopp* § 242 Anm. 148ff.; *Staudinger-Weber* § 242 Anm. A 857ff.

135 Dies gilt nur für Sprechstunden während der Arbeitszeit, vgl. *Wiese,* GK-BetrVG, § 39 Anm. 10.

136 Vgl. statt vieler *Wiese,* GK-BetrVG, § 87 Anm. 76ff. m. w. N.

137 Vgl. *Dietz/Richardi* § 88 Anm. 1; *Fitting/Auffarth/Kaiser* § 88 Anm. 11; *Galperin/Löwisch* § 88 Anm. 8; *Gnade/Kehrmann/Schneider/Blanke* § 88 Anm. 8; *Kammann/Hess/Schlochauer* § 88 Anm. 2; *Stege/Weinspach* § 88 Anm. 1; *Wiese,* GK-BetrVG, § 88 Anm. 4.

lige Betriebsvereinbarungen an den Arbeitgeber herantreten; dies folgt aus seinem allgemeinen Schutzauftrag gegenüber den Arbeitnehmern, der insbesondere in § 80 Abs. 1 BetrVG Ausdruck gefunden hat.[138] Es ist hier gem. § 2 Abs. 1 BetrVG vom Arbeitgeber zu verlangen, daß er sich den Vorschlag des Betriebsrats zumindest anhört und grundsätzlich gesprächsbereit ist.[139] Diese Pflicht führt deshalb nicht zu einer unzumutbaren Belastung des Arbeitgebers, weil der Betriebsrat sein Anregungsrecht nicht mißbrauchen darf, indem er beispielsweise absichtlich nahezu täglich mit unbrauchbaren Vorschlägen an den Betriebspartner herantritt.[140] Die Pflicht des Arbeitgebers zur generellen Gesprächsbereitschaft findet allerdings im freiwilligen Charakter der nach § 88 BetrVG geschlossenen Betriebsvereinbarung ihre Grenze. Vom Arbeitgeber kann nicht verlangt werden, gegen seinen Willen mit dem Betriebsrat in langwierige und umfangreiche Verhandlungen einzutreten; der aus § 2 Abs. 1 BetrVG folgenden Pflicht ist m. E. regelmäßig dann Genüge getan, wenn der Arbeitgeber in einer kurzen mündlichen Stellungnahme seine Gründe für die Ablehnung des Vorschlags darlegt.[141]

Eine Pflicht zum Zusammenwirken mit dem Betriebsrat kann sich auch bei der Vorbereitung von Betriebsversammlungen gem. §§ 42 ff. BetrVG ergeben. Hier findet sich im Gesetz keine ausdrückliche Bestimmung darüber, in welchen Räumen die regelmäßigen Versammlungen stattzufinden haben.[142] Die Vorschrift des § 40 Abs. 2 BetrVG bezieht sich nur auf Sitzungen, Sprechstunden und die laufende Geschäftsführung des Betriebsrats. Wenn auch die Vorbereitung von Betriebsversammlungen ebenso wie die Vorbereitung von Betriebsratssitzungen zu den laufenden Geschäften gehört,[143] so zählt die Betriebsversammlung selbst ebensowenig wie die Sitzung zur laufenden Geschäftsführung. Während jedoch die Betriebsratssitzungen in § 40 Abs. 2 BetrVG genannt sind, ist dies hinsichtlich der Betriebsversammlungen nicht der Fall; § 40 Abs. 2 BetrVG ist also nicht direkt anwendbar.[144] Dennoch besteht Einigkeit darüber, daß der Arbeitgeber verpflichtet ist, im Rahmen seiner Möglichkeiten für Betriebsversammlungen im erforderlichen Um-

---

[138] Vgl. nur *Thiele*, GK-BetrVG, § 80 Anm. 1. Hierbei ist es eine Frage des Einzelfalls, ob das Anregungsrecht auf § 80 Abs. 1 Nr. 2 BetrVG oder auf andere Tatbestände gestützt wird.

[139] Zum Teil wird diese Pflicht auf § 80 BetrVG gestützt, vgl. *Dietz/Richardi* § 80 Anm. 18. Richtig erscheint jedoch im Bereich des § 80 Abs. 1 Nr. 2 BetrVG die Heranziehung der Kooperationsmaxime, so auch *Galperin/Löwisch* § 80 Anm. 16; *Kammann/Hess/Schlochauer* § 80 Anm. 4; *Fitting/Auffarth/Kaiser* § 80 Anm. 9; *Thiele*, GK-BetrVG, § 80 Anm. 22.

[140] Zum Verbot des Rechtsmißbrauchs vgl. unten § 8.

[141] Vgl. ähnlich *Wiese*, GK-BetrVG, § 88 Anm. 3.

[142] Vgl. *Dietz/Richardi* § 42 Anm. 13; *Fabricius*, GK-BetrVG, § 42 Anm. 8; *Fitting/Auffarth/Kaiser* § 42 Anm. 14; *Rothe*, BlStSozArbR 1960, 90 (91).

[143] Vgl. *Wiese*, GK-BetrVG, § 27 Anm. 45.

[144] A. A. *Neumann-Duesberg*, Betriebsverfassungsrecht, S. 209; *Stege/Weinspach* § 42 Anm. 22; *Vogt*, Die Betriebs- und Abteilungsversammlung, S. 50.

fang geeignete Räume zur Verfügung zu stellen.[145] Diese Pflicht wird von einem Teil der Lehre[146] auf die analoge Anwendung des § 40 Abs. 2 BetrVG gestützt. Das ist deshalb nicht überzeugend, weil die Betriebsversammlung nicht mit der in § 40 Abs. 2 BetrVG genannten Betriebsratstätigkeit vergleichbar ist. Zwar gehört die Durchführung von Betriebsversammlungen zu den Aufgaben des Betriebsrats; diese ist jedoch in erster Linie ein Diskussions- und Informationsforum der Arbeitnehmer und deshalb nicht mit einer Betriebsratssitzung oder -sprechstunde zu vergleichen.[147] Aus diesem Grund ist *Fabricius*[148] zuzustimmen, der die Pflicht des Arbeitgebers, im Rahmen seiner Möglichkeiten Räume zur Verfügung zu stellen, auf das Gebot der vertrauensvollen Zusammenarbeit zum Wohl der Arbeitnehmer stützt. Dieser Weg über § 2 Abs. 1 BetrVG hat gegenüber der analogen Anwendung des § 40 Abs. 2 BetrVG den Vorteil, daß der Ausrichtung der Betriebsversammlung durch den Betriebsrat in erhöhtem Maße Rechnung getragen werden kann. Im Rahmen des § 40 Abs. 2 BetrVG hat der Arbeitgeber zwischen mehreren in gleicher Weise geeigneten Räumen das Recht der freien Auswahl.[149] Im Bereich der vom Betriebsrat einberufenen[150] und von dessen Vorsitzenden in eigener Regie geleiteten[151] Betriebsversammlungen überwiegt indessen m. E. das Interesse des Betriebsrats an einer Mitsprache bei der Raumauswahl dieses Recht des Arbeitgebers. Der Erfolg der Veranstaltung hängt auch von der Gestaltung und der Atmosphäre des Versammlungsraums ab; eine den Arbeitnehmern vertraute Umgebung kann die Diskussionsbereitschaft erheblich erhöhen. Es ist daher sinnvoll, eine Einigung beider Seiten über den zu stellenden Raum zu verlangen.[152] Kommt es nicht zu einer Einigung, ist es mit einem Teil der Lehre[153] als sachgerecht anzusehen, die Entscheidung zwischen mehreren dem Arbeitgeber zumutbaren Möglichkeiten letztlich dem Betriebsrat zu überlassen.[154] Der Arbeitgeber ist dann verpflichtet, dem Betriebsrat den von ihm gewünschten Raum zur Verfügung zu stellen. Ist hingegen nur ein geeigneter Raum vorhanden, so besteht kein Auswahlrecht. Die Pflicht aus § 2 Abs. 1 BetrVG konkretisiert sich dann auf

---

145 Vgl. *Dietz/Richardi* § 42 Anm. 13; *Fabricius*, GK-BetrVG, § 42 Anm. 8; *Galperin/Löwisch* § 44 Anm. 7; *Kammann/Hess/Schlochauer* § 42 Anm. 27; *Nikisch* III, S. 216.

146 Vgl. *Dietz/Richardi* § 42 Anm. 13; *Fitting/Auffarth/Kaiser* § 42 Anm. 14; *Kammann/Hess/Schlochauer* § 42 Anm. 27; *Nikisch* III, S. 216 FN 37; weitere Nachweise bei *Fabricius*, GK-BetrVG, § 42 Anm. 8.

147 Vgl. *Fabricius*, GK-BetrVG, § 42 Anm. 8.

148 Vgl. GK-BetrVG, § 42 Anm. 8.

149 So ausdrücklich *Wiese*, GK-BetrVG, § 40 Anm. 64.

150 Vgl. § 43 Abs. 1 Satz 1 BetrVG.

151 Vgl. § 42 Abs. 1 Satz 1 BetrVG.

152 So auch *Fitting/Auffarth/Kaiser* § 42 Anm. 14.

153 Vgl. *Fabricius*, GK-BetrVG, § 40 Anm. 8; *Galperin/Löwisch* § 42 Anm. 18; *Rothe*, BlStSozArbR 1960, 90 (91).

154 A. A. *Dietz/Richardi* § 42 Anm. 13; *Kammann/Hess/Schlochauer* § 42 Anm. 27; *Nikisch* III, S. 216; *Stege/Weinspach* § 42 Anm. 22; *Vogt*, Die Betriebs- und Abteilungsversammlung, S. 50.

diesen Raum; insoweit besteht kein Unterschied zur analogen Anwendung des § 40 Abs. 2 BetrVG.

Eine Pflicht des Arbeitgebers zur Diskussion mit dem Betriebsrat kann sich auch im Rahmen der in §§ 81 ff. BetrVG niedergelegten Individualrechte der Arbeitnehmer ergeben. Wenn beispielsweise der Betriebsrat Beschwerden von Arbeitnehmern entgegennimmt und für berechtigt hält, hat er gem. § 85 Abs. 1 BetrVG beim Arbeitgeber auf Abhilfe hinzuwirken.[155] Der Arbeitgeber darf sich einem Gespräch über die Berechtigung der Beschwerde nicht entziehen, denn nur dann kann der Betriebsrat die Interessen der Arbeitnehmer wahrnehmen und seiner Aufgabe aus § 85 Abs. 1 BetrVG gerecht werden.

5. *Aufklärungs-, Auskunfts- und Rechenschaftspflichten*

Aus § 242 BGB können verschiedene Aufklärungs-, Auskunfts- und Rechenschaftspflichten hergeleitet werden.[156] Wie bereits dargelegt wurde,[157] folgen aus § 2 Abs. 1 BetrVG lediglich Pflichten des Arbeitgebers, die auf die Gewährleistung der Mitbestimmung sowie auf Schutz und Förderung des Betriebsrats in seiner Funktion gerichtet sind. Da eine Unterrichtungspflicht des Arbeitgebers ohne Rücksicht darauf, ob die Unterrichtung unaufgefordert oder auf Verlangen erfolgen muß,[158] für diesen Bereich in § 80 Abs. 2 BetrVG geregelt ist und diese Vorschrift als abschließende Regelung die Kooperationsmaxime verdrängt,[159] besteht für eine Übertragung der besagten Fallgruppe auf § 2 Abs. 1 BetrVG keine Veranlassung.

6. *Schutzpflichten*

Ferner kann der Grundsatz von Treu und Glauben Nebenpflichten als Schutzpflichten begründen, die auf die Erhaltung bestehender Rechtsgüter gerichtet sind.[160] Es wurde jedoch oben[161] ausgeführt, daß § 2 Abs. 1 BetrVG keine Pflichten des Arbeitgebers begründen kann, die dem Schutz der persönlichen Integritätsinteressen der Betriebsratsmitglieder, beispielsweise hin-

---

155 Vgl. hierzu *Dietz/Richardi* § 85 Anm. 8; *Fitting/Auffarth/Kaiser* § 85 Anm. 8; *Galperin/Löwisch* § 85 Anm. 3; *Wiese*, GK-BetrVG, § 85 Anm. 4.

156 Vgl. *Erman-Sirp* § 242 Anm. 63ff.; *Larenz*, Schuldrecht I, S. 129; Münch.Komm.-*Keller* § 260 Anm. 8ff.; Münch.Komm.-*Roth* § 242 Anm. 202ff.; *Palandt-Heinrichs* § 242 Anm. 4 B d, §§ 259–261 Anm. 2; *Soergel-Knopp* § 242 Anm. 123ff., 133ff.; *Staudinger-Weber* § 242 Anm. A 814ff., A 829ff.; *Wieacker*, Präzisierung, S. 24f. mit FN 49.

157 Vgl. oben § 7 B I.

158 Vgl. *Dietz/Richardi* § 80 Anm. 38; *Thiele*, GK-BetrVG, § 80 Anm. 44.

159 Vgl. oben § 7 B II 4.

160 Vgl. AK-BGB-*Teubner* § 242 Anm. 55ff.; *Larenz*, Schuldrecht I, S. 128; Münch.-Komm.-*Roth* § 242 Anm. 180ff.; *Palandt-Heinrichs* § 242 Anm. 4 B b; *Soergel-Knopp* § 242 Anm. 152ff.; *Staudinger-Weber* § 242 Anm. A 802ff.; *Teichmann*, JA 1984, 709 (712f.); *Wieacker*, Präzisierung, S. 24f.

161 Vgl. § 7 B I.

sichtlich ihrer privaten Kraftfahrzeuge, dienen. Derartige Pflichten folgen lediglich aus dem Arbeitsvertrag. Daher läßt sich die Fallgruppe der Schutzpflichten nicht auf § 2 Abs. 1 BetrVG übertragen.[162]

7. Pflicht, die Störung des Betriebsrats zu unterlassen

Als leistungssichernde Nebenpflicht verlangt der Grundsatz von Treu und Glauben von den Parteien, jede Gefährdung oder Störung des Vertragszwecks zu unterlassen.[163] Dies bedeutet für die Beziehung der Betriebspartner, daß sie jede Störung der betriebsverfassungsrechtlichen Ordnung zu unterlassen haben und nicht die andere Seite in der Wahrnehmung ihrer Tätigkeit behindern dürfen. Letzteres ergibt sich für den Arbeitgeber expressis verbis aus § 78 Satz 1 BetrVG, der Behinderungen sowohl der einzelnen Betriebsratsmitglieder in ihrer Funktion als auch des Betriebsrats als Gremium verbietet.[164] Da § 78 Satz 1 BetrVG nicht abschließend ist,[165] muß im Einzelfall ergänzend auf die Generalklausel des § 2 Abs. 1 BetrVG zurückgegriffen werden.[166]

Der Bereich der Unterlassungspflichten ist ein wichtiger Teil der Pflichten zwischen den Betriebspartnern. So darf der Arbeitgeber die Anschläge des Betriebsrats nicht ohne besonderen Grund von dessen Schwarzen Brett entfernen.[167] Er darf Betriebsratssitzungen nicht stören und den Betriebsratsmitgliedern den Zugang zu den Sitzungsräumen nicht erschweren.[168] Deshalb kann es beispielsweise unzulässig sein, Betriebsratsmitglieder ohne besonderes Bedürfnis kurz vor einer Sitzung auf eine länger dauernde Montage zu schicken, so daß sie nicht an der Sitzung teilnehmen können.[169] Eine unzulässige Störung kann auch bei schuldlosem Handeln des Arbeitgebers vorliegen.[170] Die Reihe dieser Beispiele für eine Störung des Betriebsrats und seiner Mitglieder ließe sich beliebig fortsetzen.

---

[162] A. A. wohl *Söllner*, DB 1968, 571 (575).

[163] Vgl. *Erman-Sirp* § 242 Anm. 59; *Larenz*, Schuldrecht I, S. 9, 130; Münch.Komm.-*Roth* § 242 Anm. 148; *Palandt-Heinrichs* § 242 Anm. 4 B a; *Soergel-Knopp* § 242 Anm. 159 ff.

[164] Vgl. *Dietz/Richardi* § 78 Anm. 8; *Fitting/Auffarth/Kaiser* § 78 Anm. 1; *Galperin/Löwisch* § 78 Anm. 8; *Kammann/Hess/Schlochauer* § 78 Anm. 4; *Thiele*, GK-BetrVG, § 78 Anm. 8, 11.

[165] Vgl. oben § 7 B II 5.

[166] Eine gesetzliche Unterlassungspflicht ist ferner in § 74 Abs. 2 Satz 2 BetrVG normiert. Diese Pflicht, den Arbeitsablauf oder den Frieden des Betriebs nicht zu beeinträchtigen, setzt keine Störung des Betriebsrats in seiner betriebsverfassungsrechtlichen Funktion voraus, sondern geht über § 2 Abs. 1 BetrVG hinaus. Eine nähere Erörterung muß hier daher dahinstehen, vgl. oben Einführung A.

[167] Vgl. *Bulla*, RdA 1965, 121 (132); *Galperin/Löwisch* § 78 Anm. 8; *Neumann-Duesberg*, Betriebsverfassungsrecht, S. 441; *Wiese*, GK-BetrVG, § 40 Anm. 79.

[168] Vgl. *Galperin/Löwisch* § 78 Anm. 7; *Thiele*, GK-BetrVG, § 78 Anm. 18.

[169] Vgl. *Dietz/Richardi* § 78 Anm. 16; *Kammann/Hess/Schlochauer* § 78 Anm. 6; *Thiele*, GK-BetrVG, § 78 Anm. 18.

Eine Störung des Betriebsrats wird beispielsweise auch anzunehmen sein, wenn der Arbeitgeber permanent seiner Pflicht zur Arbeitsbefreiung aus § 37 Abs. 2 BetrVG nicht nachkommt.[171] Hier trifft die aus § 78 Satz 1 i. V. mit § 2 Abs. 1 BetrVG folgende Pflicht des Arbeitgebers zur Unterlassung einer solchen Störung mit seiner positiven Pflicht aus § 37 Abs. 2 BetrVG zusammen. Soweit, wie hier, die Störung nicht in einer Realhandlung, sondern in einer Rechtsverletzung besteht, ist eine Konkurrenz der Unterlassungspflicht und der Handlungspflicht anzunehmen.

Abschließend ist zu überlegen, ob aus dem Gebot der vertrauensvollen Zusammenarbeit die Pflicht des Arbeitgebers zu folgern ist, Handlungen zu unterlassen, die Mitbestimmungs- oder Mitwirkungsrechte des Betriebsrats verletzen. In einer Entscheidung des BAG vom 22. Februar 1983[172] ging es darum, daß der Arbeitgeber wiederholt unter Verstoß gegen § 87 Abs. 1 Nr. 3 BetrVG einseitig Überarbeit angeordnet hatte und nun der Betriebsrat beim Arbeitsgericht beantragte, den Arbeitgeber unter Androhung von Zwangsgeld zur Unterlassung künftiger Mitbestimmungsrechtsverletzungen zu verpflichten. Das BAG lehnte den Antrag mit der Begründung ab, das BetrVG kenne keinen allgemeinen Anspruch des Betriebsrats auf Unterlassung von Handlungen, die gegen Mitbestimmungs- oder Mitwirkungsrechte verstoßen; ein solches Recht könne sich nur aus § 23 Abs. 3 BetrVG ergeben, der insoweit als abschließend zu sehen sei. Das BAG kam daher zu dem Ergebnis, daß der Unterlassungsanspruch dem Betriebsrat nur bei groben Verstößen des Arbeitgebers gegen seine Pflichten zustehe.[173] Wie in diesem Zusammenhang § 2 Abs. 1 BetrVG einzuordnen ist, wurde vom BAG ausdrücklich offengelassen.[174]

Es würde hier zu weit gehen, diese fragwürdige und im Schrifttum umstrittene[175] Entscheidung umfassend zu erörtern. Dies läßt sich nur im Rahmen einer Gesamtwürdigung des Systems der betriebsverfassungsrechtlichen Beteiligungsrechte und einer ausführlichen Klärung der gesetzlichen Sanktionen, insbesondere des § 23 BetrVG, vornehmen. Dennoch ist aus der Sicht der Kooperationsmaxime folgendes anzumerken: Abzulehnen ist die unscharfe

---

170 So zu Recht *Dietz/Richardi* § 78 Anm. 15 f.; *Fitting/Auffarth/Kaiser* § 78 Anm. 5; *Galperin/Löwisch* § 78 Anm. 19; *Thiele*, GK-BetrVG, § 78 Anm. 19; a. A. *Brecht* § 78 Anm. 5; *Kammann/Hess/Schlochauer* § 78 Anm. 8; *Stege/Weinspach* § 78 Anm. 4.

171 Vgl. *Dietz/Richardi* § 78 Anm. 14; *Fitting/Auffarth/Kaiser* § 78 Anm. 4; *Thiele*, GK-BetrVG, § 78 Anm. 18.

172 Vgl. AP Nr. 2 zu § 23 BetrVG 1972 und oben § 7 A.

173 Ebenso LAG Hamburg, DB 1984, 567; a. A. LAG Bremen, DB 1984, 1935; ArbG Hamburg, AuR 1984, 347.

174 Vgl. AP Nr. 2 zu § 23 BetrVG 1972 Bl. 6 R.

175 Vgl. nur *Derleder*, AuR 1983, 289; *ders.*, AuR 1985, 65; *Dütz*, DB 1984, 115; *ders.*, Unterlassungs- und Beseitigungsansprüche, S. 1 ff.; *Fitting/Auffarth/Kaiser* § 23 Anm. 60 f., § 87 Anm. 161 m. w. N.; umfassend *Konzen*, Leistungspflichten, S. 1 ff., 17 ff., 76 ff. m. w. N.; *Kümpel*, AuR 1985, 78 mit Nachweisen zur Rspr. der Instanzgerichte. Vgl. ferner BAG, AP Nr. 19 zu § 80 BetrVG 1972 sowie oben § 7 A.

Formulierung des BAG, das BetrVG kenne keinen allgemeinen Anspruch, Verletzungen von Mitbestimmungs- oder Mitwirkungsrechten zu unterlassen. Richtigerweise gebietet der Grundsatz der vertrauensvollen Zusammenarbeit dem Arbeitgeber durchaus die Unterlassung jeder Beeinträchtigung der betriebsverfassungsrechtlichen Mitbestimmungsordnung sowie des Betriebsrats in der Wahrnehmung seiner gesetzlichen Aufgaben.[176] Nimmt der Arbeitgeber wissentlich immer wieder beteiligungspflichtige Handlungen vor, ohne den Betriebsrat zu beteiligen, verletzt er nicht nur das in Frage stehende Beteiligungsrecht, sondern ebenfalls das Gebot der vertrauensvollen Zusammenarbeit.[177] Letzteres verpflichtet den Arbeitgeber auch, die Aufgabenerfüllung des Betriebsrats nicht dadurch zu erschweren, daß er diesen vor vollendete Tatsachen stellt. Zwar sind Mitbestimmungsrechte mit gesetzlichen Sanktionen versehen; so führt z.B. die Nichtbeteiligung des Betriebsrats im Bereich des § 87 BetrVG zur Unwirksamkeit der Maßnahme.[178] Da jedoch abgeschlossene Vorgänge, wie beispielsweise die Anordnung von Überstunden, für die Vergangenheit nicht mehr rückgängig gemacht werden können,[179] könnte der Arbeitgeber durch ein solches Vorgehen versuchen, die Mitbestimmung des Betriebsrats zu umgehen. Dies verbietet ihm das Gebot der vertrauensvollen Zusammenarbeit.[180] Aus diesen Gründen besteht sehr wohl eine allgemeine Verpflichtung des Arbeitgebers und ein entsprechender Anspruch des Betriebsrats, Handlungen zu unterlassen, die gegen Beteiligungsrechte verstoßen und den Betriebsrat vor vollendete Tatsachen stellen.[181]

Erst in einem weiteren Schritt stellt sich die Frage, in welchem Verhältnis dieser Anspruch zu der Regelung des § 23 Abs. 3 BetrVG steht. Diese Problematik muß hier jedoch dahingestellt bleiben.

---

[176] Vgl. oben § 7 B I.

[177] So auch *Dütz*, Unterlassungs- und Beseitigungsansprüche, S. 21 f.

[178] So die herrschende Theorie der notwendigen Mitbestimmung, vgl. nur *Wiese*, GK-BetrVG, § 87 Anm. 55 ff. mit zahlreichen Nachweisen zum Meinungsstand.

[179] Vgl. *Fitting/Auffarth/Kaiser* § 87 Anm. 23; *Wiese*, GK-BetrVG, § 87 Anm. 74.

[180] Vgl. BAG, AP Nr. 8 zu § 56 BetrVG Wohlfahrtseinrichtungen Bl. 3; *Galperin/Löwisch* § 2 Anm. 21. Vgl. auch *Thiele*, GK-BetrVG, § 78 Anm. 18, der von einer Behinderung i. S. des § 78 Satz 1 BetrVG spricht.

[181] Ebenso ArbG Hamburg, AuR 1984, 347; a. A. *Derleder*, AuR 1985, 65 (75). Vgl. zur Herleitung von Ansprüchen oben § 7 A.

C. Begründung von Pflichten des Betriebsrats

I. Grundsätzlicher Inhalt

Das Gebot der vertrauensvollen Zusammenarbeit kann als Spezialisierung des Grundsatzes von Treu und Glauben auch Pflichten des Betriebsrats gegenüber dem Arbeitgeber begründen. Wie bereits ausgeführt,[182] ist nicht nur der Betriebsrat als Gremium zur Zusammenarbeit verpflichtet, sondern auch jedes einzelne Betriebsratsmitglied, da die Aufgaben des Betriebsrats nicht nur durch gemeinsam gefaßte Beschlüsse, sondern ebenso durch individuelles Verhalten der Betriebsratsmitglieder wahrgenommen werden. Daher kann § 2 Abs. 1 BetrVG auch Pflichten einzelner Betriebsratsmitglieder begründen, soweit diese in ihrer Funktion als Betriebsratsmitglieder betroffen sind.

Wie bei der Begründung von Pflichten des Arbeitgebers[183] ist die Begründung von Pflichten des Betriebsrats bzw. seiner Mitglieder im Wege einer einzelfallbezogenen Interessenabwägung vorzunehmen. Da es entscheidend auf ein schützenswertes Interesse des Arbeitgebers ankommt, ist zu überlegen, ob die nach § 242 BGB zu treffende Unterscheidung zwischen dem Leistungs- und dem Erhaltungsinteresse[184] hier zu übernehmen ist.[185] Als Leistungsinteresse ist im Betriebsverfassungsrecht das Interesse am ungestörten Funktionieren der Betriebsverfassung und an der ungehinderten Wahrnehmung betriebsverfassungsrechtlicher Aufgaben anzusehen, während als Erhaltungsinteresse das hiervon unabhängige Interesse an der Integrität bestehender Rechtsgüter zählt.

Ein Interesse des Arbeitgebers an der ungestörten Wahrnehmung seiner betriebsverfassungsrechtlichen Aufgaben und Rechte ist unzweifelhaft zu bejahen. Der Arbeitgeber ist beispielsweise daran interessiert, bei der ihm nach § 77 Abs. 1 BetrVG obliegenden Durchführung von Betriebsvereinbarungen nicht gestört oder behindert zu werden. Das Gebot der vertrauensvollen Zusammenarbeit gebietet dem Betriebsrat, diesem schützenswerten Interesse Genüge zu tun. So darf es dem Betriebsrat bzw. einzelnen Mitgliedern nicht gestattet sein, den vom Arbeitgeber ausgehängten Text einer Betriebsvereinbarung vom gemeinsamen Schwarzen Brett ohne Genehmigung zu entfernen.[186]

---

[182] Vgl. oben § 2 A I m. w. N.

[183] Vgl. oben § 7 B.

[184] Vgl. oben § 2 E II 1, § 7 A.

[185] Vgl. zu dieser Fragestellung in bezug auf die Interessen des Betriebsrats oben § 7 B I.

[186] Vgl. *Bulla*, RdA 1965, 121 (132); *Neumann-Duesberg*, Betriebsverfassungsrecht, S. 441.

Angesichts dieser Interessenlage sind aus § 2 Abs. 1 BetrVG Verhaltenspflichten sowohl des Betriebsrats als Gremium als auch der einzelnen Betriebsratsmitglieder herzuleiten, die darauf gerichtet sind, den Arbeitgeber in der Erfüllung seiner betriebsverfassungsrechtlichen Aufgaben zu unterstützen und nicht zu behindern.[187]

Problematischer ist die Frage, ob darüber hinaus auch generelle Pflichten zum Schutz des Erhaltungsinteresses des Arbeitgebers begründet werden können. Es ist evident, daß der Arbeitgeber an der Unversehrtheit seines Lebens, seines Körpers, seiner Gesundheit und seiner Freiheit ebenso wie an der Erhaltung seines Vermögens, insbesondere seines Eigentums, interessiert ist.

Es würde jedoch zu weit gehen, wenn aus diesem generell bestehenden Interesse des Arbeitgebers eine umfassende Pflicht des Betriebsrats und seiner Mitglieder zur Erhaltung der bestehenden Rechtsgüter des Betriebspartners hergeleitet würde. Eine solche umfassende Pflicht, die regelmäßig über die arbeitsvertraglichen Schutzpflichten der Betriebsratsmitglieder hinausginge, würde in vielen Fällen den Arbeitgeber in nicht erforderlichem Maße begünstigen. Zudem würde eine umfassende Schutzpflicht die einzelnen Betriebsratsmitglieder in einer Weise belasten, die weder aus dem Arbeitsvertrag noch aus dem Betriebsratsamt zu rechtfertigen wäre. Es muß daran festgehalten werden, daß aus der Tatsache, daß ein Arbeitnehmer Betriebsratsmitglied ist, für diesen keine Belastungen entstehen dürfen, die nicht mehr mit dem Amt zusammenhängen.[188] Es wäre beispielsweise außerhalb der gesetzlichen Beteiligung in wirtschaftlichen Angelegenheiten eine Pflicht des Betriebsrats abzulehnen, den Arbeitgeber auf Fehler in der wirtschaftlichen Unternehmensführung, bei Investitionen oder bei der personellen Besetzung von Spitzenpositionen hinzuweisen.

Lehnt man daher eine umfassende Pflicht zur Erhaltung der Rechtsgüter des Arbeitgebers ab, so läßt sich allerdings im Hinblick auf § 40 Abs. 2 BetrVG nicht leugnen, daß der Betriebsrat bzw. seine Mitglieder durch ihre Tätigkeit eine erhöhte Einwirkungsmöglichkeit auf die zur Verfügung gestellten Räume und sachlichen Mittel erhalten können. Diese führt regelmäßig zu gesteigerten Gefahren für jene Güter; mit der Einräumung einer Einwirkungsmöglichkeit wird zumeist eine Vertrauenshaltung des Arbeitgebers auf eine gesteigerte Rücksicht der Betriebsratsmitglieder einhergehen. Denkbar wäre beispielsweise, daß der Arbeitgeber dem Betriebsrat zur Erfüllung seiner Aufgaben eine Schreibmaschine zur Verfügung stellt, wozu er in der Regel nach

---

187 Vgl. auch *Dietz*, RdA 1969, 1 (3); *Dietz/Richardi* § 2 Anm. 10.

188 Dies ergibt sich aus dem in §§ 78 Satz 2, 37 BetrVG festgelegten Benachteiligungsverbot. Vgl. hierzu *Dietz/Richardi* § 37 Anm. 1, § 78 Anm. 17f.; *Galperin/Löwisch* § 37 Anm. 2, § 78 Anm. 12; *Thiele*, GK-BetrVG, § 78 Anm. 1, 22; *Wiese*, GK-BetrVG, § 37 Anm. 2, 8.

§ 40 Abs. 2 BetrVG verpflichtet ist.[189] Hier erwartet der Arbeitgeber zu Recht, daß die Betriebsratsmitglieder mit dem Gerät sorgsam umgehen und jeden Schaden vermeiden. Wie nach § 242 BGB die Gefahren erhöhter Einwirkung zur Begründung von Schutzpflichten führen können,[190] könnte man erwägen, eine Pflicht zu einer entsprechenden Rücksichtnahme aus § 2 Abs. 1 BetrVG herzuleiten.[191]

Indessen ist zu bedenken, daß bereits aus dem Arbeitsvertrag der einzelnen Betriebsratsmitglieder die Pflicht zu Schutz und Erhaltung des Eigentums des Arbeitgebers folgt, soweit die Mitglieder als Arbeitnehmer damit in Berührung kommen.[192] Da in Hinblick auf diese arbeitsvertraglichen Erhaltungspflichten kein Unterschied zwischen Betriebsratsmitgliedern und sonstigen Arbeitnehmern zu machen ist, müssen beide mit den ihnen anvertrauten Rechtsgütern in gleicher Weise sorgfältig umgehen; hierbei ist es gleichgültig, ob es sich um Werkzeuge für die Arbeitstätigkeit oder Schreibmaschinen für die Betriebsratstätigkeit handelt. Die Betriebsratsmitglieder haben durch ihre Arbeit keine qualitativ andere Einwirkungsmöglichkeit als die anderen Arbeitnehmer auch. Die Erhaltung von Rechtsgütern, die der Arbeitgeber dem Betriebsrat zur Wahrnehmung seiner Tätigkeit anvertraut, ist daher nicht als Frage der vertrauensvollen Zusammenarbeit zwischen den Betriebspartnern, sondern als Gegenstand rein arbeitsvertraglicher Schutz- und Erhaltungspflichten anzusehen. Deshalb besteht kein Bedürfnis, eine zusätzliche Erhaltungspflicht für die Betriebsratsmitglieder aus § 2 Abs. 1 BetrVG herzuleiten. Hieraus folgt, daß die Kooperationsmaxime auch dann keine unmittelbare Pflicht zur Erhaltung der Rechtsgüter des Arbeitgebers begründet, wenn es aufgrund der Betriebsratstätigkeit zu einer gesteigerten Einwirkungsmöglichkeit des Betriebsrats und seiner Mitglieder auf diese Rechtsgüter kommt.

Zusammenfassend läßt sich feststellen: Das Gebot der vertrauensvollen Zusammenarbeit kann Pflichten des Betriebsrats als Gremium sowie der einzelnen Betriebsratsmitglieder begründen, die auf das Interesse des Arbeitgebers am Funktionieren der betriebsverfassungsrechtlichen Ordnung sowie auf Schutz und Förderung in der Erfüllung seiner betriebsverfassungsrechtlichen Aufgaben bezogen sind. Pflichten, die dem Interesse des Arbeitgebers an der Erhaltung seiner bestehenden Rechtsgüter dienen, kann § 2 Abs. 1 BetrVG nicht begründen.

---

189 Vgl. *Dietz/Richardi* § 40 Anm. 53; *Fitting/Auffarth/Kaiser* § 40 Anm. 34; *Galperin/Löwisch* § 40 Anm. 42; *Kammann/Hess/Schlochauer* § 40 Anm. 36; *Wiese*, GK-BetrVG, § 40 Anm. 70.

190 Vgl. *Larenz*, Schuldrecht I, S. 128; Münch.Komm.-*Roth* § 242 Anm. 181; *Soergel-Knopp* § 242 Anm. 152, 156; *Staudinger-Weber* § 242 Anm. A 772.

191 So anscheinend *Söllner*, DB 1968, 571 (575).

192 Vgl. *Hueck/Nipperdey* I, S. 226f.; *Nikisch* I, S. 447f.; *Schaub*, Arbeitsrechts-Handbuch, S. 233; *Zöllner*, Arbeitsrecht, S. 144f.

II. Grenzen

Für die Begründung von Pflichten des Betriebsrats als Gremium sowie der einzelnen Betriebsratsmitglieder kann nichts anderes gelten als für die Pflichten des Arbeitgebers. Deshalb kann das Gebot der vertrauensvollen Zusammenarbeit keine Pflichten des Betriebsrats und seiner Mitglieder begründen, soweit das Gesetz eine abschließende Regelung getroffen hat.[193]

Der Betriebsrat wird in zahlreichen Vorschriften des BetrVG zu einem bestimmten Verhalten verpflichtet. Er hat beispielsweise gem. § 30 Satz 3 BetrVG den Arbeitgeber vom Zeitpunkt der Betriebsratssitzungen vorher zu verständigen. Nach § 43 Abs. 2 Satz 1 BetrVG hat er den Arbeitgeber zu den Betriebs- und Abteilungsversammlungen einzuladen. Gem. § 37 Abs. 6 Satz 3, Abs. 7 Satz 3 BetrVG hat er dem Arbeitgeber die Namen der von ihm festgelegten Teilnehmer an Schulungs- und Bildungsveranstaltungen sowie deren zeitliche Lage rechtzeitig bekanntzugeben. Es liegt auf der Hand, daß, soweit diese Vorschriften ein konkretes Verhalten des Betriebsrats verlangen, ein Rekurs auf die Kooperationsmaxime nicht erforderlich ist. Auch können sie im Einzelfall eine Ergänzung über § 2 Abs. 1 BetrVG verbieten; neben § 30 Satz 3 BetrVG kann z.B. keine generelle Pflicht des Betriebsrats begründet werden, den Arbeitgeber genau über die einzelnen Tagesordnungspunkte zu unterrichten.[194] Für die typischen Konkretisierungen des § 2 Abs. 1 BetrVG, die vor allem in den §§ 74 Abs. 1, Abs. 2, 77 Abs. 1 Satz 2, 79 BetrVG niedergelegt sind, hat das gleiche zu gelten. Diese Vorschriften verdrängen für ihren Bereich die Generalklausel des § 2 Abs. 1 BetrVG. Sie sind jedoch nicht in ihrer Gesamtheit abschließend, so daß eine ergänzende Pflichtenbegründung aus der Kooperationsmaxime zulässig ist.[195] So darf zum Beispiel die Pflicht des Betriebsrats aus § 77 Abs. 1 Satz 2 BetrVG, nicht einseitig in die Leitung des Betriebs einzugreifen, nicht dahin interpretiert werden, daß jede weitere Begründung von Pflichten zur Unterlassung von Störungen unzulässig wäre.

Es gibt daher keine generelle betriebsverfassungsrechtliche Grenze für die Begründung von Pflichten des Betriebsrats aus § 2 Abs. 1 BetrVG. Begrenzungen können sich lediglich im Einzelfall ergeben. Da die Begründung von Verhaltenspflichten des Betriebsrats stets eine Frage der Interessenabwägung ist, muß das Gebot der Zumutbarkeit in besonderem Maße berücksichtigt werden. Aus § 2 Abs. 1 BetrVG können daher keine Verhaltenspflichten her-

---

193 Vgl. oben § 7 B II 1 m. w. N.

194 Vgl. *Fitting/Auffarth/Kaiser* § 30 Anm. 11; *Galperin/Löwisch* § 30 Anm. 8; *Wiese*, GK-BetrVG, § 30 Anm. 15 m. w. N.

195 Das zu den sonstigen Grenzen der Begründung von Pflichten des Arbeitgebers Gesagte gilt hier entsprechend, vgl. oben § 7 B II 5.

geleitet werden, die den Betriebsrat insgesamt oder die einzelnen Betriebsratsmitglieder unzumutbar belasten.[196]

III. Begründung einzelner, das Gesetz ergänzender Pflichten und Rechte

1. Pflicht zur Rücksichtnahme bei der Wahrnehmung betriebsverfassungsrechtlicher Aufgaben

Ebenso wie bei der Begründung von Pflichten des Arbeitgebers[197] verlangt die Kooperationsmaxime als Spezialisierung des Grundsatzes von Treu und Glauben auch vom Betriebsrat Rücksicht bei der Wahrnehmung seiner Aufgaben. Auch hier ist zu berücksichtigen, daß die durch eine Interessenabwägung im Einzelfall zu ermittelnden Pflichten des Betriebsrats dem Interesse des Arbeitgebers an einem ungestörten Ablauf der betriebsverfassungsrechtlichen Ordnung und an einer unbeeinträchtigten Wahrnehmung seiner betriebsverfassungsrechtlichen Aufgaben dienen, grundsätzlich aber nicht auf die Erhaltung der Rechtsgüter des Arbeitgebers gerichtet sind.[198]

Der Betriebsrat hat beispielsweise gem. § 43 Abs. 1 Satz 1 BetrVG einmal in jedem Kalendervierteljahr eine Betriebsversammlung einzuberufen. Der Arbeitgeber hat den hierfür erforderlichen Raum zu stellen[199] und, da gem. § 44 Abs. 1 Satz 1 BetrVG die Betriebsversammlung regelmäßig während der Arbeitszeit stattfindet, für die Dauer der Versammlung ersatzlos auf die Arbeitskraft der teilnehmenden Arbeitnehmer zu verzichten. Da aus § 2 Abs. 1 BetrVG die Pflicht des Betriebsrats zur Rücksicht auf den Arbeitgeber folgt, hat er dafür zu sorgen, daß der Arbeitgeber bei der Erfüllung dieser Aufgaben nicht unzumutbar belastet wird. Es ist daher aus § 2 Abs. 1 BetrVG zum Wohl der Arbeitnehmer und des Betriebs die Pflicht des Betriebsrats herzuleiten, bei der in seiner Disposition liegenden Festlegung des genauen Zeitpunktes der Betriebsversammlung eine Einigung mit dem Arbeitgeber zu versuchen. Falls dies nicht möglich ist, hat er bei seiner Entscheidung auf jeden Fall das Interesse des Arbeitgebers am ungestörten Produktions- und Geschäftsablauf zu beachten.[200] Es wäre regelmäßig ein Verstoß gegen die Kooperationsmaxime, wenn der Betriebsrat die Betriebsversammlung auf einen

---

196 Für die Begründung von Pflichten des Arbeitgebers vgl. oben § 7 B II 5.

197 Vgl. oben § 7 B III 1.

198 Vgl. oben § 7 C I.

199 Vgl. *Dietz/Richardi* § 42 Anm. 13; *Fabricius*, GK-BetrVG, § 42 Anm. 8; *Galperin/Löwisch* § 44 Anm. 7; *Kammann/Hess/Schlochauer* § 42 Anm. 27; *Nikisch* III, S. 216. Vgl. bereits oben § 7 B III 4.

200 Vgl. LAG Düsseldorf, DB 1972, 2212; ArbG Berlin, DB 1973, 140 (141); *Bulla*, RdA 1965, 121 (131); *Dietz/Richardi* § 44 Anm. 13; *Fabricius*, GK-BetrVG, § 42 Anm. 10, § 43 Anm. 2; *Fitting/Auffarth/Kaiser* § 44 Anm. 6; *Galperin/Löwisch* § 44 Anm. 7f.; *Kammann/Hess/Schlochauer* § 44 Anm. 5f.; *Nikisch* III, S. 220; *Stege/Weinspach* §§ 42–46 Anm. 26f.

Zeitpunkt legen würde, an dem aufgrund betrieblicher Besonderheiten kein Arbeitnehmer entbehrlich ist, ohne daß es zu vermeidbaren und im Vergleich zu anderen Terminen außergewöhnlich hohen Produktionsausfällen käme. Eine solche Terminlegung kann allenfalls dann zulässig sein, wenn die Erörterung eines wichtigen Themas besonders dringlich ist.

Rücksichtspflichten können auch einzelne Betriebsratsmitglieder treffen. So ist z.B. der Betriebsratsvorsitzende gem. § 26 Abs. 3 Satz 2 BetrVG für die Entgegennahme von Erklärungen an den Betriebsrat zuständig. Da die Betriebsratstätigkeit während der Arbeitszeit erfolgen soll,[201] hat der Arbeitgeber Erklärungen an den Betriebsrat grundsätzlich nur während dieser Zeit abzugeben; eine Verpflichtung des Betriebsratsvorsitzenden, Mitteilungen des Arbeitgebers auch außerhalb der Arbeitszeit entgegenzunehmen, besteht daher im Grunde nicht.[202] Das BAG, das dies zu Recht in einem Urteil vom 27. August 1982[203] feststellte, ließ allerdings ausdrücklich die Frage offen, ob in Eilfällen aus dem Gebot der vertrauensvollen Zusammenarbeit eine Pflicht zur Entgegennahme von Erklärungen auch außerhalb der Arbeitszeit anzunehmen sei.

Dies ist durchaus denkbar.[204] Da die Pflichtenbegründung Gegenstand einer Interessenabwägung im Einzelfall ist, kann das Interesse des Arbeitgebers an einer unverzüglichen Mitteilung das Interesse des Betriebsratsvorsitzenden an seiner ungestörten Freizeit überwiegen. Das könnte beispielsweise dann der Fall sein, wenn der Arbeitgeber besonders dringend die außerordentliche Kündigung eines betriebsstörenden Arbeitnehmers aussprechen will und die Einleitung des gem. § 102 Abs. 1 BetrVG erforderlichen Anhörungsverfahrens keinen Aufschub zuläßt. In solchen außergewöhnlichen Fällen kann es dem Betriebsratsvorsitzenden durchaus zumutbar sein, die Mitteilung des Arbeitgebers außerhalb seiner Arbeitszeit entgegenzunehmen und damit das Anhörungsverfahren ordnungsgemäß einzuleiten. Aus der Kooperationsmaxime wäre dann zur Unterstützung des Arbeitgebers in seinen Aufgaben eine Pflicht zur Entgegennahme von Erklärungen auch nach Arbeitsschluß herleitbar.

Die Pflicht des Betriebsrats, bei seiner Tätigkeit jede unzumutbare Belastung des Arbeitgebers zu vermeiden, die jenem bei der Erfüllung seiner Verpflichtungen entstehen kann, kommt insbesondere im Rahmen des § 40 Abs. 1 BetrVG zum Ausdruck. Zwar gibt es keine generelle Pflicht des Betriebsrats, die finanziellen Interessen des Arbeitgebers zu wahren. Durch seine Geschäftsführung verursacht jedoch der Betriebsrat Kosten, die gem. § 40 Abs. 1

[201] Vgl. oben § 7 B III 1 m. w. N.
[202] Vgl. *Stege/Weinspach* § 26 Anm. 13; *Wiese*, GK-BetrVG, § 26 Anm. 55.
[203] Vgl. AP Nr. 25 zu § 102 BetrVG 1972 Bl. 2 R.
[204] Ebenso *Stege/Weinspach* § 26 Anm. 13.

BetrVG vom Arbeitgeber zu tragen sind. Diese Rechtslage verlangt es, daß der Betriebsrat jede unnötige Belastung des Arbeitgebers im Rahmen seiner Kostenverursachung vermeidet. Es ist daher richtig, wenn vom BAG[205] und dem Schrifttum[206] aus § 2 Abs. 1 BetrVG die Pflicht des Betriebsrats hergeleitet wird, bei der Kostenverursachung auf die finanziellen Belange des Arbeitgebers Rücksicht zu nehmen und diesen nur mit erforderlichen und verhältnismäßigen Kosten zu belasten.[207]

Durchaus überzeugend ist es daher, wenn das BAG aus § 2 Abs. 1 BetrVG die Pflicht des Betriebsrats herleitet, bei der Einteilung seiner Arbeit die rationellste Gestaltung anzustreben, denn nur so können unnötige Geschäftsführungskosten vermieden werden.[208] Ebenso ist eine Pflicht des Betriebsrats sinnvoll, den Arbeitgeber auf außergewöhnliche oder besonders hohe Kosten der Betriebsratstätigkeit hinzuweisen; dies wurde vom BAG im Falle einer völlig unüblichen Honorarabrede mit dem Beisitzer einer Einigungsstelle bejaht.[209] Auch bei dieser Pflicht geht es nicht um die generelle Wahrnehmung der finanziellen Interessen des Arbeitgebers, sondern darum, diesem eine unnötige Belastung im Rahmen seiner betriebsverfassungsrechtlichen Kostentragungspflicht zu ersparen und die Möglichkeit zu geben, nach für ihn finanziell günstigeren Alternativen zu suchen.[210]

2. Erhaltungs- und Obhutspflichten in bezug auf zur Verfügung gestellte Räume und sachliche Mittel

Wie bereits ausgeführt,[211] läßt sich aus § 2 Abs. 1 BetrVG keine Pflicht der einzelnen Betriebsratsmitglieder zu Schutz und Erhaltung der Rechtsgüter des Arbeitgebers herleiten. Die Rechtsgrundlage für eine Pflicht der Betriebsratsmitglieder zu Erhaltung und Obhut hinsichtlich der zur Verfügung gestellten Räume und sachlichen Mittel[212] ist lediglich der Arbeitsvertrag.

---

205 Vgl. AP Nr. 14 zu § 40 BetrVG 1972 Bl. 4f. Vgl. allgemein AP Nr. 8 zu § 40 BetrVG 1972 Bl. 1 Rf.; AP Nr. 7 Bl. 2 R, Nr. 8 Bl. 1 Rf. zu § 39 BetrVG.

206 Vgl. *Kammann/Hess/Schlochauer* § 40 Anm. 5, 25; *Wiese*, GK-BetrVG, § 40 Anm. 9f. m. w. N.; ohne Bezug zur Kooperationsmaxime *Dietz/Richardi* § 40 Anm. 4ff., 12, 32; *Fitting/Auffarth/Kaiser* § 40 Anm. 5f.; *Galperin/Löwisch* § 40 Anm. 5f., 26; kritisch zum Begriff der Erforderlichkeit *Zitscher*, DB 1984, 1395 (1398ff.).

207 Vgl. bereits oben § 2 E II 2 sowie unten § 8 F I.

208 Vgl. BAG, AP Nr. 8 zu § 37 BetrVG Bl. 4. Vgl. bereits oben § 2 E II 2.

209 Vgl. AP Nr. 7 zu § 39 BetrVG Bl. 3 R mit zust. Anm. *Neumann-Duesberg* Bl. 4 (5 R). Ebenso *Dietz/Richardi* § 40 Anm. 7; *Fitting/Auffarth/Kaiser* § 40 Anm. 6; *Galperin/Löwisch* § 40 Anm. 7; *Gnade/Kehrmann/Schneider/Blanke* § 40 Anm. 3; *Kammann/Hess/Schlochauer* § 40 Anm. 7; *Wiese*, Anm. zu BAG, SAE 1969, 121 (123); *ders.*, GK-BetrVG, § 40 Anm. 11; kritisch *Söllner*, DB 1968, 571 (576f.).

210 Vgl. bereits oben § 2 E II 2.

211 Vgl. oben § 7 C I.

212 Gleiches gilt auch für die gem. § 80 Abs. 2 Satz 2 BetrVG zur Verfügung gestellten Unterlagen.

3. Pflicht zur Förderung der Interessen des Arbeitgebers und zur Unterstützung gegen Dritte

Ebenso wie für den Arbeitgeber[213] kann die Kooperationsmaxime auch für den Betriebsrat positive Pflichten zur Wahrnehmung der Interessen seines Betriebspartners begründen, die sich unter anderem in Pflichten zur Unterstützung gegen Dritte äußern können.

Eine Pflicht des Betriebsrats zur Unterstützung des Arbeitgebers bei der ordnungsgemäßen Erfüllung seiner Aufgaben kann sich beispielsweise im Rahmen der Durchführung von Betriebsvereinbarungen ergeben. So hat der Arbeitgeber gem. § 77 Abs. 2 Satz 3 BetrVG den Text der Betriebsvereinbarungen an geeigneter Stelle im Betrieb auszulegen. Als geeignet ist die Art der Bekanntmachung anzusehen, die sämtlichen Arbeitnehmern ermöglicht, sich ohne besondere Umstände mit dem Inhalt der Vereinbarungen vertraut zu machen.[214] Da dies der Betriebsrat aus der Sicht der Betroffenen regelmäßig gut beurteilen kann, ist er gem. § 2 Abs. 1 BetrVG verpflichtet, den Arbeitgeber bei der Erfüllung seiner Pflicht durch sinnvolle Vorschläge zu unterstützen.

Eine Pflicht des Betriebsrats zur Förderung der Interessen des Arbeitgebers kann auch im Rahmen der Freistellung von Betriebsratsmitgliedern nach § 38 BetrVG entstehen. Gem. § 38 Abs. 2 Satz 1 BetrVG beschließt der Betriebsrat über die Personen der freizustellenden Betriebsratsmitglieder; diese mit dem Einverständnis des Arbeitgebers oder dem Spruch der Einigungsstelle verbindliche Entscheidung gilt regelmäßig für die Dauer der Amtszeit.[215] Denkbar ist allerdings, daß ein freigestelltes Betriebsratsmitglied während der Amtszeit aufgrund besonderer Fähigkeiten unerwartet für eine wichtige Arbeit im Betrieb benötigt wird, ohne die es zu erheblichen Produktionsausfällen kommen würde. In dieser Situation widerspricht es dem Gebot der Kooperation, den Arbeitgeber in seiner aus der Freistellung folgenden Pflicht zum Verzicht auf die Arbeitskraft der freigestellten Betriebsratsmitglieder unnötig und unzumutbar zu belasten. Aus dem Gebot der Zusammenarbeit zum Wohl des Betriebs folgt daher in einem solchen Fall die Pflicht des Betriebsrats, die Freistellung des betreffenden Betriebsratsmitglieds aufzuheben.[216] Da diese Pflicht durch Abwägung der beiderseitigen Interessen ermit-

---

213 Vgl. oben § 7 B III 3.

214 Vgl. *Dietz/Richardi* § 77 Anm. 35; *Fitting/Auffarth/Kaiser* § 77 Anm. 14; *Galperin/Löwisch* § 77 Anm. 13; *Thiele*, GK-BetrVG, § 77 Anm. 142.

215 Vgl. *Dietz/Richardi* § 38 Anm. 44; *Fitting/Auffarth/Kaiser* § 38 Anm. 22 a; *Galperin/Löwisch* § 38 Anm. 34; *Kammann/Hess/Schlochauer* § 38 Anm. 17; *Wiese*, GK-BetrVG, § 38 Anm. 31.

216 So zu Recht *Wiese*, GK-BetrVG, § 38 Anm. 32. Vgl. auch *Galperin/Löwisch* § 38 Anm. 34, die dem Arbeitgeber das Recht geben, seine Zustimmung zur Freistellung zu widerrufen.

telt wird, ist auch das Interesse des Betriebsrats an einer funktionierenden internen Aufgabenverteilung und -wahrnehmung zu beachten und vor allem jede unzumutbare Belastung zu vermeiden. Daher ist eine Pflicht zur Aufhebung der Freistellung nur dann anzunehmen, wenn dem Betriebsrat die Möglichkeit offensteht, ein anderes Mitglied freizustellen, das die Aufgaben des bisher freigestellten Mitglieds ohne Schwierigkeiten übernehmen kann.[217]

Die Kooperationsmaxime kann auch Pflichten des Betriebsrats zur Unterstützung des Arbeitgebers gegen Dritte begründen.[218] Hierbei ist indessen zu beachten, daß die Einwirkungsmöglichkeiten des Betriebsrats auf Dritte sehr gering sind; es wurde oben[219] dargelegt, daß der Betriebsrat keine Rechtsgüter, also auch keine Rechtsansprüche, außerhalb seiner betriebsverfassungsrechtlichen Funktion innehat. Eine Unterstützung des Arbeitgebers gegen Dritte kann daher nur darin bestehen, daß der Betriebsrat dem Arbeitgeber ideell beitritt und auf rein tatsächlichem Gebiet seinen Einfluß ausübt.

Stören beispielsweise Arbeitnehmer den Arbeitgeber bei der Durchführung der Betriebsvereinbarungen, indem sie immer wieder die ausgehängten Texte vom Schwarzen Brett entfernen, so liegt eine Beeinträchtigung des Arbeitgebers in seiner betriebsverfassungsrechtlichen Aufgabenwahrnehmung vor. Zwar hat der Betriebsrat gegenüber den Arbeitnehmern keine rechtlichen Befugnisse, da er weder Vertragspartner der Arbeitnehmer noch Eigentümer oder Besitzer der ausgehängten Texte ist. Er ist jedoch aufgrund der Kooperationsmaxime als verpflichtet anzusehen, seinen Einfluß auf die Arbeitnehmer auszuüben und zu versuchen, sie durch gütliches Zureden zu ordnungsgemäßem Verhalten zu bewegen.

In diesem Zusammenhang ist von Interesse, ob aus § 2 Abs. 1 BetrVG die Pflicht des Betriebsrats zur Einwirkung auf die betriebsangehörigen Arbeitnehmer herleitbar ist, wenn diese rechtswidrig streiken oder während eines Streiks rechtswidrige Handlungen vornehmen.[220] Nach der hier vertretenen Konzeption wäre eine Einwirkungspflicht denkbar, wenn der Arbeitgeber in irgendeiner Weise in seiner betriebsverfassungsrechtlichen Aufgabenwahrnehmung gestört wird. Es ist jedoch die besondere Stellung des Betriebsrats im Arbeitskampf zu berücksichtigen.[221] Zu beachten ist insbesondere die in § 74 Abs. 2 Satz 1 BetrVG niedergelegte Neutralitätspflicht des Betriebsrats.

---

217 Vgl. *Wiese*, GK-BetrVG, § 38 Anm. 32.
218 Vgl. oben § 7 B III 3.
219 Vgl. § 7 B I.
220 Bejahend *Brox/Rüthers*, Arbeitskampfrecht, Rz. 415; *Germelmann*, Betriebsfrieden, S. 112; ablehnend *Thiele*, GK-BetrVG, § 74 Anm. 31; *Wiese*, NZA 1984, 378 (383). Vgl. zum gesamten Problemkreis *Dietz/Richardi* § 74 Anm. 22; *Fitting/Auffarth/Kaiser* § 74 Anm. 5, 7; *Galperin/Löwisch* § 74 Anm. 10, 17; *Thiele*, GK-BetrVG, § 74 Anm. 31; *Wiese*, NZA 1984, 378 (383) mit zahlreichen Nachweisen.
221 Vgl. hierzu umfassend *Wiese*, NZA 1984, 378.

Diese besteht unabhängig von der Rechtmäßigkeit des Arbeitskampfes.[222] Ohne vertieft auf ihren Inhalt eingehen zu müssen, ist sie nach richtiger Ansicht[223] aufgrund ihrer Bedeutung im Verhältnis zu § 2 Abs. 1 BetrVG als abschließende und damit vorrangige Regelung anzusehen. Aus der Kooperationsmaxime sind daher keine Pflichten des Betriebsrats herleitbar, die auf den Arbeitskampf Einfluß nehmen können. Dies wäre jedoch bei jeder Art der Einwirkung der Fall. Daher ist eine Pflicht des Betriebsrats zur Einwirkung auf streikende Arbeitnehmer auch dann zu verneinen, wenn der Arbeitgeber in seiner betriebsverfassungsrechtlichen Funktion beeinträchtigt wird. Wie insbesondere von *Wiese*[224] herausgestellt wird, ist der Betriebsrat kein Garant für rechtmäßiges Verhalten der Arbeitnehmer bei Arbeitskämpfen.

4. Aufklärungs-, Auskunfts- und Rechenschaftspflichten

Die Pflicht des Arbeitgebers, den Betriebsrat zur Durchführung seiner Aufgaben rechtzeitig und umfassend zu unterrichten, ist in der Generalklausel des § 80 Abs. 2 Satz 1 BetrVG abschließend geregelt, so daß insoweit kein Rückgriff auf § 2 Abs. 1 BetrVG vonnöten ist.[225] Die Informationspflichten des Betriebsrats sind hingegen nicht umfassend geregelt; es finden sich zwar einzelne Vorschriften, die eine Informationspflicht beinhalten,[226] doch enthält das Gesetz keine umfassende, dem § 80 Abs. 2 Satz 1 BetrVG vergleichbare Norm. Es ist daher ergänzend auf das Gebot der vertrauensvollen Zusammenarbeit zurückzugreifen. Diese Vorschrift gebietet dem Betriebsrat grundsätzlich, den Arbeitgeber frühzeitig in den Angelegenheiten zu unterrichten, die das Verhältnis beider Betriebspartner im Rahmen ihrer betriebsverfassungsrechtlichen Funktion betreffen.[227] Hierbei ist es lediglich eine Frage der Interessenabwägung im Einzelfall, ob die Informationspflicht als unaufgefordert zu erfüllende Aufklärungspflicht oder als auf Verlangen zu erfüllende Auskunfts- oder Rechenschaftspflicht ausgestaltet ist. Entscheidend ist stets der betriebsverfassungsrechtliche Bezug.

Danach bestünde z.B. keine Informationspflicht nach § 2 Abs. 1 BetrVG, wenn ein Betriebsratsmitglied beim Betreten des Betriebs bemerkt, daß durch ein unerwartetes Hochwasser Betriebsanlagen gefährdet werden und der Arbeitgeber hiervon offensichtlich noch keine Kenntnis hat. Hier gebietet es ihm ausschließlich die arbeitsvertragliche Treuepflicht, den Arbeitgeber un-

---

222 Vgl. *Hueck/Nipperdey* II/2, S. 1343; *Nikisch* III, S. 242; *Thiele*, GK-BetrVG, § 74 Anm. 34; *Wiese*, NZA 1984, 378 (379) m. w. N.

223 Vgl. *Wiese*, NZA 1984, 378 (383).

224 Vgl. NZA 1984, 378 (383).

225 Vgl. oben § 7 B II 4, § 7 B III 5.

226 Vgl. z.B. §§ 30 Satz 3; 37 Abs. 6 Satz 3 und Abs. 7 Satz 3; 38 Abs. 2 Satz 4; 43 Abs. 2 Satz 1 BetrVG.

227 Vgl. *Buchner*, RdA 1974, 530 (533); *Bulla*, RdA 1965, 121 (132).

verzüglich zu informieren;[228] aus § 2 Abs. 1 BetrVG folgt diese Pflicht nicht, da kein Bezug zur betriebsverfassungsrechtlichen Funktion des Arbeitgebers gegeben ist und § 2 Abs. 1 BetrVG nicht die generelle Wahrnehmung der Vermögensinteressen des Arbeitgebers verlangt.

Informationspflichten des Betriebsrats kann die Kooperationsmaxime ferner im Rahmen der Freistellung von Betriebsratsmitgliedern gem. § 38 BetrVG begründen. So ist ein gänzlich freigestelltes Betriebsratsmitglied aufgrund seiner weiterbestehenden arbeitsvertraglichen Bindung verpflichtet, sich beim Arbeitgeber abzumelden, wenn es während der Arbeitszeit den Betrieb verlassen will, um außerhalb seine Tätigkeit wahrzunehmen.[229] In einem solchen Fall hat der Arbeitgeber ein berechtigtes Interesse daran, daß das Betriebsratsmitglied nicht seine Freistellung zugunsten privater Zwecke mißbraucht. Zwar ist der Arbeitgeber kein Kontrollorgan des Betriebsrats; jedoch könnte insbesondere dadurch, daß ein freigestelltes Betriebsratsmitglied nicht den ihm vom Betriebsrat zugewiesenen Aufgaben nachgeht, zumindest vorübergehend ein Bedürfnis nach der zusätzlichen Arbeitsbefreiung eines anderen Mitglieds gem. § 37 Abs. 2 BetrVG entstehen. An dieser Pflicht aus § 37 Abs. 2 BetrVG ändert es nichts, daß das freigestellte Betriebsratsmitglied neben einer Arbeitsvertragsverletzung eine Amtspflichtverletzung begeht,[230] denn in Abwägung aller Umstände[231] wird eine zusätzliche Arbeitsbefreiung bis zu dem Zeitpunkt geboten sein, in dem das freigestellte Betriebsratsmitglied wieder seinen Pflichten nachkommt oder durch ein anderes ersetzt wird. Diesem Interesse des Arbeitgebers, durch die Freistellung nicht unnötig belastet zu werden, entspricht die Pflicht des freigestellten Betriebsratsmitglieds, auf Verlangen die außerhalb des Betriebs wahrzunehmende Tätigkeit nachzuweisen.[232] Hierbei ist dem Arbeitgeber eine stichwortartige Auskunft zumindest über die Art der Tätigkeit zu geben. Diese Pflicht folgt aus dem Gebot der vertrauensvollen Zusammenarbeit, das jede unzumutbare Belastung des Arbeitgebers in seiner Pflichtenerfüllung vermeiden will. Zwar spricht, wie vom BAG[233] zu Recht festgestellt, eine gesetzliche Vermutung dafür, daß ein Betriebsratsmitglied seine Freistellung ausschließ-

---

[228] Vgl. *Hueck/Nipperdey* I, S. 243; *Nikisch* I, S. 447; *Schaub*, Arbeitsrechts-Handbuch, S. 253; *Söllner*, Grundriß des Arbeitsrechts, S. 256; *Zöllner*, Arbeitsrecht, S. 144f.

[229] So *Dietz/Richardi* § 38 Anm. 47; *Galperin/Löwisch* § 38 Anm. 35; *Gnade/Kehrmann/Schneider/Blanke* § 38 Anm. 30; *Kammann/Hess/Schlochauer* § 38 Anm. 27; *Wiese*, GK-BetrVG, § 38 Anm. 53. Vgl. aber auch *Fitting/Auffarth/Kaiser* § 38 Anm. 36.

[230] Vgl. *Dietz/Richardi* § 38 Anm. 53; *Fitting/Auffarth/Kaiser* § 38 Anm. 36; *Galperin/Löwisch* § 38 Anm. 37; *Kammann/Hess/Schlochauer* § 38 Anm. 30; *Wiese*, GK-BetrVG, § 38 Anm. 54.

[231] Vgl. zur Erforderlichkeit der Arbeitsbefreiung nur *Wiese*, GK-BetrVG, § 37 Anm. 30ff. m. w. N.

[232] So die h. M., vgl. LAG Hamm, DB 1975, 698 (699); *Dietz/Richardi* § 38 Anm. 47; *Fitting/Auffarth/Kaiser* § 38 Anm. 36; *Kammann/Hess/Schlochauer* § 38 Anm. 28; *Wiese*, GK-BetrVG, § 38 Anm. 53; a. A. *Gnade/Kehrmann/Schneider/Blanke* § 38 Anm. 30.

[233] Vgl. AP Nr. 44 zu § 37 BetrVG 1972 Bl. 1 R.

lich für Betriebsratstätigkeit nutzt.[234] Da jedoch die Betriebsratstätigkeit regelmäßig innerhalb des Betriebs stattfindet und die Tätigkeit außerhalb des Betriebs die Ausnahme ist, besteht kein Bedürfnis, die Auskunftspflicht nur bei Vorliegen besonderer Verdachtsmomente zu bejahen. Sicherlich folgt auf keinen Fall aus der Tätigkeit außerhalb des Betriebs von vornherein der Verdacht eines Mißbrauchs der Freistellung. Da jedoch das Verlassen des Betriebs nicht die Regel ist, hat der Arbeitgeber generell ein Recht, zu wissen, ob das Mitglied Betriebsratsaufgaben wahrnimmt.

Ein berechtigtes Interesse daran, daß die Freistellung nicht mißbraucht wird, hat der Arbeitgeber indessen auch dann, wenn das freigestellte Betriebsratsmitglied im Betrieb bleibt. Da hier der regelmäßige Tätigkeitsort des Betriebsrats ist, muß im Rahmen gegenseitigen Vertrauens grundsätzlich davon ausgegangen werden, daß die freigestellten Mitglieder Betriebsratsaufgaben wahrnehmen; die Gefahr eines Mißbrauchs der Freistellung stellt sich in weit geringerem Maße als beim Verlassen des Betriebs. Aus diesem Grund läßt sich aus § 2 Abs. 1 BetrVG keine generelle Pflicht des Betriebsratsmitglieds zur laufenden Rechenschaftslegung über seine Tätigkeit herleiten.[235] Eine Pflicht, dem Arbeitgeber Auskunft über die im Betrieb vorgenommene Tätigkeit zu geben, folgt nur dann aus dem Gebot der vertrauensvollen Zusammenarbeit, wenn aufgrund besonderer Umstände der begründete Verdacht besteht, daß das Mitglied einer anderen Tätigkeit als Betriebsratstätigkeit nachgegangen ist.[236] Diese Auskunft braucht nur so ausführlich zu sein, daß der Verdacht entkräftet wird – im Einzelfall kann bereits die Angabe der Art der wahrgenommenen Betriebsratstätigkeit ausreichen.

5. Sonstige Pflichten zur aktiven Zusammenarbeit

Den bisher erörterten Fallgruppen lag stets die besondere Pflicht der Betriebspartner zur Kooperation zugrunde. Wie bei den Pflichten des Arbeitgebers[237] lassen sich weitere Fälle denken, die unter keine der vorangegangenen Fallgruppen zu ordnen sind, sondern die ihr Pendant bei § 242 BGB allgemein in den auf die ordnungsgemäße Durchführung des Vertrages gerichteten Mitwirkungspflichten finden. Dies bedeutet für den Betriebsrat, daß er stets zum Zusammenwirken mit dem Arbeitgeber bereit sein muß, wenn es um die unbeeinträchtigte Funktion der Betriebsverfassung geht. Diese sonstigen aktiven Zusammenarbeitspflichten äußern sich ebenso wie beim Arbeitgeber insbesondere in der Pflicht zu Aufgeschlossenheit und Gesprächsbereitschaft.

---

234 Ebenso *Wiese*, GK-BetrVG, § 38 Anm. 54.

235 Vgl. LAG Hamm, DB 1975, 698 (699); *Fitting/Auffarth/Kaiser* § 38 Anm. 36; *Galperin/Löwisch* § 38 Anm. 35; *Gnade/Kehrmann/Schneider/Blanke* § 38 Anm. 30; *Kammann/Hess/Schlochauer* § 38 Anm. 28; *Wiese*, GK-BetrVG, § 38 Anm. 55.

236 So überzeugend *Dietz/Richardi* § 38 Anm. 47; *Kammann/Hess/Schlochauer* § 38 Anm. 28; *Wiese*, GK-BetrVG, § 38 Anm. 55.

237 Vgl. oben § 7 B III 4.

Der Arbeitgeber hat ebensowenig wie der Betriebsrat im Bereich freiwilliger Betriebsvereinbarungen gem. § 88 BetrVG ein Initiativrecht.[238] Aber auch hier ist denkbar, daß der Arbeitgeber mit einer Anregung zum Abschluß einer freiwilligen Betriebsvereinbarung an den Betriebsrat herantritt.[239] Deshalb muß das zu den Pflichten des Arbeitgebers Gesagte[240] entsprechend gelten. Nach § 2 Abs. 1 BetrVG ist der Betriebsrat verpflichtet, das Anliegen des Arbeitgebers zumindest anzuhören, zu prüfen und, falls er den Vorschlag nicht akzeptiert, seine Gründe hierfür in einer kurzen Stellungnahme darzulegen.

Die Pflicht zur aktiven Gesprächsbereitschaft hat insbesondere im Rahmen innerbetrieblicher Meinungsverschiedenheiten Bedeutung. Zwar wird in Fällen, in denen der Spruch der Einigungsstelle die Einigung der Betriebspartner ersetzt, auf Antrag einer Seite gem. § 76 Abs. 5 Satz 1 BetrVG die Einigungsstelle tätig, so daß von daher eine Möglichkeit der Konfliktregulierung gegeben ist. Dennoch ist aus § 74 Abs. 1 Satz 2 i. V. mit § 2 Abs. 1 BetrVG die Pflicht sowohl des Betriebsrats als auch des Arbeitgebers herzuleiten, vor Anrufung der Einigungsstelle in ernsthaftem Zusammenwirken mit dem Partner eine gütliche Einigung zu versuchen.[241] Diese Pflicht ist allerdings keine Verfahrensvoraussetzung für die Anrufung der Einigungsstelle, da auch bei mangelnder Gesprächsbereitschaft einer Seite der Zugang zur Einigungsstelle gegeben sein muß.[242]

6. Schutzpflichten

Wie oben[243] dargelegt, lassen sich aus dem Gebot der vertrauensvollen Zusammenarbeit keine Pflichten des Betriebsrats und seiner Mitglieder herleiten, die auf die Erhaltung der bestehenden Rechtsgüter des Arbeitgebers ohne Bezug zu dessen betriebsverfassungsrechtlicher Funktion gerichtet sind.

---

238 Vgl. *Dietz/Richardi* § 88 Anm. 1; *Fitting/Auffarth/Kaiser* § 88 Anm. 11; *Galperin/Löwisch* § 88 Anm. 8; *Gnade/Kehrmann/Schneider/Blanke* § 88 Anm. 8; *Kammann/Hess/Schlochauer* § 88 Anm. 2; *Stege/Weinspach* § 88 Anm. 1; *Wiese*, GK-BetrVG, § 88 Anm. 4.

239 Darauf, daß der Abschluß einer freiwilligen Betriebsvereinbarung auch für den Arbeitgeber zweckmäßig sein kann, weist *Wiese*, GK-BetrVG, § 88 Anm. 4, hin.

240 Vgl. oben § 7 B III 4.

241 Vgl. *Bulla*, RdA 1965, 121 (132); *Dietz/Richardi* § 74 Anm. 12; *Fitting/Auffarth/Kaiser* § 74 Anm. 3; *Galperin/Löwisch* § 76 Anm. 1; *Gnade/Kehrmann/Schneider/Blanke* § 74 Anm. 10; *Thiele*, GK-BetrVG, § 74 Anm. 16, § 76 Anm. 3; vgl. zu § 49 Abs. 4 BetrVG 1952 oben § 2 D m. w. N.

242 So zu Recht *Dietz/Richardi* § 74 Anm. 12; *Fitting/Auffarth/Kaiser* § 74 Anm. 3; *Gnade/Kehrmann/Schneider/Blanke* § 74 Anm. 10; *Thiele*, GK-BetrVG, § 74 Anm. 16. Vgl. auch *Galperin/Löwisch* § 74 Anm. 6; *Kammann/Hess/Schlochauer* § 74 Anm. 9. Vgl. aber zum alten Recht § 49 Abs. 4 BetrVG 1952 sowie *Fitting/Kraegeloh/Auffarth* § 49 Anm. 21; *Galperin/Siebert* § 49 Anm. 27; *Hueck/Nipperdey* II/2, S. 1342 FN 36. Es muß daher bei der Sanktion des § 23 Abs. 1 BetrVG verbleiben.

243 Vgl. oben § 7 C I.

Derartige Schutzpflichten lassen sich lediglich auf das Arbeitsverhältnis der Betriebsratsmitglieder stützen. Wenn beispielsweise ein Betriebsratsmitglied ein Dienstfahrzeug benutzt und beschädigt, so kann es sich allenfalls um die Verletzung einer arbeitsvertraglichen Sorgfaltspflicht, nicht aber um die Verletzung der betriebsverfassungsrechtlichen Kooperationsmaxime handeln. Hierbei ist es gleichgültig, ob die Beschädigung bei der Wahrnehmung von Betriebsratsaufgaben geschehen ist, da auch dann keine Beeinträchtigung des Arbeitgebers in seiner betriebsverfassungsrechtlichen Funktion vorliegt.

7. *Pflicht, die Störung des Arbeitgebers zu unterlassen*

§ 2 Abs. 1 BetrVG gebietet den Betriebspartnern als Spezialisierung des Grundsatzes von Treu und Glauben, jede Störung der betriebsverfassungsrechtlichen Ordnung sowie der anderen Seite in ihrer betriebsverfassungsrechtlichen Funktion zu unterlassen. Während dies für den Arbeitgeber in der nicht abschließenden Vorschrift des § 78 Satz 1 BetrVG festgelegt ist,[244] folgt diese Unterlassungspflicht für den Betriebsrat in vollem Umfang aus der Kooperationsmaxime.[245] Daher ist es dem Betriebsrat und seinen Mitgliedern durch § 2 Abs. 1 BetrVG untersagt, den Arbeitgeber bei der Erfüllung seiner Pflichten und der Wahrnehmung seiner Rechte aus dem BetrVG in irgendeiner Weise zu stören oder unangemessen zu behindern.

So darf der Betriebsrat den Arbeitgeber nicht in der Durchführung von Betriebsvereinbarungen stören, da diese, falls nicht im Einzelfall etwas anderes vereinbart ist,[246] ausschließlich dem Arbeitgeber gem. § 77 Abs. 1 Satz 1 BetrVG obliegt. Es wäre beispielsweise dem Betriebsrat verboten, sich in die Durchführung von gem. § 87 Abs. 1 Nr. 1 BetrVG vereinbarten Torkontrollen[247] einzumischen, indem er eigenmächtig versucht, den Werkschutz zur Kontrolle bestimmter Arbeitnehmer anzuweisen. Auch wenn dies in Ermangelung einer Weisungsbefugnis gegenüber dem Werkschutz rechtlich nicht möglich ist, läge doch eine erhebliche Störung des Arbeitgebers vor. Da der Betriebsrat hier einen Eingriff in die Leitung des Betriebs versuchen würde, folgt die Pflicht zur Unterlassung aus § 77 Abs. 1 Satz 2 i. V. mit § 2 Abs. 1 BetrVG. Dieses Verbot der Einmischung darf allerdings nicht zu weit gezogen werden. So muß dem Betriebsrat das Recht zugestanden werden, beim Arbeitgeber die gezielte Kontrolle bestimmter Arbeitnehmer im Rahmen des

---

244 Vgl. oben § 7 B III 7.

245 Ebenso *Dietz,* RdA 1969, 1 (3); *Dietz/Richardi* § 2 Anm. 10.

246 Vgl. *Dietz/Richardi* § 77 Anm. 6; *Fitting/Auffarth/Kaiser* § 77 Anm. 4; *Galperin/Löwisch* § 77 Anm. 2; *Kammann/Hess/Schlochauer* § 77 Anm. 57; *Thiele,* GK-BetrVG, § 77 Anm. 29.

247 Vgl. hierzu LAG Düsseldorf, DB 1967, 2230; LAG Mannheim, AP Nr. 1 zu § 242 BGB Gleichbehandlung; *Hueck/Nipperdey* I, S. 240; *Nikisch* I, S. 257; *Wiese,* ZfA 1971, 273 (305) m. w. N.; *ders.,* GK-BetrVG, § 87 Anm. 108.

rechtlich Zulässigen anzuregen, wenn ihm ein Diebstahlsverdacht zu Ohren gekommen ist und er allgemein verschärfte Kontrollen der anderen Arbeitnehmer vermeiden will.

Unzulässig ist auch jede Art der Obstruktionspolitik des Betriebsrats, die dem Arbeitgeber die Erfüllung seiner Pflichten erschwert. Ein Verstoß gegen die Kooperationsmaxime liegt beispielsweise vor, wenn sich der Betriebsratsvorsitzende grundlos weigert, Erklärungen des Arbeitgebers an den Betriebsrat während der Arbeitszeit entgegenzunehmen.[248] Ein Verstoß gegen § 2 Abs. 1 BetrVG liegt auch dann vor, wenn sich der Betriebsrat wiederholt weigert, die ihm vom Arbeitgeber zur Verfügung gestellten Räume zu beziehen, obwohl diese in jeder Hinsicht für die Betriebsratstätigkeit ausreichend und geeignet sind. Wie bei den Pflichten des Arbeitgebers ließen sich diese Beispiele beliebig fortsetzen.

Nach der hier vertretenen Auffassung ist für den Bereich der Unterlassungspflichten eine klare Abgrenzung zur Pflicht des Betriebsrats aus § 74 Abs. 2 Satz 2 BetrVG zu ziehen. Nach dieser Vorschrift haben die Betriebspartner Betätigungen zu unterlassen, durch die der Arbeitsablauf oder der Betriebsfrieden beeinträchtigt werden. Diese Unterlassungspflicht geht über das Gebot der vertrauensvollen Zusammenarbeit insoweit hinaus, als eine Beeinträchtigung des Betriebspartners in seiner Funktion oder der betriebsverfassungsrechtlichen Ordnung nicht vorliegen muß.[249] Das vom LAG Bayern[250] ausgesprochene Verbot, die Belegschaft gegen die Betriebsleitung aufzuwiegeln, hat keinen Bezug zur Funktion des Arbeitgebers und ist daher nicht auf die Kooperationsmaxime, sondern auf § 74 Abs. 2 Satz 2 BetrVG zu stützen.

Nur unter Hinweis auf die Friedenspflicht des Betriebsrats lassen sich zahlreiche Entscheidungen und Aussagen im Schrifttum halten. So ist die Entscheidung des BAG vom 22. Mai 1959,[251] die den Betriebsratsmitgliedern verbot, eine vom Arbeitgeber als vertraulich erklärte Liste über die Lohngruppenzugehörigkeit der Belegschaftsangehörigen zur Überprüfung der Beitragsehrlichkeit der Gewerkschaftsmitglieder an die Gewerkschaften zu senden, nur unter Berücksichtigung der Friedenspflicht des Betriebsrats gerechtfertigt. Es ging hier nicht um eine Beeinträchtigung des Arbeitgebers in seiner betriebsverfassungsrechtlichen Funktion, sondern darum, daß durch diesen Vertrauensbruch der Betriebsfrieden beeinträchtigt wurde.

---

248 Vgl. zu diesem Problemkreis bereits oben § 7 B III 1 und § 7 C III 1.

249 Vgl. zu diesem Bereich der betrieblichen Friedenspflicht *Dietz/Richardi* § 74 Anm. 42 ff.; *Fitting/Auffarth/Kaiser* § 74 Anm. 7; *Galperin/Löwisch* § 74 Anm. 14 ff.; *Thiele*, GK-BetrVG, § 74 Anm. 46 ff. Vgl. insgesamt *Germelmann*, Betriebsfrieden, S. 42 ff.

250 Vgl. DB 1958, 900.

251 Vgl. AP Nr. 3 zu § 23 BetrVG. Vgl. bereits oben § 2 E II 2.

Unter die Friedenspflicht des Betriebsrats fallen zahlreiche Unterlassungspflichten, so das Verbot, die soziale Einstellung des Arbeitgebers anzuprangern[252] oder gegen den Arbeitgeber gerichtete hetzerische Flugblätter zu verteilen.[253] Hierzu zählt aber auch das Verbot, öffentlich durch Aufruf zur Mißachtung der Anordnungen des Arbeitgebers,[254] durch Vertuschen von Warendiebstählen[255] oder durch Verhinderung von Produktionssteigerungen[256] den Arbeitsablauf zu stören. Oftmals wird in solchen Fällen die Rechtsgrundlage für die Unterlassungspflicht nur unscharf formuliert. Es ist daher zu betonen, daß es sich stets um die Pflicht handelt, den Arbeitsablauf oder den Betriebsfrieden nicht zu beeinträchtigen. Ein Rekurs auf die Kooperationsmaxime ist nicht angebracht.[257]

D. Dogmatische Einordnung

Die Begründung von Pflichten aus dem Gebot der vertrauensvollen Zusammenarbeit führt zu einem gesetzlichen Schuldverhältnis zwischen Arbeitgeber und Betriebsrat.[258] Während der oben[259] zur Geltung des § 242 BGB angesprochene gesteigerte soziale Kontakt zwischen den Betriebspartnern lediglich deren tatsächliche Beziehung umschreibt, ist die rechtliche Qualifizierung dieser Beziehung als Schuldverhältnis darauf zu stützen, daß aus der Kooperationsmaxime konkrete Pflichten und Rechte entstehen können, welche die eine Seite zum Schuldner, die andere zum Gläubiger einer bestimmten Verhaltensweise machen. Es ist daher nicht korrekt, wenn von Teilen der Lehre[260] lediglich aus der Wahl und der Konstituierung des Betriebsrats als solchem ein gesetzliches Schuldverhältnis hergeleitet wird. Die Betriebspartner treten zwar durch Wahl und Konstituierung des Betriebsrats in einen engen sozialen Kontakt; ein Schuldverhältnis liegt hierin jedoch erst durch das Hinzutreten der Kooperationsmaxime und der Begründung von Rechten und Pflichten.

---

252 Vgl. LAG Bremen, DB 1962, 1442; *Dietz,* RdA 1969, 1 (3); *Neumann-Duesberg,* Betriebsverfassungsrecht, S. 439.

253 Vgl. BAG, AP Nr. 1 zu § 74 BetrVG 1972; *Bulla,* RdA 1965, 121 (131); *Dietz,* RdA 1969, 1 (3); *Dietz/Richardi* § 2 Anm. 10; *Fitting/Auffarth/Kaiser* § 74 Anm. 7; *Galperin/Löwisch* § 74 Anm. 15.

254 Vgl. LAG Düsseldorf, BB 1953, 702; *Fitting/Auffarth/Kaiser* § 74 Anm. 7; *Galperin/Löwisch* § 74 Anm. 15.

255 Vgl. *Galperin/Löwisch* § 2 Anm. 18.

256 Vgl. *Galperin/Löwisch* § 2 Anm. 18.

257 Diesbezüglich unscharf *Dietz/Richardi* § 2 Anm. 10; *Galperin/Löwisch* § 2 Anm. 18; *Kraft,* GK-BetrVG, § 2 Anm. 31.

258 Dies deutet auch *Konzen,* Leistungspflichten, S. 25, an.

259 Vgl. § 1 B II.

260 Vgl. *Derleder,* AuR 1983, 289 (300f.); *Heinze,* DB 1982, Beil. Nr. 23, S. 5; *ders.,* DB 1983, Beil. Nr. 9, S. 6f. Vgl. bereits oben § 1 B II.

E. Ergänzung betrieblicher Einigungen

Die bisherigen Erörterungen zur Begründung von Rechten und Pflichten aus dem Gebot der vertrauensvollen Zusammenarbeit bezogen sich ausschließlich auf die Ergänzung der betriebsverfassungsgesetzlichen Vorschriften.

Auch Betriebsvereinbarungen und Betriebsabsprachen können ergänzungsbedürftig sein. Wie bereits dargelegt wurde,[261] erfolgt diese Ergänzung durch die Begründung von Rechten und Pflichten aus der Generalklausel der vertrauensvollen Zusammenarbeit zum Wohl der Arbeitnehmer und des Betriebs. Die Ergänzung betrieblicher Einigungen durch § 2 Abs. 1 BetrVG hat genauso abzulaufen wie die Ergänzung schuldrechtlicher Verträge durch § 242 BGB.[262] Der Unterschied zu einer Ergänzung über Treu und Glauben liegt darin, daß in der in jedem Einzelfall vorzunehmenden Interessenabwägung das in § 2 Abs. 1 BetrVG betonte Gebot der Kooperation besonders zu berücksichtigen ist.[263] Ansonsten haben die gleichen Grenzen wie bei der Ergänzung gesetzlicher Vorschriften zu gelten.[264] Aus der Kooperationsmaxime kann in Ergänzung betrieblicher Einigungen keine Pflicht in einem Bereich hergeleitet werden, der bereits in der Einigung abschließend geregelt ist. Auch kann die Ergänzung beispielsweise einer freiwilligen Betriebsvereinbarung niemals zur Begründung neuer, nicht in der Vereinbarung verankerter Mitbestimmungsrechte des Betriebsrats führen.

§ 8 Beschränkung von Rechten durch § 2 Abs. 1 BetrVG

A. Grundsätzliches

Wie oben[1] ermittelt wurde, kann das Gebot der vertrauensvollen Zusammenarbeit in bestimmten Fällen zu einer Beschränkung von Rechten der Betriebspartner führen. Da dieses Gebot eine Spezialisierung des Grundsatzes von Treu und Glauben ist, läßt sich die dort zum Rechtsmißbrauch und zur mißbräuchlichen Ausnutzung von Rechtslagen entwickelte Fallgruppe auf

---

261 Vgl. oben § 2 E II 2.

262 Der Ergänzung durch § 242 BGB hat hierbei allerdings stets eine ergänzende Vertragsauslegung nach § 157 BGB vorzugehen, vgl. BGHZ 9, 273 (277f.); 16,4 (8); *Erman-Sirp* § 242 Anm. 12f.; Münch.Komm.-*Roth* § 242 Anm. 86; *Palandt-Heinrichs* § 242 Anm. 2 a; *Soergel-Knopp* § 157 Anm. 96.

263 Vgl. oben § 2 E I.

264 Vgl. oben § 7 B II, C II.

1 Vgl. § 2 E III 2.

§ 2 Abs. 1 BetrVG übertragen. Auch hier hat wie bei der Begründung von Pflichten eine Interessenabwägung im Einzelfall zu erfolgen, bei der stets besonderes Gewicht auf die Kooperation der Betriebspartner zu legen ist. Im folgenden wird zu prüfen sein, ob sich die zu § 242 BGB entwickelten Maßstäbe und Rechtsgedanken unbeschränkt auf die Beziehung der Betriebspartner übertragen lassen oder ob es Besonderheiten gibt. Gesteigertes Augenmerk ist auf die Frage zu richten, ob und inwieweit Beteiligungsrechte des Betriebsrats wegen Rechtsmißbrauchs beschränkt werden können.

B. Mißbilligte Rechtsausübung

I. Anwendungsfälle

Die Fallgruppe der mißbilligten Rechtsausübung knüpft an die gegenwärtige Wahrnehmung eines Rechts an.[2] Diese ist unzulässig, wenn sie aufgrund äußerer Umstände ihrer Art und Weise nach einen abzulehnenden Mißbrauch darstellt oder wenn für die Ausübung des Rechts offensichtlich jedes eigene, schützenswerte Interesse fehlt und sie lediglich auf die Benachteiligung der anderen Seite abzielt. In letzterem Fall liegt eine Überschneidung mit dem Schikaneverbot nach § 226 BGB vor.

Die Art und Weise, in der ein Recht wahrgenommen wird, kann demnach einen Verstoß gegen § 2 Abs. 1 BetrVG darstellen. Es wäre beispielsweise ein Fall unzulässiger Rechtsausübung, wenn der Betriebsrat von seinem Recht aus § 80 Abs. 2 Satz 2 BetrVG, die zur Durchführung seiner Aufgaben erforderlichen Unterlagen vom Arbeitgeber zu verlangen, ohne besonderen Anlaß zur Unzeit Gebrauch machen würde. Hier findet sich die Parallele zu den bereits erörterten[3] Grundsätzen für die Art und Weise der Leistung, die ebenfalls die Rechtsausübung zur Unzeit verbieten. Für sonstige Fälle gilt das dort Gesagte entsprechend.

Das Verbot des Rechtsmißbrauchs ist beispielsweise im Rahmen der bereits ausgeführten[4] Entscheidung des BAG vom 18. September 1973[5] heranzuziehen. Gegenstand dieses Beschlusses war die Ausübung der gem. § 80 Abs. 2 Satz 2 BetrVG bestehenden Rechte durch den Betriebsrat bzw. durch den Betriebsausschuß oder einen nach § 28 BetrVG gebildeten Ausschuß. Da

---

[2] Vgl. insgesamt Münch.Komm.-*Roth* § 242 Anm. 255ff.; *Palandt-Heinrichs* § 242 Anm. 4 C d; *Soergel-Knopp* § 242 Anm. 187ff.; *Staudinger-Weber* § 242 Anm. D 83. Vgl. bereits oben § 2 E III 1.

[3] Vgl. oben § 6 A.

[4] Vgl. oben § 2 E III 2.

[5] Vgl. AP Nr. 3 zu § 80 BetrVG 1972.

nach der Rechtsprechung des BAG[6] und der h. L.[7] für ein Tätigwerden des Betriebsrats keine Verdachtsmomente für einen erfolgten oder drohenden Verstoß des Arbeitgebers gegen die den Schutz der Arbeitnehmer bezwekkenden Vorschriften erforderlich sind, kann der Betriebsrat jederzeit unbeschränkt die für seine Arbeit benötigten Unterlagen vom Arbeitgeber verlangen. Dies darf allerdings nicht bedeuten, daß der Betriebsrat von einer internen Prüfung der Notwendigkeit der Akteneinsicht entbunden ist. Hat er an sich keinerlei Interesse an den Unterlagen, sondern soll die Geltendmachung lediglich der Belastung und der Störung des Arbeitgebers dienen, handelt es sich um einen Fall der mißbilligten Rechtsausübung. Dann verstößt das Vorlageverlangen gegen § 2 Abs. 1 BetrVG; der Arbeitgeber braucht die Unterlagen nicht vorzulegen.[8]

Selbstverständlich ist auch dem Arbeitgeber jede willkürliche, schikanöse Rechtsausübung untersagt. Der Arbeitgeber hat z.B. das Recht der freien Auswahl in bezug auf die gem. § 40 Abs. 2 BetrVG dem Betriebsrat zur Verfügung zu stellenden Räumlichkeiten.[9] Er kann daher grundsätzlich dem Betriebsrat andere Räume zuweisen, sofern diese den zu stellenden Anforderungen genügen; der Betriebsrat kann nicht verlangen, die einmal zugewiesenen Räume behalten zu dürfen.[10] Es ist jedoch ohne Zweifel ein Verstoß gegen das Gebot der vertrauensvollen Zusammenarbeit, wenn der Arbeitgeber ohne eigenes Interesse an der Benutzung der belegten Räumlichkeiten eine Umquartierung lediglich deshalb vornimmt, um den Betriebsrat in erheblichem Umfang in seiner Arbeit zu stören. Dieses Verhalten würde einen unzulässigen Rechtsmißbrauch darstellen.[11]

II. Beschränkung von Beteiligungsrechten des Betriebsrats

Es fragt sich, ob auch die Ausübung seiner Mitbestimmungs- und Mitwirkungsrechte durch den Betriebsrat im Rahmen des Verbots der mißbilligten Rechtsausübung beschränkt werden kann.

---

6 Vgl. AP Nr. 1 Bl. 2 R, Nr. 3 Bl. 2 R, Nr. 7 Bl. 2, Nr. 12 Bl. 1 R zu § 80 BetrVG 1972.

7 Vgl. *Dietz/Richardi* § 80 Anm. 66; *Fitting/Auffarth/Kaiser* § 80 Anm. 22; *Galperin/Löwisch* § 80 Anm. 34; *Gnade/Kehrmann/Schneider/Blanke* § 80 Anm. 32; *Stege/Weinspach* § 80 Anm. 12; *Wiese*, Anm. zu BAG, SAE 1974, 99 (99f.); differenzierend *Thiele*, GK-BetrVG, § 80 Anm. 50; a. A. *Kammann/Hess/Schlochauer* § 80 Anm. 35, 38.

8 Vgl. insgesamt BAG, AP Nr. 3 zu § 80 BetrVG 1972 Bl. 3; bestätigend AP Nr. 12 zu § 80 BetrVG 1972 Bl. 2; *Bulla*, RdA 1965, 121 (131); *Galperin/Löwisch* § 80 Anm. 34 a; *Stege/Weinspach* § 80 Anm. 12; *Thiele*, GK-BetrVG, § 80 Anm. 17f., 50; *Wiese*, Anm. zu BAG, SAE 1974, 99 (100). Vgl. bereits oben § 2 E III 2.

9 So ausdrücklich *Wiese*, GK-BetrVG, § 40 Anm. 64; vgl. auch oben § 6 A.

10 Vgl. *Dietz/Richardi* § 40 Anm. 52; *Fitting/Auffarth/Kaiser* § 40 Anm. 33; *Galperin/Löwisch* § 40 Anm. 41; *Kammann/Hess/Schlochauer* § 40 Anm. 35; *Wiese*, GK-BetrVG, § 40 Anm. 68.

11 Vgl. *Wiese*, GK-BetrVG, § 40 Anm. 68. Vgl. zu einem ähnlich gelagerten Fall unten § 8 F I.

Die Ausübung eines Rechts in einer zu mißbilligenden Art und Weise oder lediglich mit dem Ziel, dem Arbeitgeber zu schaden, stellt stets ein verwerfliches Fehlverhalten des Betriebsrats dar. Da die Beteiligungsrechte zwar vom Betriebsrat ausgeübt werden, letztlich aber den Arbeitnehmern des Betriebes dienen,[12] ist zu überlegen, ob das verwerfliche Handeln des Betriebsrats überhaupt zu einer Beschränkung dieser Rechte führen kann.

Zu beachten ist indessen, daß die in Frage stehende Beschränkung aufgrund mißbilligter Rechtsausübung inhaltlich an den Beteiligungsrechten nichts ändert, sondern diese unverändert fortbestehen läßt. Beschränkt wird lediglich die Ausübung unter gewissen Umständen; die grundsätzliche Befugnis des Betriebsrats zur Wahrnehmung des Rechts im konkreten Fall wird nicht berührt. Es geht daher nicht um die Frage, inwieweit ein fehlerhaftes Verhalten des Betriebsrats zu einem Verlust der Beteiligungsrechte führen kann; diese Frage wird später zu erörtern sein.[13] Geht man davon aus, daß nicht die Beteiligungsrechte selbst, sondern lediglich ihre Wahrnehmung durch das Verbot der mißbilligten Rechtsausübung beschränkt werden soll, so handelt es sich um eine allgemeine Grenze, die vom Gebot gegenseitiger Rücksichtnahme unabdingbar gefordert wird. Diese Grenze, die Beteiligungsrechte nicht in verwerflicher Art und Weise oder schikanös auszuüben, wohnt von vornherein sämtlichen betriebsverfassungsrechtlichen Rechten inne. Da die Belegschaft kein schützenswertes Interesse an einer verwerflichen oder schikanösen Rechtswahrnehmung durch den Betriebsrat hat, werden durch das Verbot der mißbilligten Rechtsausübung auch nicht die Interessen der Belegschaft berührt.

Die Belegschaft hat beispielsweise kein schützenswertes Interesse an der Ausübung von Mitbestimmungsrechten zur Unzeit. Es ist daher dem Betriebsrat untersagt, außerhalb der Arbeitszeit an den Arbeitgeber heranzutreten und etwa gem. § 95 Abs. 2 Satz 1 BetrVG die Aufstellung von Auswahlrichtlinien zu verlangen.

Auch dürfen Beteiligungsrechte nicht ohne eigenes Interesse und nur mit dem Ziel, den Arbeitgeber zu stören oder ihm zu schaden, ausgeübt werden. Daher wäre die Ausübung eines Initiativrechts im Rahmen des § 87 BetrVG dann unzulässig, wenn sie lediglich dazu dient, den Arbeitgeber zu schikanieren, ohne daß auf seiten des Betriebsrats irgendein sachliches Interesse an dem betreffenden Antrag besteht.[14] Eine mißbräuchliche Rechtsausübung

---

[12] Vgl. BAG, AP Nr. 4 zu § 94 ArbGG 1953 Bl. 5 R; AP Nr. 5 zu § 80 BetrVG 1972 Bl. 3; *Wiese*, RdA 1968, 455 (457); zu den Leitprinzipien der Betriebsverfassung vgl. nur *Thiele*, GK-BetrVG, Einleitung Anm. 23ff.

[13] Vgl. unten § 8 C II, D I 2, D II 2, D III 2, F III.

kann auch in einer Zustimmungsverweigerung des Betriebsrats zu einer personellen Einzelmaßnahme gem. § 99 Abs. 1 BetrVG liegen, wenn sie zwar formal unter Angabe von Gründen erfolgt, jedoch ausschließlich dem Zweck dient, dem Arbeitgeber zu schaden.[15]

Diese Beispiele zeigen, daß das Verbot der mißbilligten Rechtsausübung als allgemeine Grenze über § 2 Abs. 1 BetrVG auch auf die Ausübung von Beteiligungsrechten durch den Betriebsrat zu erstrecken ist.

C. Mißbilligtes früheres Verhalten

I. Anwendungsfälle

Die zweite Fallgruppe des Verbots mißbräuchlicher Rechtsausübung und Ausnutzung von Rechtslagen knüpft an ein in der Vergangenheit liegendes zu mißbilligendes Verhalten an und untersagt die Wahrnehmung eines an sich bestehenden gegenwärtigen Rechts.[16] Das ist insbesondere dann zu bejahen, wenn sich eine Seite in unredlicher Weise eine Rechtsposition geschaffen hat, deren Ausnutzung gegen Treu und Glauben verstößt.[17] Weiterhin können schwerwiegende Verfehlungen in der Vergangenheit zu einem Rechtsverlust führen, man spricht hier von einer Art der Verwirkung.[18] Schließlich ist der in § 162 BGB zum Ausdruck gekommene Grundsatz von Bedeutung, daß ein Verhalten, das in gegen Treu und Glauben verstoßender Weise die Rechte der anderen Seite vereitelt, unbeachtlich bleibt.[19] Diese Grundsätze gelten über § 2 Abs. 1 BetrVG auch im Verhältnis der Betriebspartner.

---

[14] Vgl. zum Verbot des Rechtsmißbrauchs als Grenze des Initiativrechts *Wiese*, Initiativrecht, S. 78 sowie S. 31 f., wo darauf hingewiesen wird, daß im einzelnen nicht näher begründete oder sogar unsinnige Anträge des Betriebsrats nicht von vornherein unzulässig sind, sondern von der Einigungsstelle zu entscheiden sind, sofern kein Rechtsmißbrauch vorliegt.

[15] Hierbei ist erforderlich, daß die nach außen angegebenen Gründe substantiiert genug sind, um möglicherweise das Zustimmungsverweigerungsrecht zu tragen, vgl. *Dietz/Richardi* § 99 Anm. 208 ff.; *Fitting/Auffarth/Kaiser* § 99 Anm. 59; *Galperin/Löwisch* § 99 Anm. 110; *Kraft*, GK-BetrVG, § 99 Anm. 90 f., jeweils m. w. N. Vgl. ferner BAG, DB 1986, 124 (126).

[16] Vgl. oben § 2 E III 1.

[17] Vgl. BGHZ 57, 108 (111); AK-BGB-*Teubner* § 242 Anm. 41, 43; *Enneccerus/Nipperdey* § 239 IV 1 b; *Erman-Sirp* § 242 Anm. 80; *Esser/Schmidt*, Schuldrecht, S. 154; Münch.Komm.-*Roth* § 242 Anm. 260 ff.; *Palandt-Heinrichs* § 242 Anm. 4 C a; *Riezler*, Venire contra factum proprium, S. 176 ff.; *Soergel-Knopp* § 242 Anm. 193 ff.; *Staudinger-Weber* § 242 Anm. D 395 ff.; *Wieacker*, Präzisierung, S. 30 f.

[18] Vgl. Münch.Komm.-*Roth* § 242 Anm. 280 ff.; *Palandt-Heinrichs* § 242 Anm. 4 C b; *Soergel-Knopp* § 242 Anm. 283.

[19] Vgl. *Erman-Sirp* § 162 Anm. 7; Münch.Komm.-*Roth* § 242 Anm. 288 ff.; *Palandt-Heinrichs* § 162 Anm. 4; *Soergel-Knopp* § 162 Anm. 13; kritisch *Staudinger-Schmidt* § 242 Anm. 567 ff.; vgl. auch *Wieacker*, Präzisierung, S. 32 f.

An das Verbot, eine bestimmte Rechtsposition auszuüben, die aufgrund vergangenen Fehlverhaltens entstanden ist, wäre beispielsweise in folgendem Fall zu denken: Nach § 104 Satz 1 BetrVG kann der Betriebsrat vom Arbeitgeber die Entlassung oder Versetzung eines Arbeitnehmers verlangen, wenn dieser z.B. durch eine grobe Verletzung der in § 75 Abs. 1 BetrVG enthaltenen Grundsätze den Betriebsfrieden wiederholt ernstlich gestört hat. Denkbar ist, daß der Betriebsrat versucht, einen besonders arbeitgeberfreundlichen und daher mißliebigen Arbeitnehmer zu entfernen, indem ihn der Vorsitzende mit Billigung des Betriebsrats zur Diskriminierung seiner ausländischen Mitarbeiter aufstachelt. Handelt nun der Arbeitnehmer entsprechend und sind die Voraussetzungen des § 104 BetrVG dadurch gegeben, daß er den in § 75 Abs. 1 BetrVG verankerten Grundsatz, daß niemand wegen seiner Nationalität diskriminiert werden darf,[20] grob verletzt und dadurch bewußt und wiederholt den Betriebsfrieden ernstlich gestört hat,[21] so kann der Betriebsrat an sich seine Entlassung verlangen. Da dieser jedoch durch das von ihm gebilligte Verhalten seines Vorsitzenden in rechtswidriger, gegen § 75 Abs. 1 und § 74 Abs. 2 Satz 2 BetrVG verstoßender Weise die Ursache für das Fehlverhalten des Arbeitnehmers gesetzt hat, stellt es eine zu mißbilligende Rechtsausübung dar, wenn der Betriebsrat nach § 104 BetrVG vorgeht, um den mißliebigen Arbeitnehmer zu entfernen. Das Verlangen nach § 104 Satz 1 BetrVG ist nicht nur ein verwerfliches Verhalten gegenüber dem betroffenen Arbeitnehmer, sondern auch ein Vertrauensbruch gegenüber dem Arbeitgeber und deshalb unzulässig.

Stets sind jedoch die Besonderheiten des einzelnen Falles sowie Sinn und Zweck der jeweiligen Norm zu beachten. Hat z.B. ein Betriebsratsmitglied vorsätzlich eine Schreibmaschine zerstört, um gem. § 40 Abs. 2 BetrVG vom Arbeitgeber eine neue zu verlangen, kann das nicht zu einem Verlust der Ansprüche des Betriebsrats nach § 40 Abs. 2 BetrVG führen.[22] Da es sich um die Pflichtverletzung eines einzelnen Betriebsratsmitglieds handelt, ändert diese nichts am Bedürfnis des Betriebsrats nach Sachmitteln für seine Tätigkeit. Sein berechtigtes Interesse hat den aus dem individuellen Fehlverhalten seiner Mitglieder entstehenden Folgen vorzugehen. Der Anspruch des Betriebsrats auf eine neue Schreibmaschine wird daher nicht beschränkt.[23]

---

[20] Die Nationalität stellt ein absolutes Differenzierungsverbot dar, vgl. *Dietz/Richardi* § 75 Anm. 21; *Fitting/Auffarth/Kaiser* § 75 Anm. 10; *Galperin/Löwisch* § 75 Anm. 16; *Thiele*, GK-BetrVG, § 75 Anm. 34.

[21] Zu den Voraussetzungen des § 104 BetrVG vgl. *Dietz/Richardi* § 104 Anm. 2ff.; *Fitting/Auffarth/Kaiser* § 104 Anm. 2ff.; *Galperin/Löwisch* § 104 Anm. 3ff.; *Kraft*, GK-BetrVG, § 104 Anm. 4ff.

[22] Eine Schreibmaschine gehört regelmäßig zu den zur Verfügung zu stellenden Sachmitteln, vgl. *Dietz/Richardi* § 40 Anm. 53; *Fitting/Auffarth/Kaiser* § 40 Anm. 34; *Galperin/Löwisch* § 40 Anm. 42; *Wiese*, GK-BetrVG, § 40 Anm. 70.

[23] Gegen das schädigende Betriebsratsmitglied hat der Arbeitgeber selbstverständlich einen Schadensersatzanspruch sowie die Möglichkeit, nach § 23 Abs. 1 BetrVG vorzugehen.

Weiter ist an das Verbot der Ausnutzung einer durch mißbilligtes Verhalten herbeigeführten Rechtslage zu denken, wenn der Arbeitgeber einen Grund zur Anfechtung der Betriebsratswahl gesetzt hat und später daraufhin die Wahl gem. § 19 BetrVG anficht. Hier ist jedoch zu beachten, daß nach richtiger Ansicht[24] die Wahlanfechtung nicht den Interessen einzelner Anfechtungsberechtigter, sondern dem Interesse der Allgemeinheit an der objektiv richtigen Zusammensetzung des Betriebsrats und damit an der ordnungsgemäßen Verwirklichung der betriebsverfassungsrechtlichen Ordnung dient. Ist der Betriebsrat fehlerhaft zusammengesetzt, besteht ein allgemeines Interesse an der Wiederherstellung der betriebsverfassungsrechtlichen Ordnung, das unabhängig davon ist, ob der Anfechtungsberechtigte den Anfechtungsgrund selbst herbeigeführt hat. Das Setzen eines Anfechtungsgrunds darf daher nicht zu einer Beschränkung des Anfechtungsrechts aus § 19 BetrVG führen; das Verbot der Ausnutzung einer rechtswidrig geschaffenen Position kommt nicht zum Zuge.[25]

Die Ausübung eines betriebsverfassungsrechtlichen Rechts kann auch durch eine besonders schwerwiegende Verfehlung in der Vergangenheit unzulässig werden, wenn diese Verfehlung mit der betroffenen Rechtsposition in sachlichem Zusammenhang steht.[26] Es ist beispielsweise möglich, daß die Betriebspartner zur Durchführung einer gem. § 87 Abs. 1 Nr. 1 BetrVG vereinbarten Betriebsbußenordnung einen gemeinsamen Ausschuß nach § 28 Abs. 3 BetrVG gebildet haben, der die Buße im konkreten Einzelfall zu verhängen hat.[27] Verweigert nun ein vom Betriebsrat gesandtes Mitglied stets aus sachfremden Gründen jegliche Mitentscheidung und beeinträchtigt es damit absichtlich die Arbeit des gemeinsamen Ausschusses, so liegt hierin ein grober Verstoß gegen das Gebot der vertrauensvollen Zusammenarbeit, der gem. § 23 Abs. 1 BetrVG zum Ausschluß aus dem Betriebsrat führen kann.[28] Sollte es jedoch in Ermangelung eines Antrags nicht zu dieser Sanktion kommen, so wäre es ein untragbarer Zustand, wenn das Betriebsratsmitglied weiterhin durch sein Verhalten die Arbeit des gemeinsamen Ausschusses stören dürfte. Man wird daher in extremen Fällen aus § 2 Abs. 1 BetrVG eine Verwirkung[29] des Teilnahmerechts herzuleiten haben.[30] Dieser Verlust des Teilnahme-

---

[24] Vgl. *G. Müller*, Festschrift für *Schnorr von Carolsfeld*, S. 367 (390f.); *Thiele*, GK-BetrVG, § 19 Anm. 4.

[25] Ebenso *G. Müller*, Festschrift für *Schnorr von Carolsfeld*, S. 367 (391); *Thiele*, GK-BetrVG, § 19 Anm. 4; ausdrücklich offengelassen von BAG, AP Nr. 15 zu § 18 BetrVG Bl. 2f.

[26] Vgl. Münch.Komm.-*Roth* § 242 Anm. 280.

[27] Vgl. *Dietz/Richardi* § 87 Anm. 174; *Fitting/Auffarth/Kaiser* § 87 Anm. 40; *Galperin/Löwisch* § 87 Anm. 79; *Kammann/Hess/Schlochauer* § 87 Anm. 57; *Wiese*, GK-BetrVG, § 87 Anm. 128.

[28] Zum Verbot jeglicher Obstruktionspolitik vgl. oben § 7 C III 7.

[29] Diese Art der Verwirkung ist nicht mit der Verwirkung infolge Zeitablaufs zu verwechseln, vgl. zu dieser unten § 8 D III.

[30] Vgl. zu einem ähnlich gelagerten gesellschaftsrechtlichen Fall BGH, NJW 1972, 862.

rechts hätte dann bis zum Ende der Amtszeit zu gelten, ein anderes Betriebsratsmitglied müßte nachrücken.

Schließlich hat ein Verhalten unbeachtlich zu bleiben, das in zu mißbilligender Weise die Rechte der anderen Seite vereitelt. Die wichtigsten Anwendungsfälle dieser Fallgruppe sind die, in denen der Zugang von Willenserklärungen verhindert oder verzögert wird; wer dies in rechtsmißbräuchlicher Weise tut, muß sich so behandeln lassen, als ob ihm die Erklärung in dem entsprechenden Zeitpunkt zugegangen sei.[31] Dies hat insbesondere für die Wahrung von Fristen Bedeutung. Hat beispielsweise bei einer ordentlichen Kündigung des Arbeitgebers der Betriebsrat Bedenken, muß er diese gem. § 102 Abs. 2 Satz 1 BetrVG unter Angabe der Gründe dem Arbeitgeber spätestens innerhalb einer Woche schriftlich mitteilen. Verhindert der Arbeitgeber absichtlich den fristgemäßen Zugang der schriftlichen Mitteilung, um etwa seiner Weiterbeschäftigungspflicht im Falle eines Kündigungsschutzprozesses gem. § 102 Abs. 5 BetrVG aus dem Wege zu gehen, so stellt dies einen erheblichen Verstoß gegen das Gebot der Kooperation zum Wohl der Arbeitnehmer dar. Der Arbeitgeber ist daher so zu behandeln, als ob ihm das Schreiben fristgemäß zugegangen sei; dies verlangt nicht nur das Interesse des Betriebsrats an einer ordnungsgemäßen Mitbestimmung, sondern auch das Interesse des Arbeitnehmers an der Weiterbeschäftigung während eines eventuellen Kündigungsschutzprozesses.

II. Verlust von Beteiligungsrechten des Betriebsrats

Anders als in den zuvor erörterten[32] Fällen des gegenwärtigen mißbilligten Verhaltens führt die hier behandelte Fallgruppe regelmäßig nicht nur zu einer Beschränkung der Rechtsausübung, sondern zu einem völligen Verbot, das Recht in dem betreffenden Einzelfall überhaupt wahrzunehmen. Es fragt sich, ob diese Konsequenz auch für Beteiligungsrechte des Betriebsrats gilt.

Denkbar ist, daß im Falle innerbetrieblicher Spannungen der Betriebsrat bzw. seine Mitglieder einseitig in die Leitung des Betriebs eingreifen und durch unbefugtes Ausschalten einer Maschine einen Produktionsausfall verursachen, der nur durch die vorübergehende Anordnung von Überstunden aufgefangen werden kann. Falls kein Notfall vorliegt,[33] hat der Betriebsrat in

---

[31] Vgl. RGZ 58, 406; BGH, BB 1952, 732; BAG, NJW 1963, 554 (555); Münch.-Komm.-*Roth* § 242 Anm. 289; *Soergel-Knopp* § 242 Anm. 203; *Staudinger-Weber* § 242 Anm. D 402.

[32] Vgl. oben § 8 B.

[33] Vgl. nur *Wiese*, GK-BetrVG, § 87 Anm. 167, 85ff., sowie unten § 8 F III 2.

bezug auf die vorübergehende Verlängerung der betriebsüblichen Arbeitszeit gem. § 87 Abs. 1 Nr. 3 BetrVG mitzubestimmen.[34] Es fragt sich jedoch, ob der Betriebsrat dieses Mitbestimmungsrecht dadurch verloren hat, daß er den Grund für die Anordnung von Überstunden selbst in rechtswidriger, gegen § 77 Abs. 1 Satz 2 BetrVG verstoßender Weise gesetzt hat. Bei einer konsequenten Anwendung des Verbots der Ausnutzung einer durch vorangegangenes Fehlverhalten entstandenen Rechtslage wäre dies anzunehmen.

Oder es wäre im Rahmen der Verwirkung eines Rechts aufgrund vergangenen Fehlverhaltens an den Fall zu denken, daß ein Betriebsratsmitglied mit Billigung oder gar im Auftrag des Betriebsrats den Arbeitgeber in unerträglichem Maße provoziert und wiederholt vorsätzlich schädigt. Will der Arbeitgeber diesem Betriebsratsmitglied gem. § 626 BGB außerordentlich kündigen, bedarf diese Kündigung an sich gem. § 103 Abs. 1 BetrVG der Zustimmung des Betriebsrats.[35] Würden die Grundsätze über die Verwirkung aufgrund vergangenen Fehlverhaltens angewendet, so hätte die vorhergehende Anstiftung durch den Betriebsrat einen Verlust seines Mitbestimmungsrechts zur Folge, so daß der Arbeitgeber ohne Zustimmung des Betriebsrats kündigen dürfte.

Zum dritten wäre zu überlegen, ob etwa der Grundsatz, daß ein in mißbilligenswerter Weise die Rechte der anderen Seite vereitelndes Verhalten unbeachtlich bleibt, auch zu einem Verlust von Beteiligungsrechten führen kann. So ist gem. § 102 Abs. 1 BetrVG der Betriebsrat vor jeder Kündigung zu hören, andernfalls ist die Kündigung unwirksam.[36] Wenn der Betriebsrat mutwillig die Einleitung des Anhörungsverfahrens verzögert, indem er keine Erklärungen des Arbeitgebers annimmt, so beeinträchtigt er dessen Recht zur unverzüglichen Kündigung nach Abschluß des fristgebundenen Anhörungsverfahrens, da ohne Anhörung die Kündigung unwirksam ist. Es fragt sich, ob dieses unzulässige, den Arbeitgeber beeinträchtigende Verhalten des Betriebsrats nach § 2 Abs. 1 BetrVG als unbeachtlich anzusehen ist, der Betriebsrat sich also so behandeln lassen muß, als ob ihm die Mitteilung der Kündigung zugegangen ist. Diese konsequente Anwendung der zu § 242 BGB entwickelten Grundsätze hätte zur Folge, daß der Arbeitgeber die Anhörung nicht erneut einzuleiten brauchte, sondern nach Ablauf der in § 102 Abs. 2 BetrVG festgelegten Frist ohne tatsächliche Anhörung des Betriebsrats kündigen dürfte.[37]

---

[34] Es soll hier vom Vorliegen eines kollektiven Tatbestands ausgegangen werden, vgl. hierzu *Dietz/Richardi* § 87 Anm. 11ff.; *Fitting/Auffarth/Kaiser* § 87 Anm. 16ff.; *Galperin/Löwisch* § 87 Anm. 6ff.; *Wiese*, GK-BetrVG, § 87 Anm. 12ff., jeweils m. w. N.

[35] Vgl. hierzu *Dietz/Richardi* § 103 Anm. 21ff.; *Fitting/Auffarth/Kaiser* § 103 Anm. 17ff.; *Galperin/Löwisch* § 103 Anm. 12; *Kammann/Hess/Schlochauer* § 103 Anm. 33ff.; *Kraft*, GK-BetrVG, § 103 Anm. 17ff.

[36] Vgl. *Dietz/Richardi* § 102 Anm. 91ff.; *Fitting/Auffarth/Kaiser* § 102 Anm. 25ff.; *Galperin/Löwisch* § 102 Anm. 46ff.; *Kammann/Hess/Schlochauer* § 102 Anm. 51ff.; *Kraft*, GK-BetrVG, § 102 Anm. 41f.

[37] Die Frage, inwieweit ein Fehler bei der Anhörung in den Zuständigkeits- und Verantwortungsbereich des Betriebsrats fällt, wird hier nicht berührt, da noch kein Anhö-

In allen diesen Fällen läuft die Beantwortung auf die Frage hinaus, ob ein in der Vergangenheit liegendes verwerfliches Verhalten des Betriebsrats zu einem Verlust seiner Beteiligungsrechte führen kann. Es findet sich hierzu lediglich die vom BAG[38] *obiter dictum* getroffene und nicht näher begründete Aussage, daß § 2 Abs. 1 BetrVG nicht als materieller Ausschlußtatbestand für nach dem Betriebsverfassungsgesetz eingeräumte Rechte anzusehen sei. Diese Problematik ist im folgenden nach Sinn und Zweck der Beteiligungsrechte zu klären.

Die Mitbestimmungs- und Mitwirkungsrechte des Betriebsrats dienen der Belegschaft.[39] Das ist bei den meisten Vorschriften ohne weiteres ersichtlich, so beispielsweise beim Tatbestand des § 91 BetrVG, der sich ausdrücklich auf eine Belastung der Arbeitnehmer durch bestimmte betriebliche Änderungen bezieht. Aber auch andere Beteiligungsrechte, die auf den ersten Blick lediglich den Interessen des Betriebsrats nachkommen, dienen letztlich den Arbeitnehmern. So hat die Mitbestimmung nach § 103 BetrVG nicht nur den Sinn, die einzelnen Betriebsratsmitglieder in ihrer Amtsführung zu schützen, sondern dient auch dem Interesse der Arbeitnehmer daran, daß nicht ihre Interessenvertretung durch willkürliche außerordentliche Kündigungen oder durch Drohung mit solchen ausgeschaltet wird.[40]

Es wurde oben[41] bereits dargelegt, daß das im BetrVG niedergelegte System der betrieblichen Mitbestimmung Ergebnis eines hart umkämpften gesetzgeberischen Kompromisses ist. In der genauen Festlegung einzelner Beteiligungsrechte verwirklicht sich abschließend der gesetzgeberische Plan, die Arbeitnehmer in bestimmter Weise an den sie betreffenden Entscheidungen im betrieblichen Geschehen teilnehmen zu lassen.[42] Deshalb ist eine Erweiterung der Beteiligungsrechte über die Generalklausel des § 2 Abs. 1 BetrVG nicht möglich.[43] Ohne auf die Rechtsstellung des Betriebsrats im einzelnen eingehen zu müssen, ist festzustellen, daß der demokratisch gewählte Betriebsrat die Beteiligungsrechte für die Arbeitnehmer ausübt.[44] Es handelt

---

rungsverfahren eingeleitet wurde; die ordnungsgemäße Einleitung des Anhörungsverfahrens ist grundsätzlich Aufgabe des Arbeitgebers. Vgl. zu dieser Frage *Dietz/Richardi* § 102 Anm. 93ff.; *Kraft*, GK-BetrVG, § 102 Anm. 37ff., jeweils m. w. N.

[38] Vgl. DB 1984, 248 (250), in Bestätigung von AP Nr. 14 zu § 40 BetrVG 1972 Bl. 4 R. Zust. *Schwerdtner*, Anm. zu BAG, SAE 1984, 266 (268).

[39] Vgl. BAG, AP Nr. 4 zu § 94 ArbGG 1953 Bl. 5 R; AP Nr. 5 zu § 80 BetrVG 1972 Bl. 3; *Wiese*, RdA 1968, 455 (457); zu den Leitprinzipien der Betriebsverfassung nur *Thiele*, GK-BetrVG, Einleitung Anm. 23ff. Vgl. auch oben § 8 B II.

[40] Vgl. *Dietz/Richardi* § 103 Anm. 1; *Fitting/Auffarth/Kaiser* § 103 Anm. 1; *Galperin/Löwisch* § 103 Anm. 1; *Kraft*, GK-BetrVG, § 103 Anm. 2.

[41] Vgl. § 7 B II 2, 3.

[42] Vgl. oben § 7 B II 2 m. w. N.

[43] Vgl. oben § 7 B II 2, 3, 4.

[44] Vgl. *Dietz/Richardi* § 1 Anm. 14, 17; *Fitting/Auffarth/Kaiser* § 1 Anm. 32, 42ff.; *Galperin/Löwisch* vor § 1 Anm. 19, vor § 74 Anm. 7; *Kammann/Hess/Schlochauer* vor

sich nicht um Rechte, die allein in seiner Disposition stehen, sondern um pflichtgebundene Rechte, also um Rechte, die er im Interesse der Belegschaft wahrzunehmen verpflichtet ist.[45] Diese Rechte bestehen daher grundsätzlich unabhängig von Zusammensetzung und Verhalten des Betriebsrats. Aus dieser Pflichtenstellung folgert *Wiese*[46] zu Recht, daß der Betriebsrat nicht auf seine betriebsverfassungsrechtlichen Befugnisse verzichten kann.[47] Dafür spreche weiter das öffentliche Interesse daran, daß die durch das Betriebsverfassungsgesetz erfolgte Regelung eines Teilbereichs der Sozialordnung verwirklicht und nicht durch einen Verzicht der Beteiligten aufgehoben wird. Insoweit handele es sich bei der Betriebsverfassung um einen der Disposition der Beteiligten entzogenen Ordnungsrahmen für ihre Tätigkeit.[48] Diese Gedanken müssen auch für die Frage herangezogen werden, ob Beteiligungsrechte durch ein vorhergehendes Fehlverhalten des Betriebsrats verloren gehen können.

Primär ist das Interesse der unmittelbar betroffenen Belegschaft zu berücksichtigen. Diese hat lediglich über den Betriebsrat die Möglichkeit, auf das betriebliche Geschehen einzuwirken. Die Möglichkeiten, den Betriebsrat während seiner Amtszeit zu einem bestimmten Verhalten zu veranlassen, sind äußerst beschränkt, da das Gesetz kein imperatives Mandat kennt;[49] lediglich nach § 23 Abs. 1 BetrVG können Sanktionen in die Wege geleitet werden. Angesichts dieser Sachlage ist es unangebracht, die Arbeitnehmer für ein Fehlverhalten des Betriebsrats bzw. seiner Mitglieder einstehen zu lassen, indem die ihnen dienenden Befugnisse nicht mehr wahrgenommen werden dürfen. Da den Arbeitnehmern auch kein eigenes zu mißbilligendes Verhalten vorzuwerfen ist, widerspräche es dem Sinn der Beteiligungsrechte, wenn sie durch ein vorangegangenes Fehlverhalten des Betriebsrats verloren gehen würden.

---

§ 1 Anm. 22, 27; *Kraft*, GK-BetrVG, § 1 Anm. 39, 42f.; *Neumann-Duesberg*, Betriebsverfassungsrecht, S. 120; *Thiele*, GK-BetrVG, Einleitung Anm. 78.

45 Vgl. *Wiese*, RdA 1968, 455 (457).

46 Vgl. RdA 1968, 455 (457); Anm. zu BAG, SAE 1968, 137 (140). Vgl. auch *ders.*, GK-BetrVG, § 87 Anm. 5.

47 Ebenso *Dietz/Richardi* Vorbem. zu § 87 Anm. 8; *Fitting/Auffarth/Kaiser* § 1 Anm. 45; *Galperin/Löwisch* § 87 Anm. 15; *Hueck/Nipperdey* II/2, S. 1310; *Kammann/Hess/Schlochauer* § 88 Anm. 4; wohl auch BAG, AP Nr. 9 zu § 56 BetrVG Wohlfahrtseinrichtungen Bl. 2. Weitere Nachweise bei *Wiese*, RdA 1968, 455 FN 3.

48 Vgl. *Wiese*, RdA 1968, 455 (457f.).

49 Vgl. *Dietz/Richardi* § 23 Anm. 3, § 45 Anm. 18; *Fabricius*, GK-BetrVG, § 45 Anm. 77; *Fitting/Auffarth/Kaiser* § 1 Anm. 32, § 45 Anm. 19; *Galperin/Löwisch* § 45 Anm. 17, vor § 74 Anm. 7; *Gnade/Kehrmann/Schneider/Blanke* § 45 Anm. 19; *Hueck/Nipperdey* II/2, S. 1218; *Kammann/Hess/Schlochauer* § 45 Anm. 18; *Kraft*, GK-BetrVG, § 1 Anm. 42; *Thiele*, GK-BetrVG, Einleitung Anm. 81f.; vgl. auch *BVerfGE* 51, 77 (94f.); *Nikisch* III, S. 18.

Ferner ist das Interesse der Allgemeinheit an der ordnungsgemäßen Verwirklichung des gesetzgeberischen Gestaltungswillens zu beachten. Ebenso wie bei der Frage der Verzichtbarkeit muß daran festgehalten werden, daß der Betriebsrat über die gesetzlich angeordneten Beteiligungsrechte nicht disponieren kann. Deshalb darf kein wie auch immer geartetes Verhalten des Betriebsrats zu einem Verlust der Beteiligungsrechte führen. Was daher für den freiwilligen Verzicht gilt, muß auch für jedes andere Verhalten gelten. Dies wird insbesondere dann offensichtlich, wenn ein bestimmtes Fehlverhalten vom Betriebsrat nur deshalb erfolgt, weil er hofft, auf diese Weise ein bestimmtes Recht nicht ausüben zu müssen – dies käme in der Sache jedoch einem Verzicht gleich. Aber auch alle anderen Fälle eines zu mißbilligenden Fehlverhaltens können nicht dazu führen, daß vom Betriebsrat die gesetzgeberische Konzeption und das öffentliche Interesse an ihrer Einhaltung beiseite geschoben werden.

Somit ist festzustellen, daß ein vorangegangenes Fehlverhalten des Betriebsrats nicht zu einem Verlust seiner Beteiligungsrechte führen kann. Die zu § 242 BGB entwickelte Fallgruppe, die an ein verwerfliches früheres Verhalten anknüpft und daraufhin die Ausübung eines Rechts verbietet, ist insoweit nicht zu übertragen. Die eingangs angeführten Beispielsfälle sind daher ohne Rückgriff auf das Verbot des Rechtsmißbrauchs zu lösen.

In dem Fall, in dem das Mitbestimmungsrecht des Betriebsrats gem. § 87 Abs. 1 Nr. 3 BetrVG nur deshalb entstanden ist, weil der Betriebsrat eigenmächtig in die Leitung des Betriebs eingegriffen hat und deshalb Überstunden nötig geworden sind, bleibt das Mitbestimmungsrecht trotz dieses vorhergehenden Verhaltens bestehen. Schadensersatzansprüche des Arbeitgebers sowie Sanktionen nach § 23 Abs. 1 BetrVG bleiben unberührt.

Im zweiten Fall ging es um die Frage, ob der Betriebsrat durch ein vorhergehendes Fehlverhalten sein Mitbestimmungsrecht nach § 103 Abs. 1 BetrVG verwirken kann. Da § 103 BetrVG auch dem Schutz der Belegschaftsinteressen dient, kann das Fehlverhalten nach dem Gesagten nicht zu einem Verlust dieses Beteiligungsrechts führen; der Arbeitgeber muß daher für die außerordentliche Kündigung die Zustimmung des Betriebsrats einholen. Da die Billigung der Provokation durch das Betriebsratsmitglied bzw. die Anstiftung hierzu einen Verstoß gegen die betriebliche Friedenspflicht und die Kooperationsmaxime darstellt, hat der Arbeitgeber neben Schadensersatzansprüchen die Möglichkeiten nach § 23 Abs. 1 BetrVG.

Auch im dritten Fall darf das Fehlverhalten des Betriebsrats nicht dazu führen, daß der Arbeitgeber ohne tatsächliche Anhörung des Betriebsrats kündigen dürfte. Das Verzögern der Einleitung des Anhörungsverfahrens stellt offensichtlich einen Verstoß gegen das Gebot der vertrauensvollen Zusammenarbeit dar, das jede Form der Obstruktion durch den Betriebsrat verbietet.[50] Der Arbeitgeber kann Unterlassung dieses Verhaltens verlangen und unter Umständen gerichtlich vorgehen.[51] Da die Anhörung des Betriebsrats dem Interesse des betroffenen Arbeitnehmers dient und als solche unverzichtbarer Bestandteil des gesetzgeberischen Gesamtplans ist, muß an der Anordnung des § 102 Abs. 1 Satz 3 BetrVG festgehalten werden; eine Kündigung des Arbeitnehmers ist unwirksam. Der Arbeitgeber muß daher die Zustellung der Mitteilung notfalls auf gerichtlichem Wege bewirken und so das Anhörungsverfahren einleiten. Erst nach Abschluß des Anhörungsverfahrens darf die Kündigung ausgesprochen werden.

D. Widerspruch zu früherem Verhalten

I. Schaffung eines Vertrauenstatbestands

1. Anwendungsfälle

Als weitere Fallgruppe des Verbots des Rechtsmißbrauchs untersagt der Grundsatz von Treu und Glauben jedes Verhalten, das in unzulässigem Widerspruch zu früherem Verhalten steht *(venire contra factum proprium).*[52] Hierbei braucht das frühere Verhalten anders als bei der zuvor erörterten Fallgruppe, in der die Ausübung eines durch mißbilligtes Vorverhalten entstandenen Rechts unzulässig war, als solches nicht mißbilligenswert zu sein.[53] Erst durch das Zusammentreffen mit dem späteren Verhalten kann im Einzelfall das Verbot entstehen, ein bestimmtes Recht auszuüben. Hierbei sind zwei verschiedene Zusammenhänge möglich. Einmal kann durch das Vorverhalten ein Vertrauenstatbestand gesetzt worden sein, an den sich nun der

---

[50] Vgl. oben § 7 C III 7.

[51] Die Frage, ob ein gerichtliches Vorgehen lediglich über § 23 Abs. 1 BetrVG möglich ist oder ob der aus § 2 Abs. 1 BetrVG folgende Unterlassungsanspruch daneben selbständig einklagbar ist, kann hier nicht abschließend erörtert werden, vgl. bereits oben § 7 B III 7.

[52] Vgl. BGHZ 32, 273 (279); AK-BGB-*Teubner* § 242 Anm. 31f.; *Blomeyer*, Schuldrecht, S. 21; *Brox*, Schuldrecht, Rz. 87; *Canaris*, Vertrauenshaftung, S. 287ff.; *Enneccerus/Nipperdey* § 239 IV 1 c; *Erman-Sirp* § 242 Anm. 79; *Esser/Schmidt*, Schuldrecht, S. 150f.; *Fikentscher*, Schuldrecht, S. 118; *Larenz*, Schuldrecht I, S. 123; *Medicus*, Schuldrecht I, S. 66; Münch.Komm.-*Roth* § 242 Anm. 295; *Palandt-Heinrichs* § 242 Anm. 4 C e; *Riezler*, Venire contra factum proprium, S. 110ff.; *Soergel-Knopp* § 242 Anm. 228f.; *Staudinger-Weber* § 242 Anm. D 323ff.; *Wieacker*, Präzisierung, S. 27ff.; kritisch *Staudinger-Schmidt* § 242 Anm. 554ff. und *Wieling*, AcP Bd. 176, 334. Vgl. bereits oben § 2 E III 1.

[53] Vgl. *Enneccerus/Nipperdey* § 239 IV FN 35; Münch.Komm.-*Roth* § 242 Anm. 295; *Soergel-Knopp* § 242 Anm. 228f. Vgl. bereits *Riezler*, Venire contra factum proprium, S. 170ff.

Rechtsinhaber binden lassen muß; dieser Fall wird die Regel sein.[54] Es sind jedoch auch Fälle denkbar, in denen ohne Setzung eines Vertrauenstatbestands das spätere Verhalten sachlich nicht mit dem früheren vereinbar ist.[55] Die in der Praxis bedeutsameren Fälle der Setzung eines Vertrauenstatbestands sollen hier zuerst erörtert werden.

Eine Partei muß sich dann an ihr früheres Verhalten binden lassen, wenn sie bewußt oder unbewußt, aber erkennbar[56] durch ihr Verhalten eine Vertrauenshaltung der anderen Seite darauf begründete, daß sie an dem von ihr gesetzten Tatbestand festhält und sich nicht später hierzu widersprüchlich verhält. Hierbei kann das vertrauensbegründende Verhalten in einem Tun, Dulden oder Unterlassen bestehen. Entscheidend ist, daß sich die andere Seite nach Treu und Glauben auf die durch das Verhalten begründete oder bestätigte Rechts- oder sonstige Sachlage verlassen durfte, dies auch tatsächlich tat und ihr ein Abweichen davon nicht zugemutet werden kann.[57] Das Verbot des *venire contra factum proprium* hat über § 2 Abs. 1 BetrVG grundsätzlich auch im Verhältnis der Betriebspartner Geltung.[58]

Es wäre beispielsweise an ein unzulässiges *venire contra factum proprium* zu denken, wenn der Arbeitgeber den Betriebsratsmitgliedern den Abschluß einer Betriebsvereinbarung gem. § 38 Abs. 1 Satz 3 BetrVG zusagt, in der die gesetzliche Anzahl der freizustellenden Betriebsratsmitglieder um eines erhöht wird.[59] Richtet sich nun der Betriebsrat faktisch darauf ein, indem er beispielsweise intern die Geschäftsverteilung ändert und bereits die zusätzliche Person auswählt, welche sich ihrerseits auf ihre Tätigkeit vorzubereiten beginnt, so wäre es widersprüchlich, wenn sich der Arbeitgeber später ohne sachlichen Grund darauf berufen würde, daß es sich um eine freiwillige Betriebsvereinbarung handele, und er deshalb deren Abschluß verweigern würde. Zwar kann der Abschluß einer Vereinbarung gem. § 38 Abs. 1 Satz 3

---

[54] Vgl. BGHZ 32, 273 (279); *Esser/Schmidt*, Schuldrecht, S. 150; *Larenz*, Schuldrecht I, S. 123; Münch.Komm.-*Roth* § 242 Anm. 295, 301 ff.; *Palandt-Heinrichs* § 242 Anm. 4 C e; *Riezler*, Venire contra factum proprium, S. 166 ff.; *Soergel-Knopp* § 242 Anm. 229; *Staudinger-Weber* § 242 Anm. D 323; *Wieacker*, Präzisierung, S. 28.

[55] Vgl. Münch.Komm.-*Roth* § 242 Anm. 295, 321 ff.; *Palandt-Heinrichs* § 242 Anm. 4 C e; *Soergel-Knopp* § 242 Anm. 229; vgl. auch *Enneccerus/Nipperdey* § 239 IV 1 c und *Staudinger-Weber* § 242 Anm. D 323, die in der Sache dasselbe meinen. Vgl. hierzu unten § 8 D II.

[56] Vgl. Münch.Komm.-*Roth* § 242 Anm. 297; allgemein zur Zurechenbarkeit *Canaris*, Vertrauenshaftung, S. 467 ff. Vgl. auch *Erman-Sirp* § 242 Anm. 79; *Wieacker*, Präzisierung, S. 28.

[57] Vgl. ausführlich *Canaris*, Vertrauenshaftung, S. 294 ff.; *Erman-Sirp* § 242 Anm. 79; *Soergel-Knopp* § 242 Anm. 229.

[58] Vgl. ausdrücklich *Dietz/Richardi* § 2 Anm. 10; *Kammann/Hess/Schlochauer* § 2 Anm. 21 sowie oben § 2 E III 2.

[59] Vgl. hierzu *Dietz/Richardi* § 38 Anm. 17; *Fitting/Auffarth/Kaiser* § 38 Anm. 10, 16; *Galperin/Löwisch* § 38 Anm. 31; *Wiese*, GK-BetrVG, § 38 Anm. 19.

BetrVG grundsätzlich nicht erzwungen werden.[60] Auch hat die Zusage des Arbeitgebers nicht zu einem Vorvertrag in Form einer verbindlichen Betriebsabsprache geführt, da der Betriebsrat keinen Beschluß gem. § 33 BetrVG über die Angelegenheit gefaßt hat; angesichts der formalisierten Willensbildung ist eine schlüssige Zustimmung des Betriebsrats ohne Beschluß nach richtiger Ansicht[61] nicht möglich. Der Arbeitgeber hat jedoch für ihn erkennbar einen Tatbestand gesetzt, auf den der Betriebsrat vertrauen durfte und auch tatsächlich vertraute. Diesem schutzwürdigen Interesse des Betriebsrats widerspricht es, wenn der Arbeitgeber ohne sachlichen Grund von seiner ursprünglichen Zusage abweicht. Das Gebot der vertrauensvollen Zusammenarbeit verbietet daher dem Arbeitgeber das Abrücken von seiner Zusage; er muß die entsprechende freiwillige Betriebsvereinbarung mit dem Betriebsrat abschließen. Durch das Verbot des *venire contra factum proprium* kann so die Verpflichtung zum Abschluß einer betrieblichen Einigung mit einem bestimmten Inhalt entstehen.

Dies gilt auch für die Seite des Betriebsrats. Treten z.B. die Betriebsratsmitglieder ohne formellen Beschluß an den Arbeitgeber mit dem Wunsch heran, im kommenden Monat wegen eines Fußballspiels die betriebsübliche Arbeitszeit vorübergehend zu verkürzen, verabreden beide Seiten den Abschluß einer entsprechenden Betriebsabsprache gem. § 87 Abs. 1 Nr. 3 BetrVG[62] für einen späteren Termin und richtet der Arbeitgeber die betriebliche Organisation darauf ein, so dürfen die Betriebsratsmitglieder nicht ohne weiteres von ihrer Anregung abweichen. Sie dürfen deshalb nicht in ihrem späteren Beschluß die entsprechende Betriebsabsprache ablehnen. Voraussetzung ist hier, wie sonst auch, daß das schützenswerte Interesse des Arbeitgebers dem Interesse des Betriebsrats vorgeht. Ein unzulässiges *venire contra factum proprium* liegt daher nicht vor, wenn der Betriebsrat erhebliche sachliche Gründe für seine Meinungsänderung vorweisen kann, die organisatorischen Maßnahmen des Arbeitgebers ohne Umstände zurücknehmbar sind und diesem die Rücknahme auch zumutbar ist.

Das Verbot widersprüchlichen Verhaltens hat auch für die Kostentragungspflicht des Arbeitgebers gem. § 40 Abs. 1 BetrVG Bedeutung. So wurde oben[63] ausgeführt, daß der Arbeitgeber grundsätzlich nicht verpflichtet ist,

---

[60] Vgl. *Dietz/Richardi* § 38 Anm. 16; *Fitting/Auffarth/Kaiser* § 38 Anm. 10; *Galperin/Löwisch* § 38 Anm. 30; *Gnade/Kehrmann/Schneider/Blanke* § 38 Anm. 13; *Kammann/Hess/Schlochauer* § 38 Anm. 10; *Wiese*, GK-BetrVG, § 38 Anm. 18.

[61] Vgl. *Dietz/Richardi* § 77 Anm. 163; *Fitting/Auffarth/Kaiser* § 77 Anm. 69a; *Galperin/Löwisch* § 77 Anm. 103; *Gnade/Kehrmann/Schneider/Blanke* § 77 Anm. 6; *Hueck/Nipperdey* II/2, S. 1306; *Nikisch* III, S. 372; *Thiele*, GK-BetrVG, § 77 Anm. 22; *Wiese*, GK-BetrVG, § 87 Anm. 48; a. A. BAG, AP Nr. 1 zu § 56 BetrVG Arbeitszeit Bl. 3 R; AP Nr. 4 zu § 56 BetrVG Akkord Bl. 3 R.

[62] Die Mitbestimmung nach § 87 BetrVG kann auch durch formlose Betriebsabsprache wahrgenommen werden, vgl. statt vieler *Wiese*, GK-BetrVG, § 87 Anm. 45 m. w. N.

[63] Vgl. § 7 B III 1.

vorsorglich finanzielle Nachteile von den Betriebsratsmitgliedern abzuwenden. Es ging um den Fall, daß der Betriebsrat eine nicht erforderliche Honorarvereinbarung mit dem Beisitzer einer Einigungsstelle beschließt und diesen Beschluß dem Arbeitgeber mitteilt. Für diesen Fall wurde klargelegt, daß letzterer grundsätzlich nicht gem. § 2 Abs. 1 BetrVG verpflichtet ist, dem Betriebsrat seine Bedenken mitzuteilen, da die Betriebsratsmitglieder eigenverantwortlich handeln und daher für nicht erforderliche Kosten selbst einzustehen haben. Eine Grenze ist jedoch durch das Verbot des Rechtsmißbrauchs zu ziehen. Wenn beispielsweise der Betriebsrat in einem Zweifelsfalle an den Arbeitgeber herantritt und dieser für ihn erkennbar durch sein passives Verhalten beim Betriebsrat den Eindruck erweckt, daß er die Kosten für erforderlich halte, so setzt der Arbeitgeber hiermit einen Vertrauenstatbestand, an den er gebunden ist. Er darf daher später nicht die Kostentragung mit dem Hinweis auf die Nichterforderlichkeit der Kosten verweigern, wenn der Betriebsrat im Vertrauen auf seine Finanzierung die Kosten verursacht hat. Setzt der Arbeitgeber durch sein Untätigbleiben hingegen keinen besonderen Vertrauenstatbestand, so braucht er die nicht erforderlichen Kosten nicht zu zahlen.

Eng mit dem Verbot des widersprüchlichen Verhaltens hängt der Gedanke der Vertrauenshaftung zusammen, der insbesondere von *Canaris*[64] in umfassender Weise herausgearbeitet wurde. Danach kommt in zahlreichen gesetzlichen Vorschriften sowie Gewohnheits- und Richterrechtsbildungen ein allgemeines Prinzip der Haftung für einen Vertrauenstatbestand zum Ausdruck, den eine Partei im Rechtsverkehr einer anderen gegenüber setzt und der zu einer schützenswerten Vertrauenshaltung dieser Seite führt. Für das Betriebsverfassungsrecht hat ein umfassender Vertrauensschutz vor allem für die Vertretung des Betriebsrats Bedeutung.

Grundsätzlich vertritt der Betriebsratsvorsitzende gem. § 26 Abs. 3 Satz 1 BetrVG den Betriebsrat im Rahmen der von ihm gefaßten Beschlüsse; insoweit ist er Vertreter in der Erklärung.[65] Beispielsweise ist denkbar, daß der Betriebsratsvorsitzende im Rahmen der Mitbestimmung nach § 87 Abs. 1 BetrVG dem Arbeitgeber gegenüber eine Erklärung abgibt, die von seiner in § 26 Abs. 3 Satz 1 BetrVG festgelegten Vertretungsmacht nicht gedeckt ist, weil entweder kein oder nur ein unwirksamer Beschluß des Betriebsrats vor-

---

64 Vgl. Vertrauenshaftung, S. 1 ff.

65 Vgl. BAG, AP Nr. 2 zu § 70 PersVG Kündigung Bl. 1; AP Nr. 1 zu § 14 AZO Bl. 1 R; AP Nr. 11 zu § 112 BetrVG 1972 Bl. 3; *Dietz*, RdA 1968, 439; *Dietz/Richardi* § 26 Anm. 40; *Fitting/Auffarth/Kaiser* § 26 Anm. 26; *Gnade/Kehrmann/Schneider/Blanke* § 26 Anm. 24; *Kammann/Hess/Schlochauer* § 26 Anm. 35; *Wiese*, GK-BetrVG, § 26 Anm. 41; krit. *Galperin/Löwisch* § 26 Anm. 25; weitere Nachweise zum Meinungsstand bei *Wiese*, a. a. O.

liegt oder der Betriebsratsvorsitzende eine wirksame Vollmacht überschreitet. In einer solchen Situation gibt es zwei Möglichkeiten.

Der Betriebsrat kann durch einen Beschluß die Erklärung entsprechend § 177 Abs. 1 BGB genehmigen, so daß die Erklärung rückwirkend wirksam wird.[66] Insoweit gibt es keine Probleme. Andererseits kann der Betriebsrat die Genehmigung verweigern und sich darauf berufen, daß die ohne Vertretungsmacht abgegebene Erklärung ihm gegenüber unwirksam und damit bedeutungslos sei. Fraglich sind hier die Fälle, in denen der Arbeitgeber bei Entgegennahme der Erklärung aufgrund eines bestimmten Verhaltens der Betriebsratsmitglieder davon ausgeht, daß der Vorsitzende im Rahmen seiner Vertretungsmacht handelt.

Grundsätzlich wird der gute Glaube des Arbeitgebers an ein Handeln im Rahmen der Vertretungsmacht nicht geschützt.[67] Zu Recht nimmt jedoch die h. M.[68] für bestimmte Fälle eine Bindung des Betriebsrats nach den Grundsätzen der Vertrauenshaftung an, die dazu führt, daß er sich so behandeln lassen muß, als ob der Betriebsratsvorsitzende im Rahmen eines ordnungsgemäßen Beschlusses gehandelt hat, er also dessen Erklärung gegen sich gelten lassen muß.[69] Die Voraussetzung für diese Zurechnung kraft Vertrauenshaftung ist die Begründung des Rechtsscheins durch den Betriebsrat gegenüber dem Arbeitgeber, daß der Betriebsratsvorsitzende aufgrund und im Rahmen eines wirksamen Beschlusses handelt. Maßgebend ist, daß der Betriebsrat das vollmachtlose Auftreten des Erklärenden für den Betriebsrat kennt oder bei Anwendung pflichtgemäßer Sorgfalt hätte kennen müssen[70] und hätte verhindern können, jedoch untätig blieb. Der durch dieses Verhalten des Betriebsrats entstehende Eindruck beim Arbeitgeber ermöglicht dann eine Zurechnung der Erklärung kraft Vertrauenshaftung, wenn der Arbeitgeber auf die Bevollmächtigung des Vorsitzenden vertrauen durfte und tatsäch-

---

[66] Vgl. BAG, AP Nr. 1 zu § 615 BGB Kurzarbeit Bl. 2 R; *Dietz*, RdA 1968, 439 (440f.); *Dietz/Richardi* § 26 Anm. 52; *Fitting/Auffarth/Kaiser* § 26 Anm. 27, 31; *Galperin/Löwisch* § 26 Anm. 30; *Gnade/Kehrmann/Schneider/Blanke* § 26 Anm. 28; *Kammann/Hess/Schlochauer* § 26 Anm. 39; *Stege/Weinspach* § 26 Anm. 10; *Weiss* § 26 Anm. 6; *Wiese*, GK-BetrVG, § 26 Anm. 45 m. w. N.

[67] So *Dietz/Richardi* § 26 Anm. 51; *Fitting/Auffarth/Kaiser* § 26 Anm. 29; *Galperin/Löwisch* § 26 Anm. 31; *Gnade/Kehrmann/Schneider/Blanke* § 26 Anm. 29; *Kammann/Hess/Schlochauer* § 26 Anm. 49; *Stege/Weinspach* § 26 Anm. 10; *Wiese*, GK-BetrVG, § 26 Anm. 48 f. m. w. N.

[68] Vgl. *Canaris*, Vertrauenshaftung, S. 264f.; *Dietz*, RdA 1968, 439 (441f.); *Dietz/Richardi* § 26 Anm. 51, 54ff., § 33 Anm. 25ff.; *Fitting/Auffarth/Kaiser* § 26 Anm. 31; *Galperin/Löwisch* § 26 Anm. 32; *Hueck/Nipperdey* II/2, S. 1192; *Kammann/Hess/Schlochauer* § 26 Anm. 39; *Wiese*, GK-BetrVG, § 26 Anm. 49; a. A. *Thiele*, GK-BetrVG, § 77 Anm. 22.

[69] Zu den Rechtsfolgen der Vertrauenshaftung vgl. *Wiese*, GK-BetrVG, § 26 Anm. 53.

[70] A. A. *Canaris*, Vertrauenshaftung, S. 265, nach dem das bloße Kennenmüssen nicht ausreicht; in diesen Fällen ist seines Erachtens die „Vertrauenshaftung kraft widersprüchlichen Verhaltens" heranzuziehen.

lich vertraut hat.[71] Dieses Einstehen für einen zurechenbar gesetzten Rechtsschein entspricht den Grundsätzen von Anscheins- und Duldungsvollmacht,[72] wobei deren genaue Unterscheidung dahinstehen mag.[73]

Gegen diese Bindung kann nicht eingewendet werden, sie führe zu einer unzulässigen stillschweigenden Bevollmächtigung des Vorsitzenden und umgehe daher das formalisierte Beschlußverfahren des § 33 BetrVG.[74] Insbesondere *Canaris*[75] und einige Autoren des neueren Schrifttums[76] haben zu Recht im Gegensatz zur früher h. M.[77] ausgeführt, daß die Grundsätze der Duldungsvollmacht, abgesehen von den Fällen einer konkludenten Vollmachterteilung, nicht rechtsgeschäftlicher Natur sind. Daher stellt die Zurechnung der Erklärung bei Wissen des Betriebsrats vom Auftreten des Betriebsratsvorsitzenden keine rechtsgeschäftliche Zurechnung dar und ist somit einer durch Beschluß erteilten Vollmacht nicht gleichzusetzen. Außerdem handelt es sich um einen Anwendungsfall des Verbots des *venire contra factum proprium*, das über § 2 Abs. 1 BetrVG auch im Verhältnis der Betriebspartner Geltung hat. Der Betriebsrat setzt durch sein Verhalten für ihn erkennbar den Anschein, der Vorsitzende handele mit und im Rahmen seiner Vertretungsmacht; die spätere Berufung auf das Fehlen einer Vollmacht stellt zu diesem früheren Verhalten einen Widerspruch dar, der nach dem Gebot der vertrauensvollen Zusammenarbeit dem Arbeitgeber nicht zumutbar ist.[78]

Fraglich ist, von wem der Vertrauenstatbestand auszugehen hat. Ein Großteil der Lehre[79] steht auf dem Standpunkt, daß die Mehrheit der Betriebsratsmitglieder von dem Auftreten des Vorsitzenden gewußt haben muß oder hätte wissen müssen. Diese Ansicht kann jedoch nur bedingt überzeugen. Richtig ist sicher, eine Mehrheit für das Setzen des Vertrauenstatbestands zu verlangen. Dabei ist jedoch die Kenntnis oder Unkenntnis des Betriebsrats als

---

71 Vgl. *Dietz*, RdA 1968, 439 (442); *Dietz/Richardi* § 26 Anm. 55; *Wiese*, GK-BetrVG, § 26 Anm. 50.

72 Vgl. hierzu nur *Canaris*, Vertrauenshaftung, S. 39ff., 48ff.; Münch.Komm.-*Thiele* § 167 Anm. 40ff.; *Soergel-Schultze-v. Lasaulx* § 167 Anm. 17ff.

73 Vgl. *Wiese*, GK-BetrVG, § 87 Anm. 50.

74 Vgl. aber *Thiele*, GK-BetrVG, § 77 Anm. 22.

75 Vgl. Vertrauenshaftung, S. 39ff.

76 Vgl. Münch.Komm.-*Thiele* § 167 Anm. 31, 38f.; *Soergel-Schultze-v. Lasaulx* § 167 Anm. 21; *Wiese*, GK-BetrVG, § 26 Anm. 50.

77 Vgl. *Dietz*, RdA 1968, 439 (441f.); *ders.*, RdA 1969, 1 (6); *Dietz/Richardi* § 26 Anm. 54, sowie die Nachweise bei *Canaris*, Vertrauenshaftung, S. 40, und *Soergel-Schultze-v. Lasaulx* § 167 Anm. 19.

78 Ebenfalls unter Hinweis auf die Kooperationsmaxime *Dietz*, RdA 1968, 439 (442); *Hueck/Nipperdey* II/2, S. 1192; *Kammann/Hess/Schlochauer* § 26 Anm. 39; vgl. auch *Galperin/Löwisch* § 26 Anm. 32.

79 Vgl. *Canaris*, Vertrauenshaftung, S. 265, jedoch nur für den Fall der Kenntnis; *Dietz*, RdA 1968, 439 (442); *Dietz/Richardi* § 26 Anm. 55, § 33 Anm. 28; *Fitting/Auffarth/Kaiser* § 26 Anm. 31 unter Aufgabe der in der 13. Aufl., § 26 Anm. 31, vertretenen Ansicht, daß Kenntnis aller Betriebsratsmitglieder erforderlich ist; *Kammann/Hess/Schlochauer* § 26 Anm. 39.

Gremium maßgebend.[80] Deshalb ist nicht die Mehrheit sämtlicher Betriebsratsmitglieder entscheidend, sondern nur die Mehrheit derer, die mit der konkreten Angelegenheit beschäftigt sind, in welcher der Betriebsratsvorsitzende vollmachtlos auftritt. Wurde also eine Frage in einer Betriebsratssitzung erörtert, an der nicht alle Betriebsratsmitglieder teilgenommen haben, so reicht die Kenntnis oder fahrlässige Unkenntnis der beschlußfähigen Mehrheit aus; die Mehrheit sämtlicher Mitglieder ist nicht erforderlich. Ein Vertrauenstatbestand wird in einem solchen Fall beispielsweise dann gesetzt, wenn der Betriebsratsvorsitzende im Anschluß an die Betriebsratssitzung in Anwesenheit und ohne Widerspruch der beschlußfähigen Mehrheit der Betriebsratsmitglieder dem Arbeitgeber gegenüber die Zustimmung zu einer Maßnahme erklärt, ohne daß ein Betriebsratsbeschluß vorliegt.[81] Hier wäre die spätere Berufung des Betriebsrats auf das vollmachtlose Handeln des Vorsitzenden ein unzulässiges *venire contra factum proprium.*[82]

2. *Widersprüchliches Verhalten und Beteiligungsrechte*

Dem oben[83] erörterten Fall, daß der Betriebsratsvorsitzende mit Kenntnis oder fahrlässiger Unkenntnis des Betriebsrats ohne Vollmacht eine Erklärung abgibt, ist der Fall vergleichbar, in dem der Betriebsrat ohne einen wirksamen Beschluß durch seine Untätigkeit beim Arbeitgeber den Eindruck erweckt, er sei mit einer bestimmten mitbestimmungspflichtigen Maßnahme einverstanden. Es muß daher auch für diesen Fall das dort Gesagte gelten; die Untätigkeit des Betriebsrats ist als Einverständnis anzusehen, wenn der Arbeitgeber auf den vom Betriebsrat gesetzten Rechtsschein vertraut hat, vertrauen durfte und aufgrund des Gebots der vertrauensvollen Zusammenarbeit vom Betriebsrat für den Fall der Ablehnung eine Äußerung verlangt werden konnte.[84]

Fraglich ist, ob das Verbot des *venire contra factum proprium* zu einem Verlust von Beteiligungsrechten führen kann. Hierbei geht es nicht nur um eine Beschränkung der Rechtsausübung,[85] sondern um das Verbot, ein Beteiligungsrecht überhaupt wahrzunehmen.[86]

---

[80] So *Wiese*, GK-BetrVG, § 26 Anm. 50. In der Sache ebenso *Weiss* § 26 Anm. 6.

[81] Beispiel nach *Fitting/Auffarth/Kaiser* § 26 Anm. 31; weitere Fallkonstellationen bei *Wiese*, GK-BetrVG, § 26 Anm. 51.

[82] Zur Frage, inwieweit eine Zurechnung vollmachtlosen Handelns des Betriebsratsvorsitzenden auch ohne Schaffung eines Vertrauenstatbestands möglich ist, vgl. unten § 8 D II 1.

[83] Vgl. § 8 D I 1.

[84] Vgl. nur *Dietz*, RdA 1969, 1 (6 f.); *Wiese*, GK-BetrVG, § 87 Anm. 50 m. w. N., § 26 Anm. 49 ff., sowie oben § 8 D I 1.

[85] Vgl. oben § 8 B II.

[86] Vgl. bereits oben § 8 C II.

Der Betriebsrat bzw. die Mehrheit der Betriebsratsmitglieder könnte beispielsweise zurechenbar den Anschein setzen, daß der Betriebsrat in bezug auf eine bevorstehende Einführung von technischen Überwachungseinrichtungen sein Mitbestimmungsrecht gem. § 87 Abs. 1 Nr. 6 BetrVG nicht ausüben werde. Daraufhin könnte der Arbeitgeber möglicherweise zahlreiche weitreichende Maßnahmen und irreversible Investitionen vornehmen, die bei einer Mitbestimmung des Betriebsrats oder einer Entscheidung der Einigungsstelle nicht möglich gewesen wären. Wenn sich der Betriebsrat, nachdem ihm die weitreichenden Konsequenzen der Überwachungseinrichtungen klar geworden sind, eines anderen besinnt und sein Mitbestimmungsrecht gem. § 87 Abs. 1 Nr. 6 BetrVG wahrnehmen will, fragt es sich, ob hierin ein unzulässiges *venire contra factum proprium* liegen würde. Dann dürfte der Betriebsrat das ihm zustehende Mitbestimmungsrecht nicht wahrnehmen oder zumindest nur so wahrnehmen, daß die Investitionen des Arbeitgebers nicht verloren sind. Auch könnte die Ausübung seines Initiativrechts hinsichtlich einer Änderung oder der Abschaffung der Einrichtung[87] als widersprüchliches Verhalten unzulässig sein.

Zur Klärung dieser Frage ist an das oben[88] zum Verlust von Beteiligungsrechten aufgrund vergangenen Fehlverhaltens Gesagte anzuknüpfen. Auszugehen ist von dem vor allem von *Wiese*[89] herausgearbeiteten Grundsatz, daß Befugnisse aus dem Betriebsverfassungsrecht unverzichtbar sind.[90] In der Untätigkeit des Betriebsrats liegt jedoch kein rechtsgeschäftlicher Verzicht auf sein Mitbestimmungsrecht, da ein solcher nur durch eine auf Rechtsaufgabe gerichtete Willenserklärung geschehen kann – seinen rechtsgeschäftlichen Willen kann der Betriebsrat aber nur im Rahmen eines formellen Beschlusses gem. § 33 BetrVG bilden. Das Untätigbleiben als solches stellt daher keinen Verzicht, sondern lediglich einen Verstoß gegen gesetzliche Pflichten dar, da die Mitbestimmungsrechte Pflichtrechte gegenüber den Arbeitnehmern sind.[91] Zudem ändert die Unverzichtbarkeit an sich nichts am Verbot des Rechtsmißbrauchs, denn auch die Ausübung unverzichtbarer Rechte ist an das Gebot der gegenseitigen Rücksichtnahme gebunden und nach richtiger Ansicht bei widersprüchlichem Verhalten unzulässig.[92]

---

[87] Vgl. *Wiese*, GK-BetrVG, § 87 Anm. 209 m. w. N.

[88] Vgl. § 8 C II.

[89] Vgl. RdA 1968, 455.

[90] Ebenso *Dietz/Richardi* Vorbem. zu § 87 Anm. 8; *Fitting/Auffarth/Kaiser* § 1 Anm. 45; *Galperin/Löwisch* § 87 Anm. 15; *Hueck/Nipperdey* II/2, S. 1310; *Kammann/Hess/Schlochauer* § 88 Anm. 4; wohl auch BAG, AP Nr. 9 zu § 56 BetrVG Wohlfahrtseinrichtungen Bl. 2. Weitere Nachweise bei *Wiese*, RdA 1968, 455 FN 3.

[91] Vgl. *Wiese*, RdA 1968, 455 (457), sowie oben § 8 C II. Vgl. zum Pflichtenkreis des Betriebsrats nur *Dietz/Richardi* § 23 Anm. 7ff., 44; *Thiele*, GK-BetrVG, § 23 Anm. 11ff., 66ff.

[92] Vgl. Münch.Komm.-*Roth* § 242 Anm. 300; *Soergel-Knopp* § 242 Anm. 230; für die Verwirkung BGH, LM Nr. 2 zu § 1598 BGB Bl. 2; dagegen *Wieling*, AcP Bd. 176, 334 (338f.).

Dennoch ist zu bedenken, daß der Verlust einer betriebsverfassungsrechtlichen Befugnis wegen widersprüchlichen Verhaltens zu dem zuvor gesetzten Anschein eines Verzichts im Ergebnis einem solchen sehr nahekommt. Zwar unterscheidet den Verzicht von einem *venire contra factum proprium,* daß bei ersterem ein rechtsgeschäftlicher Aufgabewille vorzuliegen hat, während dies bei letzterem nach richtiger Ansicht nicht der Fall sein muß; der Rechtsverlust tritt kraft rechtsethischer Notwendigkeit, also *ex lege,* ein.[93] Wenn auch aus diesem Grund *Wieling*[94] nicht gefolgt werden kann, der den Rechtsverlust durch *venire contra factum proprium* als Rechtsgeschäft in Form einer einseitigen Rechtsaufgabe einstuft, ist festzuhalten, daß der Verlust eines Mitbestimmungsrechts, der auf dem Anschein eines Verzichts beruht, einem unzulässigen Verzicht oder einer ebenso unzulässigen Verpflichtung zur Nichtausübung eines Mitbestimmungsrechts[95] in der Sache gleichkommt. In allen Fällen darf der Arbeitgeber nicht darauf vertrauen, daß der Betriebsrat seine Mitbestimmungsrechte nicht wahrnimmt; sein Interesse daran, daß der Betriebsrat sein Wort hält oder sich dem von ihm gesetzten Rechtsschein entsprechend verhält, ist nicht schützenswert.

Wenn bereits diese Vergleichbarkeit ohne Rücksicht auf einen rechtsgeschäftlichen Aufgabewillen gegen die Möglichkeit des Verlusts von Beteiligungsrechten spricht, so hat das oben[96] zum Verlust aufgrund vergangenen Fehlverhaltens Gesagte entsprechend zu gelten. Dort ging es zwar darum, daß Beteiligungsrechte durch ein in der Vergangenheit liegendes mißbilligtes Verhalten erworben oder bestätigt wurden. Die Setzung eines Vertrauenstatbestands in der Vergangenheit ist hingegen als solche in der Regel gegenüber dem Arbeitgeber nicht verwerflich,[97] führt jedoch in ihrem Zusammenspiel mit der aktuellen Rechtswahrnehmung zu einem von der Rechtsordnung mißbilligten Gesamtverhalten. Auch hier fragt es sich daher, inwieweit überhaupt ein mißbilligtes Gesamtverhalten des Betriebsrats zu einem Verlust der den Arbeitnehmern dienenden[98] Beteiligungsrechte führen darf.

Zu bedenken ist, daß die Arbeitnehmer nur beschränkte Einwirkungsmöglichkeiten auf den Betriebsrat haben und in Ermangelung eines imperativen

---

[93] Vgl. *Canaris,* Vertrauenshaftung, S. 428f.; *Enneccerus/Nipperdey* § 239 IV FN 35; *Flume,* Allgemeiner Teil, 2. Band, S. 121ff.; Münch.Komm.-*Roth* § 242 Anm. 300; *Soergel-Knopp* § 242 Anm. 230, 291; ebenso *Wiese,* RdA 1968, 455 (456), für die Verwirkung; a. A. *Wieling,* AcP Bd. 176, 334 (335ff.). Vgl. auch AK-BGB-*Teubner* § 242 Anm. 31.

[94] Vgl. AcP Bd. 176, 334 (336ff., 342f.).

[95] Vgl. *Wiese,* RdA 1968, 455 (458).

[96] Vgl. § 8 C II.

[97] Die im Untätigbleiben liegende Pflichtverletzung, die sich aus dem Charakter der Beteiligungsrechte als Pflichtrechte ergibt, ist ein Fehlverhalten gegenüber den Arbeitnehmern, nicht jedoch gegenüber dem Arbeitgeber.

[98] Vgl. oben § 8 C II m. w. N.

Mandats[99] einen Verzicht oder ein dem gleichkommendes Verhalten nicht verhindern können. Da die Beteiligungsrechte aber keine originären Rechte des Betriebsrats sind, sondern von diesem in seiner sozialen Schutzfunktion[100] für die Belegschaft wahrgenommen werden,[101] ist es nicht sachgerecht, die Belegschaft im Ergebnis für die vorsätzliche oder fahrlässige Schaffung des Anscheins eines unzulässigen Verzichts durch den Betriebsrat einstehen zu lassen mit der Folge, daß die ihnen dienenden Beteiligungsrechte nicht mehr ausgeübt werden dürfen. Weiterhin ist darauf hinzuweisen, daß das BetrVG ein vom Gesetzgeber abschließend gewolltes System der Arbeitnehmerbeteiligung darstellt, über das kein Betriebspartner disponieren kann.[102] Das Interesse der Allgemeinheit an Einhaltung und Durchführung dieser Ordnung verbietet jede individuelle Veränderung zu Lasten der Arbeitnehmer; dies wäre aber der Fall, wenn dem Betriebsrat durch sein eigenes Verhalten die an sich legitime Ausübung eines Beteiligungsrechts verwehrt wäre.

Diese Gründe sprechen ebenso wie bei den Fällen vergangenen Fehlverhaltens dagegen, einen Verlust von Beteiligungsrechten anzunehmen. Dies wird auch dadurch bestätigt, daß sonst der Betriebsrat das Verbot eines Verzichts auf betriebsverfassungsrechtliche Befugnisse umgehen könnte, indem er bewußt den Anschein setzt, er werde sein Mitbestimmungsrecht nicht ausüben, um so dem Arbeitgeber die Berufung darauf zu ermöglichen, die Ausübung des Rechts sei nun ein unzulässiges *venire contra factum proprium*. Das Vertrauen des Arbeitgebers in den vom Betriebsrat gesetzten Anschein hat daher gegenüber dem Wohl der Arbeitnehmer und dem Interesse der Allgemeinheit an der ordnungsgemäßen Abwicklung der betriebsverfassungsrechtlichen Ordnung zurückzustehen. Im Beispielsfall hat der Betriebsrat daher das unbeschränkte Mitbestimmungsrecht gem. § 87 Abs. 1 Nr. 6 BetrVG; die für den Arbeitgeber möglicherweise verlorenen Investitionen beschränken dieses Recht nicht.[103]

Im Ergebnis ist daher festzustellen, daß das Verbot des *venire contra factum proprium* nicht zu einem Verlust von Beteiligungsrechten des Betriebsrats führen kann.

---

[99] Vgl. nur *Fabricius*, GK-BetrVG, § 45 Anm. 77; *Kraft*, GK-BetrVG, § 1 Anm. 42; *Thiele*, GK-BetrVG, Einleitung Anm. 81f., sowie oben § 8 C II m. w. N.

[100] So die Terminologie des BAG, vgl. z.B. AP Nr. 1 zu § 118 BetrVG 1972 Bl. 2 R; AP Nr. 3 zu § 80 BetrVG 1972 Bl. 4 R.

[101] Vgl. oben § 8 C II m. w. N.

[102] Vgl. *Wiese*, RdA 1968, 455 (457f.), sowie § 8 C II.

[103] Eventuelle Schadensersatzansprüche gegen einzelne Betriebsratsmitglieder bleiben unberührt.

II. Sachliche Unvereinbarkeit des späteren mit dem früheren Verhalten

1. Anwendungsfälle

Als Ausprägungen des Verbots des *venire contra factum proprium* haben die Fälle, in denen das spätere mit dem früheren Verhalten ohne Setzung eines Vertrauenstatbestands lediglich sachlich unvereinbar ist,[104] keine große praktische Bedeutung. Nicht jedes widersprüchliche Verhalten ist untersagt, sondern nur ein Verhalten, das zu dem vorhergehenden sachlich in einem für die andere Seite untragbaren, unlösbaren Widerspruch steht.[105]

An diese Fallgruppe ist beispielsweise in folgendem Sachverhalt zu denken: Arbeitgeber und Betriebsrat vereinbaren eine Regelung, nach der ein bezahlter Sonderurlaub für die Betriebsratsmitglieder vorgesehen ist. Von dieser gegen das Begünstigungsverbot und den Grundsatz des Ehrenamts nach §§ 78 Satz 2, 37 Abs. 1 BetrVG verstoßenden Vereinbarung[106] machen die Betriebsratsmitglieder regen Gebrauch. Beantragt nun der Arbeitgeber gem. § 23 Abs. 1 BetrVG beim Arbeitsgericht den Ausschluß eines bestimmten Mitglieds aus dem Betriebsrat wegen grober Verletzung seiner aus dem Ehrenamt resultierenden Pflicht, keine Begünstigungen des Arbeitgebers entgegenzunehmen,[107] so fragt es sich, ob ein Rechtsschutzinteresse für diesen Antrag vorliegt. Zwar hat der Arbeitgeber keinen Vertrauenstatbestand gesetzt; die Betriebsratsmitglieder konnten die Rechtswidrigkeit ihres Tuns erkennen und durften nicht damit rechnen, daß ihr Verhalten nicht sanktioniert wird. Dennoch stellt der Antrag des Arbeitgebers angesichts seines eigenen, schweren Fehlverhaltens ein untragbares Vorgehen dar und steht sachlich in unlösbarem Widerspruch mit dem vorhergehenden Abschluß der Vereinbarung mit dem Betriebsrat. Der Antrag des Arbeitgebers ist daher als ein unzulässiger Rechtsmißbrauch zurückzuweisen.[108,109]

---

104 Vgl. Münch.Komm.-*Roth* § 242 Anm. 295, 321 ff.; *Palandt-Heinrichs* § 242 Anm. 4 C e; *Soergel-Knopp* § 242 Anm. 229; vgl. auch *Enneccerus/Nipperdey* § 239 IV 1 c, und *Staudinger-Weber* § 242 Anm. D 323, die in der Sache dasselbe meinen. Vgl. bereits oben § 8 D I 1.

105 Vgl. BGHZ 50, 191 (196); BGH, BB 1977, 919 (920); Münch.Komm.-*Roth* § 242 Anm. 321.

106 Vgl. BAG, AP Nr. 5 Bl. 1 R, Nr. 8 Bl. 4 zu § 37 BetrVG; *Dietz/Richardi* § 37 Anm. 6; *Fitting/Auffarth/Kaiser* § 37 Anm. 9, § 78 Anm. 12; *Galperin/Löwisch* § 78 Anm. 22; *Kammann/Hess/Schlochauer* § 37 Anm. 9; *Wiese*, GK-BetrVG, § 37 Anm. 11.

107 Vgl. *Dietz/Richardi* § 78 Anm. 34; *Fitting/Auffarth/Kaiser* § 37 Anm. 12; *Galperin/Löwisch* § 37 Anm. 15; *Kammann/Hess/Schlochauer* § 37 Anm. 14; *Wiese*, GK-BetrVG, § 37 Anm. 16.

108 Außerdem ist nach richtiger Ansicht der Arbeitgeber nur bezüglich solcher Amtspflichtverletzungen antragsbefugt, die Rechte und Pflichten des Betriebsrats ihm gegenüber betreffen, vgl. *Dietz/Richardi* § 23 Anm. 22, 27; *Fitting/Auffarth/Kaiser* § 23 Anm. 11. Dies ist für das Begünstigungsverbot und den Grundsatz des Ehrenamts fraglich.

109 Dieses Beispiel zeigt im übrigen, wie sich die Fallgruppen des Rechtsmißbrauchs überschneiden können. So könnte man die Unzulässigkeit des Antrags auch auf das Verbot der Ausnutzung einer durch vorangegangenes Fehlverhalten erworbenen Rechtsposition (vgl. hierzu oben § 8 C I) oder auf das Verbot der Rechtsausübung bei Fehlen des eigenen korrespondierenden Verhaltens (vgl. hierzu unten § 8 E I) stützen.

Im Bereich der Vertretung des Betriebsrats kann die hier erörterte Fallgruppe unter dem besonderen Aspekt der Vertrauenshaftung Anwendung finden. Es wurde bei den Fällen, die das Verbot des *venire contra factum proprium* auf die Schaffung eines Vertrauenstatbestands stützen, erörtert, inwieweit dem Betriebsrat eine vollmachtlose Erklärung seines Vorsitzenden zurechenbar ist.[110] Danach hat eine Zurechnung zu erfolgen, wenn vom Betriebsrat bewußt oder unbewußt, aber bei pflichtgemäßer Sorgfalt erkennbar, der Anschein gesetzt wurde, daß der Vorsitzende mit Vollmacht handelt, der Arbeitgeber auf diesen Schein vertraute und vertrauen durfte. Nun sind Fälle denkbar, in denen kein Vertrauenstatbestand begründet wurde, weil z.B. die Betriebsratsmitglieder nicht den Anschein eines förmlichen Beschlusses hervorgerufen haben.[111] Hat der Arbeitgeber dennoch weitreichende und nicht zurücknehmbare Maßnahmen vorgenommen, so ist ergänzend die von *Canaris*[112] so bezeichnete „Vertrauenshaftung kraft widersprüchlichen Verhaltens" heranzuziehen.[113] Voraussetzung ist, daß der Arbeitgeber, obwohl vom Betriebsrat kein Vertrauenstatbestand gesetzt wurde, mit einem vom Handeln des Vorsitzenden abweichenden Verhalten nicht zu rechnen braucht.[114] Dies wäre z.B. der Fall, wenn die Erklärungen des Vorsitzenden in einer bestimmten Frage stets vom Betriebsrat genehmigt wurden und diesmal für den Arbeitgeber kein vernünftiger Grund ersichtlich ist, weshalb der Betriebsrat die Genehmigung verweigern sollte. Zwar liegt hier mittelbar ein Vertrauenstatbestand insoweit zugrunde, als der Arbeitgeber auf die Genehmigung vertrauen darf; jedoch ist dieser Vertrauenstatbestand nicht unmittelbar vom Betriebsrat, z.B. durch eine Zusicherung, geschaffen, sondern folgt aus den Umständen, insbesondere aus dem Fehlen vernünftiger Gründe für eine Genehmigungsverweigerung und der Vornahme irreversibler Maßnahmen durch den Arbeitgeber. Der Sache nach handelt es sich also um einen Fall der sachlichen Unvereinbarkeit der Genehmigungsverweigerung mit dem bisherigen Verhalten, die nicht zu einer unzumutbaren Belastung des Arbeitgebers führen darf. Das Verweigern der Genehmigung wäre daher rechtsmißbräuchlich.

2. Widersprüchliches Verhalten und Beteiligungsrechte

Für die Frage, ob die rein sachliche Unvereinbarkeit des späteren mit dem früheren Verhalten ohne Setzung eines Vertrauenstatbestands zu einem Verlust von Beteiligungsrechten führen kann, ist zu beachten, daß diese Fallgruppe nur einen untragbaren und unlösbaren Widerspruch verbietet. Wenn daher

[110] Vgl. oben § 8 D I 1.

[111] Vgl. *Canaris,* Vertrauenshaftung, S. 265; *Dietz/Richardi* § 26 Anm. 56, § 33 Anm. 29; *Fitting/Auffarth/Kaiser* § 26 Anm. 31; *Wiese,* GK-BetrVG, § 26 Anm. 52.

[112] Vgl. Vertrauenshaftung, S. 265, 287 ff.

[113] Vgl. *Dietz/Richardi* § 26 Anm. 56, § 33 Anm. 29; *Fitting/Auffarth/Kaiser* § 26 Anm. 31; *Galperin/Löwisch* § 26 Anm. 32; *Wiese,* GK-BetrVG, § 26 Anm. 52.

[114] Vgl. *Wiese,* GK-BetrVG, § 26 Anm. 52.

widersprüchliches Verhalten an sich nicht verboten wird, sind in zahlreichen Fällen die Voraussetzungen dieser Fallgruppe nicht gegeben.

Erklärt beispielsweise der Betriebsrat in einer Betriebsversammlung, daß eine vom Arbeitgeber geplante Änderung der Arbeitsplätze keinesfalls den Erkenntnissen über die menschengerechte Gestaltung der Arbeit widerspreche und die Arbeitnehmer nicht belaste, so kann er trotzdem später sein Mitbestimmungsrecht gem. § 91 BetrVG wahrnehmen, wenn die Voraussetzungen dieser Norm vorliegen.[115] Durch seine Äußerungen auf der Betriebsversammlung setzte der Betriebsrat keinen Vertrauenstatbestand; zudem steht die jetzige Auffassung in keinem unlösbaren Widerspruch zu den früheren Äußerungen, da jederzeit eine Meinungsänderung aufgrund neuer Erkenntnisse möglich sein muß. Ein *venire contra factum proprium* liegt daher nicht vor.

In den Fällen jedoch, in denen ein unlösbarer, sachlicher Widerspruch zu einem früheren Verhalten an sich zu einem Verbot der Ausübung eines Beteiligungsrechts führen würde, muß das gelten, was oben[116] zum Widerspruch zu vertrauensbegründendem Vorverhalten gesagt wurde. Ein Verlust von Beteiligungsrechten aufgrund des Verbots des *venire contra factum proprium* ist nicht möglich.

III. Verwirkung

1. Anwendungsfälle

Eine Sonderform des Verbots widersprüchlichen Verhaltens ist die Verwirkung durch Zeitablauf.[117] Diese Form des Rechtsmißbrauchs, die streng von der Verwirkung eines Rechts aufgrund vorangegangenen Fehlverhaltens[118] zu unterscheiden ist, führt zu einem Rechtsverlust, wenn dieses über einen längeren Zeitraum hinweg nicht ausgeübt wurde und beim Schuldner berechtigterweise der Eindruck entstand, er brauche mit der Geltendmachung des

---

[115] Vgl. für den Fall der vorhergehenden Beteiligung nach § 90 BetrVG *Wiese*, GK-BetrVG, § 91 Anm. 7, mit zahlreichen Nachweisen zum Meinungsstand.

[116] Vgl. § 8 D I 2.

[117] Vgl. AK-BGB-*Teubner* § 242 Anm. 33ff.; *Blomeyer*, Schuldrecht, S. 21f.; *Brox*, Schuldrecht, Rz. 88; *Enneccerus/Lehmann* § 4 II 5; *Erman-Sirp* § 242 Anm. 84; *Esser/Schmidt*, Schuldrecht, S. 151f.; *Fikentscher*, Schuldrecht, S. 118; *Larenz*, Schuldrecht I, S. 123f.; *Medicus*, Schuldrecht I, S. 66; Münch.Komm.-*Roth* § 242 Anm. 296, 333; *Palandt-Heinrichs* § 242 Anm. 9; *Siebert*, Verwirkung und Unzulässigkeit der Rechtsausübung, S. 172ff., 184; *Staudinger-Weber* § 242 Anm. D 561ff.; *Wieacker*, Präzisierung, S. 28; vgl. weiter *Soergel-Knopp* § 242 Anm. 231, 281ff., der der Verwirkung wegen des typischen Zeitablaufs eine selbständigere Stellung zubilligen will. Kritisch *Staudinger-Schmidt* § 242 Anm. 478ff. Vgl. auch BAG, AP Nr. 9 zu § 242 BGB Verwirkung, und oben § 2 E III 1.

[118] Vgl. hierzu oben § 8 C I.

Rechts nicht mehr zu rechnen. Die sog. illoyal verspätete Geltendmachung[119] eines Rechts ist von der Verjährung zu unterscheiden, die allein an einen fest bestimmten Zeitablauf anknüpft.[120] Die Verwirkung begründet in den meisten Fällen bereits vor Eintritt der Verjährung den Rechtsverlust, da danach in der Regel kein Bedürfnis nach einer Rechtsbeschränkung besteht.[121] Voraussetzung der Verwirkung ist, daß mit dem Zeitablauf das Vertrauen der anderen Seite in die Nichtausübung des Rechts nach sämtlichen Umständen des Einzelfalls schutzwürdig ist, so daß ihr die Erfüllung ihrer Pflicht nicht mehr zugemutet werden kann.[122] Dies wird vor allem dann der Fall sein, wenn die andere Seite im Vertrauen auf die Nichtausübung des Rechts bereits Dispositionen getroffen hat,[123] während ein schutzwürdiges Vertrauen regelmäßig abzulehnen ist, wenn sich der Rechtsinhaber immer wieder die Ausübung seines Rechts vorbehält.[124] Es handelt sich insofern um eine Fallgruppe des *venire contra factum proprium,* als die verspätete Geltendmachung des Rechts einen Widerspruch zum bisherigen Verhalten darstellt. Dieses kann in einem Handeln, z.B. in Empfangnahme von Gegenleistungen, aber auch in einem reinen Untätigbleiben liegen, falls vom Rechtsinhaber eine aktive Wahrnehmung seiner Rechte erwartet werden konnte.[125]

Bis auf die Regelung des § 77 Abs. 4 Satz 3 BetrVG, die sich auf die Verwirkung von Rechten der Arbeitnehmer aus Betriebsvereinbarungen bezieht, findet sich im BetrVG keine Aussage zu diesem Problemkreis. Da das Gebot der vertrauensvollen Zusammenarbeit eine Spezialisierung des Grundsatzes von Treu und Glauben ist und die dort entwickelten Maßstäbe und Prinzipien grundsätzlich auf das Verhältnis der Betriebspartner übertragbar sind, gilt für diese auch das Verbot der illoyal verspäteten Geltendmachung.

Ansprüche des Betriebsrats und der einzelnen Mitglieder gegen den Arbeitgeber auf Ersatz von gem. § 40 Abs. 1 BetrVG entstandenen Aufwendungen

---

119 Vgl. BGHZ 25, 47 (52); AK-BGB-*Teubner* § 242 Anm. 35; *Erman-Sirp* § 242 Anm. 84; Münch.Komm.-*Roth* § 242 Anm. 333; *Palandt-Heinrichs* § 242 Anm. 9 a; *Siebert,* Verwirkung und Unzulässigkeit der Rechtsausübung, S. 175; *Soergel-Knopp* § 242 Anm. 281; *Staudinger-Weber* § 242 Anm. D 571.

120 Vgl. statt vieler *Siebert,* Verwirkung und Unzulässigkeit der Rechtsausübung, S. 180f.; *Soergel-Knopp* § 242 Anm. 289, sowie oben § 2 E III 1 m. w. N.

121 Vgl. *Erman-Sirp* § 242 Anm. 86; *Larenz,* Schuldrecht I, S. 124; Münch.Komm.-*Roth* § 242 Anm. 336, 346. Dies gilt nicht, wenn beispielsweise auf die Geltendmachung der Einrede der Verjährung verzichtet wird. Für unverjährbare Gestaltungsrechte stellt sich diese Frage ohnehin nicht.

122 Vgl. BGHZ 25, 47 (52); 26, 52 (65); 67, 56 (68); *Erman-Sirp* § 242 Anm. 84; Münch.Komm.-*Roth* § 242 Anm. 340; *Palandt-Heinrichs* § 242 Anm. 9 d bb; *Soergel-Knopp* § 242 Anm. 281, 294; *Staudinger-Weber* § 242 Anm. D 602.

123 Vgl. BGHZ 25, 47 (52); *Larenz,* Schuldrecht I, S. 124; Münch.Komm.-*Roth* § 242 Anm. 341, 358; *Soergel-Knopp* § 242 Anm. 295.

124 Vgl. Münch.Komm.-*Roth* § 242 Anm. 340.

125 Vgl. Münch.Komm.-*Roth* § 242 Anm. 351 f.; *Staudinger-Weber* § 242 Anm. D 608.

können daher nach richtiger Ansicht durch Zeitablauf verwirkt werden.[126] So hatte das BAG[127] beispielsweise zu Recht den gem. § 195 BGB erst nach dreißig Jahren verjährenden[128] Anspruch auf Ersatz der durch eine Schulung entstandenen Kosten nach fast zweieinhalb Jahren als verwirkt angesehen, nachdem der Betriebsrat in der Zwischenzeit sechs weitere Schulungsveranstaltungen besucht und hierfür Zahlungen des Arbeitgebers in Anspruch genommen hatte, ohne auf den früheren Anspruch hinzuweisen. Diese Entscheidung wurde vom BAG ausschließlich auf § 242 BGB gestützt; richtigerweise wäre die Kooperationsmaxime heranzuziehen gewesen.

Auch der Arbeitgeber kann Rechte verwirken. Er hat beispielsweise gem. § 34 Abs. 2 Satz 1 BetrVG einen Anspruch auf Aushändigung einer Abschrift des entsprechenden Teils der Sitzungsniederschrift, wenn er an einer Betriebsratssitzung teilgenommen hat.[129] In Ermangelung einer anderweitigen Regelung ist davon auszugehen, daß dieses Recht gem. § 195 BGB in dreißig Jahren verjährt. Dennoch ist zuvor unter Abwägung der beiderseitigen Interessen eine Verwirkung möglich, wenn der Arbeitgeber über lange Zeit die Abschrift nicht verlangt, die betreffende Sitzung längst in Vergessenheit geraten und es dem Betriebsrat in seiner jetzigen Zusammensetzung nicht zumutbar ist, die Sitzungsniederschrift zu suchen und herauszugeben. Hierbei ist zu beachten, daß die Niederschriften über die Amtszeit hinaus vom Betriebsrat nur solange aufzubewahren sind, solange sie von rechtlicher Bedeutung für den Nachweis von Betriebsratsbeschlüssen und ähnlichem sind.[130] Durfte der Betriebsrat aufgrund der Untätigkeit des Arbeitgebers davon ausgehen, daß dieser nicht mehr an der bedeutungslos gewordenen Sitzungsniederschrift interessiert ist, so endet die Aufbewahrungspflicht; das Recht des Arbeitgebers ist verwirkt.

2. *Verwirkung von Beteiligungsrechten*

Zu überlegen ist, ob der Betriebsrat seine Beteiligungsrechte generell für künftige Fälle verwirken kann. Wenn er beispielsweise von seinem Mitbestim-

---

[126] Vgl. BAG, AP Nr. 39 zu § 242 BGB Verwirkung; LAG Schleswig-Holstein, BB 1976, 1418; *Dietz/Richardi* § 40 Anm. 45; *Fitting/Auffarth/Kaiser* § 40 Anm. 30; *Galperin/Löwisch* § 40 Anm. 38; *Gnade/Kehrmann/Schneider/Blanke* § 40 Anm. 21; *Stege/Weinspach* § 40 Anm. 11; *Wiese*, GK-BetrVG, § 40 Anm. 26.

[127] Vgl. AP Nr. 39 zu § 242 BGB Verwirkung.

[128] Vgl. BAG, AP Nr. 39 zu § 242 BGB Verwirkung Bl. 1 R; *Dietz/Richardi* § 40 Anm. 45; *Fitting/Auffarth/Kaiser* § 40 Anm. 30; *Galperin/Löwisch* § 40 Anm. 38; *Gnade/Kehrmann/Schneider/Blanke* § 40 Anm. 21; *Kammann/Hess/Schlochauer* § 40 Anm. 47; *Wiese*, GK-BetrVG, § 40 Anm. 26.

[129] Vgl. hierzu allgemein *Dietz/Richardi* § 34 Anm. 11ff.; *Fitting/Auffarth/Kaiser* § 34 Anm. 14ff.; *Galperin/Löwisch* § 34 Anm. 15; *Wiese*, GK-BetrVG, § 34 Anm. 20ff.

[130] Vgl. *Dietz/Richardi* § 34 Anm. 23; *Fitting/Auffarth/Kaiser* § 34 Anm. 9 a; *Galperin/Löwisch* § 34 Anm. 2; *Gnade/Kehrmann/Schneider/Blanke* § 34 Anm. 8; *Kammann/Hess/Schlochauer* § 34 Anm. 12; *Wiese*, GK-BetrVG, § 34 Anm. 30.

mungsrecht bei der Durchführung betrieblicher Bildungsmaßnahmen gem. § 98 Abs. 1 BetrVG bisher niemals Gebrauch gemacht hat und beim Arbeitgeber der Eindruck entstanden ist, der Betriebsrat sei am Problembereich der Berufsbildung nicht interessiert, fragt es sich, ob dieses Mitbestimmungsrecht für die künftige Durchführung von Bildungsmaßnahmen verwirkt ist.

Weiterhin wäre möglich, daß die Verwirkung infolge Zeitablaufs statt zum generellen Verlust eines Beteiligungsrechts nur zum Verlust in einem konkreten Fall führt. Regelt der Arbeitgeber einen mitbestimmungspflichtigen Tatbestand, z.B. Zeit, Ort und Art der Auszahlung der Arbeitsentgelte (§ 87 Abs. 1 Nr. 4 BetrVG) in bestimmter Weise ohne Beteiligung des Betriebsrats und nimmt letzterer dies lange Zeit hin, liegt hierin möglicherweise die Verwirkung seines Mitbestimmungsrechts.

Auch hier hat das oben[131] zum Verlust von Beteiligungsrechten aufgrund des Verbots des *venire contra factum proprium* Gesagte zu gelten. Die Verwirkung, die in der Sache nichts anderes ist als eine Sonderform dieses Verbots, darf nicht dazu führen, daß die den Arbeitnehmern dienenden Beteiligungsrechte[132] verlorengehen; dies widerspricht dem Sinn der unverzichtbaren Beteiligungsrechte und dem Schutz der Arbeitnehmer, die nur beschränkte Einflußmöglichkeiten auf den Betriebsrat haben. Zudem ist auch das öffentliche Interesse an einer ordnungsgemäßen und vollständigen Durchführung der betriebsverfassungsrechtlichen Beteiligungsordnung zu beachten, die durch das Verhalten eines einzelnen Gremiums nicht zu Lasten der Arbeitnehmer verändert werden darf. Es ist daher im Ergebnis davon auszugehen, daß Beteiligungsrechte des Betriebsrats nicht verwirkt werden können.

In beiden Beispielsfällen bleiben deshalb die fraglichen Mitbestimmungsrechte grundsätzlich in vollem Umfang bestehen; das Vertrauen des Arbeitgebers darauf, daß der Betriebsrat nach langer Zeit seine Rechte nicht mehr ausübt, ist nicht schützenswert.

IV. Exkurs: Erwirkung

1. Anwendungsfälle

Auf das Verbot des *venire contra factum proprium* ist letztlich auch das im Rahmen des Grundsatzes von Treu und Glauben diskutierte Institut der Erwirkung[133] zu stützen. Im Gegensatz zu den bisher erörterten Fällen der

131 Vgl. § 8 D I 2.
132 Vgl. oben § 8 C II m. w. N.

Beschränkung von Rechten durch das Verbot des Rechtsmißbrauchs führt die Erwirkung eines Rechts zur Begründung einer Leistungs- oder Handlungspflicht und so zur Begründung eines vorher nicht bestehenden Schuldverhältnisses.[134] An das Vorliegen des Tatbestands der Erwirkung, die das Gegenstück der Verwirkung ist,[135] sind strenge Maßstäbe zu stellen. Die eine Seite muß ihr zurechenbar über einen längeren Zeitraum hinweg der anderen Seite Leistungen erbracht haben, ohne hierzu rechtlich verpflichtet zu sein; der Grund hierfür kann in der irrigen Annahme einer rechtlichen Verpflichtung oder in der Freiwilligkeit der Leistungen liegen.[136] Die andere Seite muß den Eindruck gewonnen haben, daß die Leistungen auch in Zukunft erbracht werden und sich hierauf, möglicherweise durch irreversible Maßnahmen, eingerichtet haben.[137] Ist ihr Vertrauen in die zukünftigen Leistungen nach den gesamten Umständen des Einzelfalls schutzwürdiger als das Interesse der anderen Seite am Fehlen einer Verpflichtung und ist letzterer die Fortsetzung der Leistungen nicht unzumutbar, so führt der Grundsatz von Treu und Glauben zu einer Rechtspflicht, die Leistungen weiter zu gewähren. Dem Grunde nach hat diese rechtsbegründende Form des Vertrauensschutzes auch für das Gebot der vertrauensvollen Zusammenarbeit zu gelten.

So könnte der Arbeitgeber über lange Jahre dem Betriebsrat zur Erfüllung seiner Aufgaben freiwillig stets zwei Schreibkräfte zur Verfügung gestellt haben, obwohl gem. § 40 Abs. 2 BetrVG nur eine erforderlich war.[138] Der Betriebsrat könnte sich über mehrere Amtsperioden hierauf eingestellt und intern die Schreibarbeit auf beide Sekretärinnen verteilt haben, die zuvor mit viel Mühe eingearbeitet wurden. Hat der Arbeitgeber nie auf die Freiwilligkeit seiner Leistung hingewiesen und ist beim Betriebsrat der berechtigte Eindruck entstanden, er könne auch in Zukunft mit zwei Sekretärinnen rechnen, so ist der Arbeitgeber nicht ohne weiteres berechtigt, eine Sekretärin abzuberufen. Die Zurverfügungstellung einer weiteren Sekretärin wird dann erwirkt, wenn eine organisatorische Umstellung dem Betriebsrat nicht zumutbar ist. Die Erwirkung kann unter Umständen so weit gehen, daß der Arbeitgeber bei Ausscheiden einer Schreibkraft aus Altersgründen verpflichtet ist, eine neue abzustellen. Ihre Grenze findet die Erwirkung von nicht erforderlichen Lei-

---

[133] Vgl. umfassend *Canaris*, Vertrauenshaftung, S. 372ff.; *Larenz*, Schuldrecht I, S. 131f.; *Palandt-Heinrichs* Einf. 3 e vor § 116; *Siebert*, Verwirkung und Unzulässigkeit der Rechtsausübung, S. 246; *Staudinger-Schmidt* § 242 Anm. 514ff.; vgl. auch Münch.Komm.-*Roth* § 242 Anm. 229ff. Vgl. ferner *Staudinger-Weber* § 242 Anm. A 290ff., der von Übung spricht.

[134] Vgl. *Larenz*, Schuldrecht I, S. 131f.

[135] Vgl. *Canaris*, Vertrauenshaftung, S. 372; *Larenz*, Schuldrecht I, S. 132; *Palandt-Heinrichs* § 242 Anm. 9 a, Einf. 3 e vor § 116; *Staudinger-Schmidt* § 242 Anm. 517.

[136] Vgl. *Larenz*, Schuldrecht I, S. 132.

[137] Vgl. *Canaris*, Vertrauenshaftung, S. 372f.; *Larenz*, Schuldrecht I, S. 132.

[138] Vgl. allgemein zur Stellung von Büropersonal *Dietz/Richardi* § 40 Anm. 56f.; *Galperin/Löwisch* § 40 Anm. 49f.; *Wiese*, GK-BetrVG, § 40 Anm. 81ff.

stungen allerdings in dem Verbot, die Betriebsratsmitglieder wegen ihrer Tätigkeit zu begünstigen (§ 78 Satz 2 BetrVG) und im Grundsatz des Ehrenamts (§ 37 Abs. 1 BetrVG). Die Erwirkung darf daher nicht dazu führen, daß die Betriebsratsmitglieder für sich privat von der Arbeit der zusätzlichen Schreibkraft profitieren.

2. *Erwirkung von Beteiligungsrechten*

Zu überlegen ist, ob Mitbestimmungs- und Mitwirkungsrechte, die vom Gesetz nicht bereits als zwingende Beteiligungsrechte vorgesehen sind, über § 2 Abs. 1 BetrVG vom Betriebsrat erwirkt werden können.

Denkbar wäre beispielsweise, daß der Arbeitgeber über lange Jahre hinweg vor jeder Kündigung die Zustimmung des Betriebsrats einholt, obwohl weder eine gesetzliche Pflicht noch eine ihn dazu verpflichtende Vereinbarung gem. § 102 Abs. 6 BetrVG besteht. Hat sich der Betriebsrat ebenso wie die Belegschaft hierauf eingestellt und liegen die sonstigen Voraussetzungen der Erwirkung vor, so fragt es sich, ob der Arbeitgeber in Zukunft vor Kündigungen stets die Zustimmung des Betriebsrats einholen muß. Ferner wäre daran zu denken, daß der Arbeitgeber den Betriebsrat seit langer Zeit stets an der Entscheidung über eine Veränderung der Produktpalette seines Unternehmens beteiligt, sei es, daß er sich mit ihm berät, sei es, daß er sogar die Zustimmung einholt.

Auszugehen ist von dem oben[139] herausgearbeiteten Grundsatz, daß aus der Kooperationsmaxime grundsätzlich weder eine Erweiterung des Bereichs mitbestimmungspflichtiger noch des Bereichs mitwirkungspflichtiger Maßnahmen möglich ist. Begründet wurde dies insbesondere mit dem abschließenden Charakter des Systems der betrieblichen Beteiligung, die als Ergebnis eines hart umkämpften gesetzgeberischen Kompromisses jede Erweiterung über die Generalklausel verbietet.

Wenn daher das Gebot der vertrauensvollen Zusammenarbeit grundsätzlich nicht zu einer Erweiterung der Beteiligungsrechte führen kann, so ist jedoch neben dem Ausnahmecharakter der Erwirkung ihre Ähnlichkeit mit einer gewollten rechtsgeschäftlichen Bindung heranzuziehen. Zwar ist die Vertrauenshaftung kraft Erwirkung ebensowenig wie der Rechtsverlust infolge eines *venire contra factum proprium* Folge rechtsgeschäftlicher Willenserklärungen; die Rechtsbegründung tritt vielmehr *ex lege* ein.[140] Es läßt sich jedoch

---

[139] Vgl. § 7 B II 2, 3 m. w. N.

[140] Vgl. *Canaris,* Vertrauenshaftung, S. 428f.; *Palandt-Heinrichs* Einf. 3 e vor § 116; *Staudinger-Schmidt* § 242 Anm. 521. Vgl. zum Rechtsverlust infolge eines *venire contra factum proprium* oben § 8 D I 2.

nicht übersehen, daß die Erwirkung infolge der Bindung an einen über einige Zeit zurechenbar gesetzten Vertrauenstatbestand der Sache nach mit einer rechtsgeschäftlichen Bindung vergleichbar ist. In beiden Fällen hat das Verhalten der einen Seite zurechenbar zu einer Bindung geführt, auf die sich die andere Seite verlassen durfte. Es macht daher keinen Unterschied, ob das abschließend gedachte System der betrieblichen Mitbestimmung durch eine freiwillige Vereinbarung der Betriebspartner oder durch die rechtsethische Bindung des Arbeitgebers an einen Vertrauenstatbestand erweitert wird. Soweit das Betriebsverfassungsrecht eine freiwillig vereinbarte Erweiterung der Beteiligungsrechte zuläßt, spricht kein Grund gegen die Möglichkeit einer Erwirkung.

Gestatten deshalb Sinn und Zweck des gesetzlichen Beteiligungssystems sowie das Recht des Arbeitgebers, als Eigentümer der Produktionsmittel frei über deren Einsatz zu entscheiden, eine freiwillige Selbstbindung des Arbeitgebers, so steht auch einer zu einer Bindung führenden Erwirkung insoweit nichts entgegen. Dies bedeutet allerdings auch, daß die Erwirkung nicht bestehender Beteiligungsrechte nur in den Grenzen möglich ist, in denen eine Erweiterung durch freiwillige Betriebsvereinbarung für zulässig gehalten wird. Die kollektivvertragliche Erweiterung der betriebsverfassungsrechtlichen Beteiligungsrechte in sozialen, personellen und wirtschaftlichen Angelegenheiten ist indessen umstritten[141] und muß hier dahinstehen. Es kann daher nur bei obigem Grundsatz verbleiben.

Unproblematisch ist die Erwirkung lediglich im zuerst genannten Beispielsfall. Hier sieht bereits das Gesetz in § 102 Abs. 6 BetrVG die Möglichkeit einer freiwilligen Vereinbarung des Zustimmungserfordernisses vor einer Kündigung vor. Wenn daher eine diesbezügliche freiwillige Vereinbarung unbedenklich ist, muß auch eine Erwirkung möglich sein. Folglich hat der Betriebsrat, sofern alle anderen Voraussetzungen der Erwirkung gegeben sind, das Recht erwirkt, daß vor jeder Kündigung seine Zustimmung eingeholt wird.

Das zweite Beispiel kann hier nicht abschließend gelöst werden, da dies entscheidend davon abhängt, wie weit die freiwillige Begründung von Beratungs- und echten Mitbestimmungsrechten in wirtschaftlichen Angelegenheiten zulässig ist. Wird beispielsweise *Thiele*[142] gefolgt, der die Erweiterung von Mitwirkungsrechten als unbedenklich, die Begründung von Zustimmungs-

---

141 Vgl. *Dietz/Richardi* § 1 Anm. 46ff.; *Fitting/Auffarth/Kaiser* § 1 Anm. 45ff.; *Galperin/Löwisch* vor § 1 Anm. 6, § 87 Anm. 13ff.; *v. Hoyningen-Huene*, Betriebsverfassungsrecht, S. 14f.; *Kammann/Hess/Schlochauer* vor § 1 Anm. 70ff.; *Thiele*, GK-BetrVG, Einleitung Anm. 110ff.; *Wiese*, GK-BetrVG, § 87 Anm. 6ff. für soziale Angelegenheiten. Vgl. bereits oben § 7 B II 2.

142 Vgl. GK-BetrVG, Einleitung Anm. 122.

erfordernissen als Wirksamkeitsvoraussetzung für rechtsgeschäftliche Regelungen des Arbeitgebers hingegen als unzulässig ansieht, könnte der Betriebsrat das Beratungsrecht hinsichtlich der Entscheidung über die Produktpalette erwirken, das Mitbestimmungsrecht hingegen nur in bestimmten Grenzen.

Zusammenfassend läßt sich feststellen, daß die Erwirkung von Beteiligungsrechten über § 2 Abs. 1 BetrVG nur innerhalb der Grenzen möglich ist, innerhalb deren die Beteiligungsrechte durch Vereinbarungen der Betriebspartner erweitert werden können.

E. Mangel korrespondierenden Verhaltens

I. Anwendungsfälle

Eine mit dem Verbot des *venire contra factum proprium* eng verwandte Fallgruppe des Grundsatzes von Treu und Glauben läßt sich durch den Mangel korrespondierenden Verhaltens charakterisieren. Danach ist die Rechtsausübung unzulässig, wenn der Ausübende ein bestimmtes Verhalten beansprucht, ohne das diesem Verhalten rechtlich korrespondierende eigene Verhalten zu zeigen.[143] Zwar gibt es nach richtiger Ansicht[144] entgegen *Wieacker*[145] keinen allgemeinen Grundsatz, daß nur der selbst Rechtstreue von einem anderen Rechtstreue verlangen kann. Es kann jedoch in extremen Fällen dem Gebot gegenseitiger Rücksichtnahme und Fairneß widersprechen, wenn eine Partei ein bestimmtes Verhalten verlangt, während sie selbst das Verhalten unterläßt, das mit dem beanspruchten in einem besonderen rechtlichen Zusammenhang steht und somit dessen Entsprechung auf ihrer Seite darstellt.[146] Diese in ihrer praktischen Bedeutung nicht sehr große Fallgruppe ist über § 2 Abs. 1 BetrVG auf das Verhältnis der Betriebspartner übertragbar.

Das Recht des Betriebsrats, wegen Straftaten des Arbeitgebers gegen Betriebsverfassungsorgane und ihre Mitglieder gem. § 119 Abs. 2 BetrVG einen Strafantrag zu stellen, kann beispielsweise durch das Verbot des Rechtsmißbrauchs nach § 2 Abs. 1 BetrVG beschränkt werden. Hat der Arbeitgeber

---

[143] Vgl. BGH, NJW 1971, 1747; AK-BGB-*Teubner* § 242 Anm. 42; *Esser/Schmidt*, Schuldrecht, S. 155; Münch.Komm.-*Roth* § 242 Anm. 372; *Palandt-Heinrichs* § 242 Anm. 4 C b; *Soergel-Knopp* § 242 Anm. 209.

[144] Vgl. Münch.Komm.-*Roth* § 242 Anm. 372; *Palandt-Heinrichs* § 242 Anm. 4 C b; *Soergel-Knopp* § 242 Anm. 223, der zu Recht darauf hinweist, daß Rechtsbruch nicht rechtsunwürdig macht.

[145] Vgl. Präzisierung, S. 31. Vgl. auch *Staudinger-Weber* § 242 Anm. A 229.

[146] Vgl. Münch.Komm.-*Roth* § 242 Anm. 372.

vorsätzlich die Betriebsratswahl durch die Einschüchterung mißliebiger und das Versprechen hoher Geldzuwendungen an willfährige Bewerber derart beeinflußt, daß nur letztere in den Betriebsrat gewählt wurden, so hat er den Tatbestand des § 119 Abs. 1 Nr. 1 BetrVG erfüllt.[147] Diese Straftat stellt jedoch kein Offizialdelikt[148] dar, sondern wird gem. § 119 Abs. 2 BetrVG nur auf Antrag verfolgt. Erfüllt der Arbeitgeber sein Versprechen gegenüber den gewählten Betriebsratsmitgliedern nicht, so wäre denkbar, daß diese als Druckmittel einen entsprechenden Strafantrag stellen. Das wäre jedoch ein offensichtlicher Fall eines Rechtsmißbrauchs, da den Betriebsratsmitgliedern selber durch die Annahme des Versprechens ein schweres Fehlverhalten zur Last zu legen ist.[149] Dieses Verhalten ist das korrespondierende Gegenstück zu dem dem Arbeitgeber vorgeworfenen Verhalten. Es ist ein erheblicher Verstoß gegen § 2 Abs. 1 BetrVG, wenn der selbst rechtswidrig handelnde Betriebsrat zwar den Nutzen zu ziehen bereit ist, andererseits aber den Arbeitgeber durch die in seiner Disposition stehende Strafvorschrift verfolgen läßt.

Es mag an dieser Stelle die bislang nicht eindeutig geklärte Frage offenbleiben, ob der mißbräuchliche Strafantrag als unwirksam anzusehen ist.[150] Sollte man dies nicht annehmen, so wäre der Betriebsrat verpflichtet, den Antrag gem. § 77 d Abs. 1 Satz 1 StGB zurückzunehmen,[151] da dessen weitere Aufrechterhaltung rechtsmißbräuchlich wäre. Dann wäre das Verfahren von Amts wegen einzustellen.[152]

II. Verlust von Beteiligungsrechten

Zu überlegen ist, ob das Verbot der Rechtsausübung bei einem Mangel korrespondierenden Verhaltens zu einem Verlust von Beteiligungsrechten führen kann.

Voraussetzung wäre, daß der Betriebsrat mit der Geltendmachung eines Beteiligungsrechts ein bestimmtes Verhalten des Arbeitgebers beansprucht,

---

147 Vgl. hierzu *Dietz/Richardi* § 119 Anm. 9ff.; *Fitting/Auffarth/Kaiser* § 119 Anm. 3; *Galperin/Löwisch* § 119 Anm. 6ff.; *Kammann/Hess/Schlochauer* § 119 Anm. 13ff.; *Kraft*, GK-BetrVG, § 119 Anm. 4.

148 Vgl. hierzu und zu Sinn und Zweck von Antragsdelikten *Stree*, in *Schönke/Schröder*, Strafgesetzbuch, § 77 Anm. 1, 4.

149 Vgl. zur rechtsmißbräuchlichen Antragstellung ferner LAG Baden-Württemberg (Mannheim), AP Nr. 2 zu § 78 BetrVG Bl. 1 R ff.; *Dietz/Richardi* § 119 Anm. 29; *Fitting/Auffarth/Kaiser* § 119 Anm. 12; *Galperin/Löwisch* § 119 Anm. 28; *Kammann/Hess/Schlochauer* § 119 Anm. 12; *Kraft*, GK-BetrVG, § 119 Anm. 19.

150 Vgl. nur *Stree*, in *Schönke/Schröder*, Strafgesetzbuch, § 77 Anm. 47 m. w. N.

151 Vgl. zur Rücknahme *Dietz/Richardi* § 119 Anm. 28; *Fitting/Auffarth/Kaiser* § 119 Anm. 16; *Galperin/Löwisch* § 119 Anm. 27; *Kraft*, GK-BetrVG, § 119 Anm. 17.

152 Vgl. §§ 206 a Abs. 1, 260 Abs. 3 StPO sowie *Stree*, in *Schönke/Schröder*, Strafgesetzbuch, § 77 d Anm. 7.

wobei er jedoch das diesem Verhalten auf seiner Seite entsprechende Verhalten nicht zeigt. Es fragt sich indessen, worin überhaupt dieses in einem besonderen rechtlichen Zusammenhang stehende korrespondierende Verhalten des Betriebsrats liegen könnte. Das beanspruchte Verhalten des Arbeitgebers besteht darin, den Betriebsrat in der jeweils vorgeschriebenen gesetzlichen Form am betrieblichen Geschehen zu beteiligen. Entsprechende Rechte des Arbeitgebers, an Vorgängen der Arbeitnehmer- oder Betriebsratsseite beteiligt zu werden, bestehen nach dem System des BetrVG hingegen nicht. Daher gibt es keine seinen Beteiligungsrechten korrespondierende Pflicht des Betriebsrats. Dem vom Betriebsrat beanspruchten Verhalten hat kein eigenes gleichgewichtiges Verhalten zu korrespondieren. Damit stellt sich die Frage nach einem Verlust von Beteiligungsrechten infolge mangelnden korrespondierenden Verhaltens nicht.

F. Fehlen eines berechtigten Interesses

I. Allgemeines, Anwendungsfälle

Die letzte und größte Gruppe des Verbots mißbräuchlicher Rechtsausübung betrifft die Fälle, in denen die handelnde Seite im Einzelfall keine schützenswerten Interessen verfolgt oder die Interessen der anderen Seite vorgehen.[153] Der Unterschied zu dem an früherer Stelle[154] ausgeführten Verbot der gegenwärtig zu mißbilligenden Rechtsausübung ist darin zu sehen, daß hier sehr wohl ein eigenes Interesse des Rechtsausübenden vorliegt, die Ausnutzung der Rechtslage jedoch angesichts der einander gegenüberstehenden Interessen zu einer grob unbilligen und unerträglichen Benachteiligung des Verpflichteten führen würde.[155]

In diesen Bereich einzelfallbezogener Interessenabwägung gehören die Fälle, in denen eine Leistung gefordert wird, die sofort wieder zurückgewährt werden müßte *(dolo facit qui petit quod statim redditurus est).*[156] Weiterhin ist die Rechtsausübung in den Fällen unzulässig, in denen der Berechtigte aus

---

[153] Vgl. Münch.Komm.-*Roth* § 242 Anm. 387ff.; *Palandt-Heinrichs* § 242 Anm. 4 C d; *Soergel-Knopp* § 242 Anm. 245ff.; *Staudinger-Weber* § 242 Anm. D 83ff. Vgl. bereits oben § 2 E III 1.

[154] Vgl. oben § 8 B.

[155] Vgl. Münch.Komm.-*Roth* § 242 Anm. 387; *Palandt-Heinrichs* § 242 Anm. 4 C d.

[156] Vgl. *Blomeyer,* Schuldrecht, S. 21; *Brox,* Schuldrecht, Rz. 89; *Enneccerus/Nipperdey* § 239 IV 1 d; *Erman-Sirp* § 242 Anm. 81; *Fikentscher,* Schuldrecht, S. 122f.; *Larenz,* Schuldrecht I, S. 133f.; *Medicus,* Schuldrecht I, S. 66f.; Münch.Komm.-*Roth* § 242 Anm. 389ff.; *Palandt-Heinrichs* § 242 Anm. 4 C c; *Soergel-Knopp* § 242 Anm. 246; *Staudinger-Schmidt* § 242 Anm. 681f.; *Staudinger-Weber* § 242 Anm. D 520f.; *Wieacker,* Präzisierung, S. 29f.

rücksichtslosem, übermäßigem Eigennutz handelt und die andere Seite über Gebühr benachteiligt.[157] Ähnlich sind auch die Fälle gelegen, in denen die Interessen der anderen Seite am Unterlassen einer an sich ordnungsgemäßen Rechtsausübung in besonderem Maße vorrangig sind. Dies könnte beispielsweise der Fall sein, wenn an relativ geringe Fehler oder Verstöße von der Gegenpartei weittragende Rechtsfolgen geknüpft werden.[158] Zu denken wäre weiter daran, daß die Rechtsausübung dem Verpflichteten einen sehr großen Nachteil bringt, während für den Berechtigten auch eine mildere Maßnahme möglich und zumutbar ist (Grundsatz der Verhältnismäßigkeit).[159] Der Problemkreis der Pflichtenbegrenzung wegen Unzumutbarkeit, der eine wichtige Gruppe innerhalb der allgemeinen Interessenabwägung darstellt, ist gesondert zu erörtern.[160]

Es ginge zu weit, in dieser allgemeinen Auffanggruppe sämtliche denkbaren Fallkonstellationen für das Verhältnis der Betriebspartner zu prüfen. Aus dem Grund soll anhand einiger Beispiele exemplarisch gezeigt werden, daß nach § 2 Abs. 1 BetrVG auch zwischen Arbeitgeber und Betriebsrat eine Interessenabwägung stattzufinden hat, die bei Fehlen eines berechtigten Interesses zu einem Verbot der Rechtsausübung führen kann.

Der Grundsatz des *dolo facit qui petit quod statim redditurus est* hat insbesondere für die Leistungen im Rahmen des § 40 BetrVG Bedeutung. Der Arbeitgeber ist beispielsweise aufgrund der Kooperationsmaxime verpflichtet, dem Betriebsrat einen angemessenen Vorschuß zukommen zu lassen, wenn größere Kosten mit einer gewissen Wahrscheinlichkeit bevorstehen und ein Handeln ohne Vorschuß den Betriebsratsmitgliedern unzumutbar ist.[161] Übersteigt der Vorschuß die tatsächlichen Kosten des Betriebsrats, hat dieser die verbliebene Differenz dem Arbeitgeber unverzüglich zurückzuerstatten. Es wäre jedoch ein Rechtsmißbrauch des Arbeitgebers, wenn er vom Betriebsrat die verbliebene Differenz zurückverlangen würde, gleichzeitig jedoch verpflichtet wäre, dem Betriebsrat bezüglich einer neuen Maßnahme, z.B. einer Fahrt zu einer Schulung, erneut einen Vorschuß zu gewähren. Die Funktion des Vorschusses, im Rahmen vertrauensvoller Zusammenarbeit unzumutbare persönliche Belastungen der Betriebsratsmitglieder zu verhindern,[162] verbietet die Rückforderung eines Betrages, der aus einem anderen Rechtsgrund sofort wieder zur Verfügung gestellt werden muß.

---

157 Vgl. *Erman-Sirp* § 242 Anm. 83; Münch.Komm.-*Roth* § 242 Anm. 410ff.; *Soergel-Knopp* § 242 Anm. 261ff.; *Wieacker*, Präzisierung, S. 33f.

158 Vgl. Münch.Komm.-*Roth* § 242 Anm. 393; *Palandt-Heinrichs* § 242 Anm. 4 C d aa; *Soergel-Knopp* § 242 Anm. 250.

159 Vgl. AK-BGB-*Teubner* § 242 Anm. 40; Münch.Komm.-*Roth* § 242 Anm. 399; *Palandt-Heinrichs* § 242 Anm. 4 C d bb; *Soergel-Knopp* § 242 Anm. 258.

160 Vgl. unten § 8 F II, III 2.

161 Vgl. oben § 7 B III 3 m. w. N. sowie *Wiese*, GK-BetrVG, § 40 Anm. 17.

162 Vgl. *Wiese*, GK-BetrVG, § 40 Anm. 17.

Abgesehen von diesem Fall des Rechtsmißbrauchs finden auch viele andere Fälle des Fehlens eines berechtigten Interesses ihren Hauptanwendungsbereich im Rahmen des § 40 BetrVG. So hat der Arbeitgeber gem. § 40 Abs. 1 BetrVG nur die Kosten der Betriebsratstätigkeit zu tragen, die der Betriebsrat für erforderlich halten durfte.[163] Das Gebot der Erforderlichkeit läßt sich nicht zuletzt aus der Kooperationsmaxime begründen. Diese verbietet dem Betriebsrat die Ausübung des Rechts zur Kostenverursachung, sofern kein berechtigtes Interesse vorliegt. Letzteres ist auf die ordnungsgemäße Wahrnehmung der Betriebsratsaufgaben beschränkt, so daß jedes darüber hinausgehende Interesse nicht berücksichtigt wird. Deshalb würde es einen Rechtsmißbrauch darstellen, wenn der Betriebsrat aus sachfremden Interessen Kosten verursachen würde und diese dem Arbeitgeber aufbürden wollte. Ist daher der Begriff der Erforderlichkeit unter Berücksichtigung des § 2 Abs. 1 BetrVG zu begründen,[164] so ist zu überlegen, ob auch bei der Verursachung von Kosten, die an sich erforderlich sind, eine Grenze zu ziehen ist.

Dies wird von der h. M. zu Recht unter Hinweis auf den allgemein geltenden Grundsatz der Verhältnismäßigkeit getan.[165] Als Spezialisierung von Treu und Glauben verbietet § 2 Abs. 1 BetrVG die Rechtsausübung, wenn sie zu einer weit größeren Belastung der anderen Seite führen würde, als dies eine andere, gleich effektive, aber mildere Maßnahme täte. Deshalb hat der Betriebsrat bei mehreren gleichwertigen Möglichkeiten der Verursachung erforderlicher Kosten stets die für den Arbeitgeber mildeste, also finanziell günstigste Maßnahme auszuwählen. Das bewußte Wählen eines teureren Wegs würde daher einen unzulässigen Rechtsmißbrauch darstellen.[166] Die Kostentragung wäre dem Arbeitgeber in diesem Fall nicht zumutbar.[167] Der Betriebsrat hat lediglich dann nicht den günstigsten Weg zu gehen, wenn dies

---

[163] Vgl. insgesamt BAG, AP Nr. 8 zu § 40 BetrVG 1972 Bl. 1 R f.; AP Nr. 7 Bl. 2 R, Nr. 8 Bl. 1 R f. zu § 39 BetrVG; *Dietz/Richardi* § 40 Anm. 4, 12; *Fitting/Auffarth/Kaiser* § 40 Anm. 5, 6, 10; *Galperin/Löwisch* § 40 Anm. 5, 6; *Gnade/Kehrmann/Schneider/Blanke* § 40 Anm. 2; *Hueck/Nipperdey* II/2, S. 1203; *Kammann/Hess/Schlochauer* § 40 Anm. 5; *Nikisch* III, S. 195; *Stege/Weinspach* § 40 Anm. 4; *Weiss* § 40 Anm. 2; *Wiese*, GK-BetrVG, § 40 Anm. 9 m. w. N.; *ders.*, Anm. zu BAG, AR-Blattei D, Betriebsverfassung VIII A, Entsch. 1; kritisch *Zitscher*, DB 1984, 1395 (1398 ff.). Vgl. bereits oben § 7 C III 1.

[164] Vgl. unter Hinweis auf § 2 Abs. 1 BetrVG BAG, AP Nr. 7 Bl. 2 R, Nr. 8 Bl. 1 R f. zu § 39 BetrVG; *Kammann/Hess/Schlochauer* § 40 Anm. 5; *Wiese*, GK-BetrVG, § 40 Anm. 9.

[165] Vgl. BAG, AP Nr. 2 Bl. 2 R, 4, Nr. 7 Bl. 4 R zu § 40 BetrVG 1972; *Dietz/Richardi* § 40 Anm. 5, 12, 32, 39; *Fitting/Auffarth/Kaiser* § 40 Anm. 6; *Galperin/Löwisch* § 40 Anm. 26; *Gamillscheg*, Arbeitsrecht, Bd. II, S. 240; *Kammann/Hess/Schlochauer* § 40 Anm. 25; *Wiese*, GK-BetrVG, § 40 Anm. 10; *ders.*, Anm. zu BAG, AR-Blattei D, Betriebsverfassung VIII A, Entsch. 1; a. A. *Gnade/Kehrmann/Schneider/Blanke* § 40 Anm. 2; kritisch *Weiss* § 40 Anm. 2. Vgl. zur allgemeinen Geltung dieses Grundsatzes BAG, AP Nr. 18 zu § 37 BetrVG 1972 Bl. 4; *Wiese*, GK-BetrVG, § 37 Anm. 123.

[166] So zu Recht *Wiese*, GK-BetrVG, § 40 Anm. 10. Vgl. auch *ders.*, GK-BetrVG, § 37 Anm. 123.

[167] Ebenfalls unter Hinweis auf die Zumutbarkeit BAG, AP Nr. 7 zu § 40 BetrVG 1972 Bl. 4 R; AP Nr. 18 zu § 37 BetrVG 1972 Bl. 4.

ihm selbst nicht zumutbar ist; in diesem Falle hat er die mildeste, ihm zumutbare Möglichkeit zu wählen. Wenn beispielsweise zum mehrtägigen Besuch einer Schulungs- und Bildungsveranstaltung Übernachtungen der Betriebsratsmitglieder erforderlich sind, so kann von ihnen nicht verlangt werden, eine zwar preisgünstige, hygienisch aber untragbare Herberge zu benutzen; von den ihnen zumutbaren Übernachtungsmöglichkeiten haben sie jedoch die günstigste auszuwählen.

Im Bereich des § 40 BetrVG lassen sich zahlreiche Fälle des Fehlens eines berechtigten Interesses denken. So hat der Arbeitgeber hinsichtlich des gem. § 40 Abs. 2 BetrVG zu stellenden Büropersonals letztlich die freie Wahl[168] und ist durchaus berechtigt, das Personal auszutauschen und durch anderes zu ersetzen. Als Grenze ist jedoch das Verbot des Rechtsmißbrauchs zu ziehen. Der Austausch der vom Betriebsrat eingearbeiteten Bürokräfte wäre unzulässig, wenn er nur zur Schikane, also ohne eigenes Interesse, vorgenommen würde.[169] Aber auch wenn der Arbeitgeber ein eigenes betriebliches Interesse am Austausch der zugewiesenen Schreibkraft vorweisen kann, kann dieser im Einzelfall dem Betriebsrat unzumutbar sein. Zu denken ist an den Fall, daß die Schreibkraft gerade erst vom Betriebsrat eingearbeitet wurde und die betrieblichen Interessen des Arbeitgebers auch durch andere Schreibkräfte gewahrt werden können. Ferner wäre der Austausch einer Schreibkraft unzulässig, wenn die neue Schreibkraft nicht das Vertrauen des Betriebsrats genießt.[170] Dies ist stets eine Frage des Einzelfalls.

Zuzustimmen ist in diesem Zusammenhang auch der Entscheidung des BAG vom 22. Mai 1959,[171] die sich mit der Weitergabe von vom Arbeitgeber für vertraulich erklärten Listen über die Lohngruppenzugehörigkeit der Arbeitnehmer durch den Betriebsrat an die Gewerkschaft befaßte. Die Weitergabe, die dazu dienen sollte, die Beitragsehrlichkeit der Gewerkschaftsmitglieder zu überprüfen, hatte nichts mit der Betriebsratstätigkeit zu tun und war mangels eines berechtigten Interesses ein Mißbrauch der Betriebsratsstellung.[172]

[168] Vgl. *Dietz/Richardi* § 40 Anm. 57; *Wiese*, GK-BetrVG, § 40 Anm. 64, 83. Dies gilt auch, wenn man dem Betriebsrat ein Mitspracherecht einräumt (so *Fitting/Auffarth/Kaiser* § 40 Anm. 39; *Galperin/Löwisch* § 40 Anm. 49; *Gnade/Kehrmann/Schneider/Blanke* § 40 Anm. 28; *Kammann/Hess/Schlochauer* § 40 Anm. 41), denn dem Arbeitgeber muß stets die letzte Entscheidung über den Einsatz seiner Mitarbeiter vorbehalten bleiben.

[169] So oben § 8 B I mit einem ähnlich gelagerten Fall.

[170] Vgl. *Dietz/Richardi* § 40 Anm. 57; *Gnade/Kehrmann/Schneider/Blanke* § 40 Anm. 28; *Wiese*, GK-BetrVG, § 40 Anm. 83; vgl. ferner *Fitting/Auffarth/Kaiser* § 40 Anm. 39; *Kammann/Hess/Schlochauer* § 40 Anm. 41.

[171] Vgl. AP Nr. 3 zu § 23 BetrVG. Vgl. bereits oben § 2 E II 2, III 2.

[172] Vgl. BAG, AP Nr. 3 zu § 23 BetrVG Bl. 2. Vgl. auch *Bulla*, RdA 1965, 121 (132); *Dietz*, RdA 1969, 1 (3); *Söllner*, DB 1968, 571 (573).

II. Pflichtenbegrenzung wegen Unzumutbarkeit

Die stets zu erfolgende Interessenabwägung kann dann zu einer Pflichtenbegrenzung führen, wenn sich die Pflichtenerfüllung für den Schuldner als unzumutbar erweist.[173] Hier darf jedoch nicht jede wirtschaftliche oder sonstige Belastung ausreichen, sondern es sind an die Begrenzung eines Rechts infolge Unzumutbarkeit strenge Anforderungen zu stellen.[174]

Auch das Hauptgewicht dieser Fallgruppe des Fehlens eines berechtigten Interesses liegt im Bereich des § 40 BetrVG. So kann in extrem gelagerten Fällen die Kostentragung für Maßnahmen des Betriebsrats dem Arbeitgeber unzumutbar sein. Das wäre insbesondere dann anzunehmen, wenn die zur Erledigung einer Aufgabe vorgenommenen Maßnahmen in keinem Verhältnis zu Größe und wirtschaftlicher Leistungsfähigkeit des Betriebes stehen würden.[175] Eine wirtschaftlich schlechte Ertragslage oder sonst finanzielle Schwierigkeiten hingegen können nicht ohne weiteres zu einem Pflichtenfortfall wegen Unzumutbarkeit führen.

An einen lediglich vorübergehenden Pflichtenfortfall wäre beispielsweise zu denken, wenn infolge eines Großfeuers im Betrieb zahlreiche Verwaltungsräume nicht benutzbar sind und der Arbeitgeber zur Fortführung der notwendigen Verwaltungsarbeiten auf den unversehrten Betriebsratsraum zurückgreifen muß. Zwar ist der Arbeitgeber gem. § 40 Abs. 2 BetrVG zur Stellung von Räumlichkeiten verpflichtet. Es kann ihm jedoch nicht zugemutet werden, seine für Arbeitnehmer und Betrieb dringend notwendigen Verwaltungsarbeiten liegen zu lassen; hier haben die Interessen des Betriebsrats zurückzustehen, so daß er den Raum vorübergehend zu räumen hat. Das ändert selbstverständlich nichts daran, daß der Arbeitgeber verpflichtet ist, so schnell als möglich dem Betriebsrat wieder einen Raum zur Verfügung zu stellen.

---

173 Vgl. *Esser/Schmidt*, Schuldrecht, S. 155ff.; *Larenz*, Schuldrecht I, S. 124ff.; Münch.Komm.-*Roth* § 242 Anm. 424ff.; allgemein zur Unzumutbarkeit als dem beherrschenden Gesichtspunkt für Rechtsmißbrauch und Verwirkung *Soergel-Knopp* § 242 Anm. 40ff.; ausführlich *Staudinger-Weber* § 242 Anm. B 1ff. Vgl. auch *Fikentscher*, Schuldrecht, S. 111ff., sowie oben § 2 E III 1.

174 Vgl. *Larenz*, Schuldrecht I, S. 124f.; Münch.Komm.-*Roth* § 242 Anm. 425; *Palandt-Heinrichs* § 242 Anm. 4 C d; vgl. auch *Wieacker*, Präzisierung, S. 34ff.

175 So zu Recht *Wiese*, GK-BetrVG, § 40 Anm. 10. Vgl. für Schulungskosten *Fitting/Auffarth/Kaiser* § 40 Anm. 24; *Galperin/Löwisch* § 40 Anm. 26; *Kammann/Hess/Schlochauer* § 40 Anm. 25.

III. Begrenzung von Beteiligungsrechten

1. Allgemeines

Es fragt sich, inwieweit die ausgeführten Grundsätze der Interessenabwägung auch zu einer Begrenzung der Beteiligungsrechte führen können. Das wäre nach dem Gesagten entweder dann der Fall, wenn der Betriebsrat an der Wahrnehmung der Beteiligungsrechte kein berechtigtes Interesse oder zwar ein an sich legitimes Interesse hätte, die Interessen des Arbeitgebers an der Nichtausübung jedoch ausnahmsweise vorgingen. In letzterem Falle wäre eine Pflichtenbegrenzung wegen Unzumutbarkeit zu prüfen.

Zuerst ist zu überlegen, ob es überhaupt denkbar ist, daß der Betriebsrat an der Wahrnehmung der Beteiligungsrechte kein berechtigtes Interesse hat. Zu bedenken ist, daß die gesetzlich normierten Beteiligungsrechte zwar vom Betriebsrat wahrzunehmen sind, jedoch ausschließlich im Interesse der Arbeitnehmer bestehen; durch sie wird vom Gesetzgeber die Beteiligung der Arbeitnehmer am betrieblichen Geschehen verwirklicht.[176] Wenn jedoch die Beteiligungsrechte ausschließlich den Arbeitnehmern zustehen, ist ein eigenes Interesse des Betriebsrats an der Wahrnehmung der Beteiligungsrechte nicht entscheidend. Der Betriebsrat übt insoweit lediglich die Rechte für die Arbeitnehmer aus,[177] wobei er alle Beteiligungsrechte als Pflichtrechte grundsätzlich wahrzunehmen hat.[178] Die eingangs gestellte Frage ist daher dahingehend umzuformulieren, daß es nicht um das Fehlen eines berechtigten Interesses des Betriebsrats, sondern um das Fehlen eines berechtigten Interesses der Belegschaft geht. Auszugehen ist jedoch davon, daß das Interesse der Arbeitnehmer an der Durchführung der Beteiligungsrechte grundsätzlich immer berechtigt ist. Dies folgt aus der Anordnung zwingender Beteiligungsrechte, die nicht verzichtbar sind; es handelt sich insoweit um einen vom Gesetzgeber angeordneten Mindestschutz.[179]

---

[176] Vgl. oben § 7 B II 2.

[177] Vgl. *Dietz/Richardi* § 1 Anm. 14, 17; *Fitting/Auffarth/Kaiser* § 1 Anm. 32, 42 ff.; *Galperin/Löwisch* vor § 1 Anm. 19, vor § 74 Anm. 7; *Kammann/Hess/Schlochauer* vor § 1 Anm. 22, 27; *Kraft*, GK-BetrVG, § 1 Anm. 39, 42 f.; *Neumann-Duesberg*, Betriebsverfassungsrecht, S. 120; *Thiele*, GK-BetrVG, Einleitung Anm. 78. Vgl. bereits oben § 8 C II.

[178] Vgl. *Wiese*, RdA 1968, 455 (457), sowie oben § 8 C II. Vgl. zum Pflichtenkreis des Betriebsrats nur *Dietz/Richardi* § 23 Anm. 7 ff., 44; *Thiele*, GK-BetrVG, § 23 Anm. 11 ff., 66 ff.

[179] Hiermit soll allerdings keine Aussage zur Zulässigkeit einer kollektivvertraglichen Erweiterung von Beteiligungsrechten getroffen werden, vgl. hierzu *Dietz/Richardi* § 1 Anm. 46 ff.; *Fitting/Auffarth/Kaiser* § 1 Anm. 45 ff.; *Galperin/Löwisch* vor § 1 Anm. 6, § 87 Anm. 13 ff.; *Thiele*, GK-BetrVG, Einleitung Anm. 110 ff.; *Wiese*, GK-BetrVG, § 87 Anm. 6 ff. für soziale Angelegenheiten. Vgl. bereits oben § 7 B II 2, § 8 D IV 2.

So ist keine der oben[180] dargelegten Konstellationen eines fehlenden berechtigten Interesses denkbar. Der Grundsatz des *dolo facit qui petit quod statim redditurus est* ist nicht anwendbar, da mit der Erfüllung von Beteiligungspflichten der Arbeitgeber keine Leistung gewährt, die der Betriebsrat zurückgewähren müßte. Weiterhin kann die Ausübung von Beteiligungsrechten nicht aus rücksichtslosem und übermäßigem Eigennutz des Betriebsrats bzw. der Belegschaft geschehen, da stets nur zwingende gesetzliche Vorschriften vollzogen werden. Auch geht es nicht darum, daß an geringe Verstöße des Arbeitgebers weittragende Rechtsfolgen geknüpft werden. Schließlich ist auch der Grundsatz der Verhältnismäßigkeit nicht etwa in der Weise für Beteiligungsrechte anwendbar, daß der Betriebsrat bei mehreren tatbestandlich gegebenen Beteiligungsrechten verpflichtet ist, das für den Arbeitgeber mildeste auszuüben. Es handelt sich um gesetzliche Rechte, die der Betriebsrat stets umfassend auszuüben verpflichtet ist, so daß eine Verpflichtung, das am wenigsten weitgehende Recht auszuüben, dem Gesetz fremd ist. Zudem würde eine solche Pflicht dem Schutz und der Teilhabe der Belegschaft widersprechen.

Es ist deshalb daran festzuhalten, daß das Interesse der Arbeitnehmer an der Ausübung der Beteiligungsrechte grundsätzlich berechtigt und somit schützenswert ist. Eine Wahrnehmung von Beteiligungsrechten ohne eigenes Interesse ist daher nicht möglich. Aus diesem Grund ist als ein pflichtenbegrenzender Umstand lediglich zu erwägen, ob ausnahmsweise die Interessen des Arbeitgebers dem berechtigten Interesse der Arbeitnehmer vorgehen. Das kann nur dann der Fall sein, wenn die Beteiligung des Betriebsrats im konkreten Fall dem Arbeitgeber nicht zumutbar ist.

2. *Pflichtenbegrenzung wegen Unzumutbarkeit*

Die Frage, inwieweit die Pflicht des Arbeitgebers, den Betriebsrat in den gesetzlich vorgesehenen Fällen zu beteiligen, infolge Unzumutbarkeit wegfallen kann, wird insbesondere im Bereich der Mitbestimmung nach § 87 Abs. 1 BetrVG bei Eil- und Notfällen diskutiert.

Für die heute h. M.[181] bleibt das Mitbestimmungsrecht des Betriebsrats in Eilfällen bestehen. Die Betriebspartner können immer wiederkehrende Eilfälle vorhersehen und sind daher gehalten, für Eilfälle vorsorgliche Regelungen

---

[180] Vgl. § 8 F I.

[181] Vgl. BAG, AP Nr. 2 zu § 87 BetrVG 1972 Kurzarbeit Bl. 4 R; AP Nr. 6 zu § 87 BetrVG 1972 Arbeitszeit Bl. 3; *Dietz/Richardi* § 87 Anm. 41; *Dzikus,* Mitbestimmung des Betriebsrats, S. 64, 73; *Fitting/Auffarth/Kaiser* § 87 Anm. 21; *Galperin/Löwisch* § 87 Anm. 22; *Gnade/Kehrmann/Schneider/Blanke* § 87 Anm. 21; *Kammann/Hess/Schlochauer* § 87 Anm. 13; *Stege/Weinspach* § 87 Anm. 8; *Wiese,* GK-BetrVG, § 87 Anm. 87.

zu treffen.[182] Haben sie dies unterlassen und verweigert der Betriebsrat aus sachfremden Erwägungen seine Zustimmung beispielsweise zu einer vorübergehenden Verlängerung der betriebsüblichen Arbeitszeit (§ 87 Abs. 1 Nr. 3 BetrVG), so verhält er sich pflichtwidrig.[183] Dies ändert jedoch nichts an der Unwirksamkeit einseitiger Maßnahmen des Arbeitgebers, da bei Eilfällen an der Theorie der notwendigen Mitbestimmung[184] festzuhalten ist.[185]

Anders wird das bei der Mitbestimmung in Notfällen gesehen. Notfälle sind unvorhergesehene Situationen, in denen ein sofortiges Handeln erforderlich ist, um vom Betrieb Schaden abzuwenden.[186] Dies wäre beispielsweise der Fall, wenn unerwartet kurz vor Dienstschluß verderbliche Ware angeliefert wird, welche sofort eingelagert werden muß, und dadurch kurzfristig Überstunden nötig werden.[187] In derart gelagerten Fällen ist es möglich, daß eine Beteiligung des Betriebsrats nicht kurzfristig durchführbar ist, sei es, daß der Betriebsrat nicht erreichbar ist, sei es, daß er nicht beschlußfähig ist. Auch ist es denkbar, daß der Betriebsrat seine Zustimmung zu der notwendigen Verlängerung der betriebsüblichen Arbeitzeit aus sachfremden Erwägungen oder schikanös verweigert. Die h. M. steht in diesen Fällen auf dem Standpunkt, daß der Arbeitgeber durchaus berechtigt sei, die notwendigen Anordnungen einseitig wirksam zu treffen, um Schaden vom Betrieb abzuwenden.[188] Begründet wird dies unter Hinweis auf das Gebot der vertrauensvollen Zusammenarbeit insbesondere damit, daß die Pflicht des Arbeitgebers zur Beteiligung des Betriebsrats dann, wenn dieser nicht erreichbar oder beschlußfähig ist, wegen Unzumutbarkeit entfalle.[189] Verweigert der Betriebsrat, dessen Hinzuziehung der Arbeitgeber stets zu versuchen hat, hingegen willkürlich die Zustimmung, so handele er rechtsmißbräuchlich mit der Folge, daß er sich so behandeln lassen müsse, als habe er sein Einverständnis erklärt.[190]

---

182 Vgl. zuerst *Wiese*, GK-BetrVG, § 87 Anm. 88; sich anschließend BAG, AP Nr. 2 zu § 87 BetrVG 1972 Kurzarbeit Bl. 4 R; AP Nr. 6 zu § 87 BetrVG 1972 Arbeitszeit Bl. 3; *Dzikus*, Mitbestimmung des Betriebsrats, S. 95f.; *Gnade/Kehrmann/Schneider/Blanke* § 87 Anm. 23; vgl. weiter *Galperin/Löwisch* § 87 Anm. 22 und *Kammann/Hess/Schlochauer* § 87 Anm. 13, welche die Initiative dem Arbeitgeber überlassen; ähnlich *Fitting/Auffarth/Kaiser* § 87 Anm. 21.

183 Hier können Sanktionen nach § 23 Abs. 1 BetrVG in Betracht kommen, vgl. *Dzikus*, Mitbestimmung des Betriebsrats, S. 98f.; *Galperin/Löwisch* § 87 Anm. 24; *Kammann/Hess/Schlochauer* § 87 Anm. 13; *Wiese*, GK-BetrVG, § 87 Anm. 88.

184 Vgl. hierzu *Wiese*, GK-BetrVG, § 87 Anm. 55ff. m. w. N. zum Meinungsstand.

185 Vgl. nur *Wiese*, GK-BetrVG, § 87 Anm. 88.

186 Vgl. die ausführliche Definition bei *Dzikus*, Mitbestimmung des Betriebsrats, S. 109.

187 Vgl. *Wiese*, GK-BetrVG, § 87 Anm. 90; vgl. auch *Dzikus*, Mitbestimmung des Betriebsrats, S. 109; a. A. *Gnade/Kehrmann/Schneider/Blanke* § 87 Anm. 25.

188 Vgl. *Dietz/Richardi* § 87 Anm. 43; *Dzikus*, Mitbestimmung des Betriebsrats, S. 131f., 133; *Fitting/Auffarth/Kaiser* § 87 Anm. 22; *Galperin/Löwisch* § 87 Anm. 25; *Kammann/Hess/Schlochauer* § 87 Anm. 17; *Stege/Weinspach* § 87 Anm. 13; *Wiese*, GK-BetrVG, § 87 Anm. 90; offengelassen von BAG, AP Nr. 6 zu § 87 BetrVG 1972 Arbeitszeit Bl. 3 R; a. A. *Gnade/Kehrmann/Schneider/Blanke* § 87 Anm. 25.

189 Vgl. *Wiese*, GK-BetrVG, § 87 Anm. 91; ebenso *Dzikus*, Mitbestimmung des Betriebsrats, S. 131f.; *Kammann/Hess/Schlochauer* § 87 Anm. 17.

Es fragt sich, ob diese Argumentation angesichts der hier vertretenen Konzeption der Beschränkung von Beteiligungsrechten durch das Gebot der vertrauensvollen Zusammenarbeit haltbar ist.

Unproblematisch ist nach dem bisher zur gegenwärtig mißbilligten Rechtsausübung Gesagten[191] der Fall, in dem der Betriebsrat seine Zustimmung willkürlich verweigert. An einer schikanösen Ausübung der Beteiligungsrechte haben die Arbeitnehmer kein berechtigtes Interesse; das Prinzip des stets schützenswerten Interesses der Arbeitnehmer an der Ausübung der Rechte[192] bezieht sich nur auf die zweckgerechte, nicht aber auf die willkürliche Interessenwahrnehmung. Das Verbot, Beteiligungsrechte willkürlich oder schikanös auszuüben, ist diesen immanent und kann daher nicht Gegenstand des Belegschaftswillens sein. Aus diesem Grund kann der h. M. für den Fall der willkürlichen Zustimmungsverweigerung ohne Einschränkung gefolgt werden. § 2 Abs. 1 BetrVG verbietet ein solches gegenwärtig zu mißbilligendes Verhalten; die Zustimmungsverweigerung ist bei Notfällen[193] insoweit als unbeachtlich anzusehen. Der Betriebsrat ist so zu behandeln, als ob er seine Zustimmung erteilt hat.

Hat der Arbeitgeber eine Beteiligung versucht und den Betriebsrat in seiner beschlußfähigen Mehrheit nicht erreicht, so stellt sich die Frage, ob trotz der grundsätzlichen Unverzichtbarkeit der Beteiligungsrechte und des Interesses der Arbeitnehmerschaft an ihrer Durchführung eine Begrenzung dieser Rechte wegen Unzumutbarkeit zulässig ist.

Zu denken wäre an die Übertragung der zu den Fällen des mißbilligten früheren Verhaltens[194] und des widersprüchlichen Verhaltens[195] entwickelten Argumentation. Dort wurde die Unzulässigkeit eines Verlusts von Beteiligungsrechten darauf gestützt, daß die Arbeitnehmer nicht für ein bestimmtes, zu mißbilligendes Verhalten des Betriebsrats mit dem Verlust der ihnen dienenden Beteiligungsrechte einzustehen haben. Dies wurde insbesondere damit begründet, daß die Arbeitnehmer in Ermangelung eines imperativen Mandats nur sehr beschränkte Möglichkeiten der Einflußnahme auf den Betriebsrat haben. Dieses Argument kann aber für die vorliegende Fragestellung nicht greifen, da es nicht um ein bestimmtes Verhalten des Betriebsrats geht, für das die Arbeitnehmer einzustehen haben.[196]

---

190 Vgl. *Wiese*, GK-BetrVG, § 87 Anm. 91; ebenso *Dzikus*, Mitbestimmung des Betriebsrats, S. 125.

191 Vgl. oben § 8 B II.

192 Vgl. oben § 8 F III 1.

193 In allen anderen Fällen bleibt es selbstverständlich beim Erfordernis der Anrufung der Einigungsstelle nach § 87 Abs. 2 BetrVG.

194 Vgl. oben § 8 C II.

195 Vgl. oben § 8 D I 2, II 2, III 2.

Weiterhin war das Interesse der Allgemeinheit an der ordnungsgemäßen Durchführung des Mitbestimmungssystems herangezogen worden. Dieses grundsätzliche Interesse muß jedoch im vorliegenden Zusammenhang eine Einschränkung erfahren, da es im Gesamtkomplex der Interessen von Arbeitgeber und Betriebsrat zu sehen ist. In extrem gelagerten Fällen muß es durchaus möglich sein, daß die konsequente Durchführung des Mitbestimmungssystems hinter die Interessen eines Beteiligten zurückzutreten hat. Dies wird von einer interessengerechten Anwendung der gesetzlichen Vorschriften verlangt. Insbesondere wenn die Pflichterfüllung einer Seite absolut unzumutbar ist und diese in unerträglichem Maße belastet, hat die Anordnung der Pflicht zurückzustehen. Insoweit handelt es sich um eine Grenze, die dem System betrieblicher Beteiligung immanent ist.

Daher ist es ebenfalls überzeugend, wenn in Notfällen von der h. M. ein einseitiges Anordnungsrecht des Arbeitgebers bejaht wird, falls der Betriebsrat nicht erreichbar oder nicht beschlußfähig und dem Arbeitgeber ein weiteres Zuwarten nicht zumutbar ist, weil dies zu einem erheblichen Nachteil für ihn oder den Betrieb führen würde. Insoweit handelt es sich um eine Pflichtenbegrenzung wegen wirtschaftlicher Unzumutbarkeit. Bei einer sich kurzfristig erledigenden Maßnahme, beispielsweise der einmaligen Anordnung von Überstunden, geht das Mitbestimmungsrecht verloren; ist die einseitig angeordnete Maßnahme von längerer Dauer, ist unverzüglich die Einigung mit dem Betriebsrat nachzuholen.[197]

Im Ergebnis ist somit festzustellen, daß das Prinzip der Pflichtenbegrenzung wegen Unzumutbarkeit über § 2 Abs. 1 BetrVG bei einem einmalig aufgetretenen Fall durchaus zum endgültigen Verlust eines Beteiligungsrechts in diesem konkreten Fall führen kann. Wirkt die betreffende Angelegenheit fort und ist eine zukünftige Regelung erforderlich, so führt § 2 Abs. 1 BetrVG zu einer vorübergehenden Beschränkung des Beteiligungsrechts.

G. Beschränkung von Rechten in betrieblichen Einigungen

Die bisherigen Erörterungen betrafen die mißbräuchliche Ausübung von gesetzlich eingeräumten Rechten durch die Betriebspartner. Dieses auf § 2 Abs. 1 BetrVG gestützte Verbot des Rechtsmißbrauchs in seinen vielgestalti-

---

[196] Dies ist lediglich bei der zuvor erörterten Konstellation der Fall, in der der Betriebsrat die Zustimmung willkürlich verweigert.

[197] Vgl. nur *Wiese*, GK-BetrVG, § 87 Anm. 92.

gen Ausprägungen hat grundsätzlich ebenso für Rechte zu gelten, die für die Betriebspartner in betrieblichen Einigungen, also vor allem in Betriebsvereinbarungen und Betriebsabsprachen,[198] begründet werden.

Zu beachten ist jedoch, daß das Gebot der vertrauensvollen Zusammenarbeit nur zwischen Arbeitgeber und Betriebsrat gilt.[199] Rechte, die in einer Betriebsvereinbarung den Arbeitnehmern eingeräumt werden, sowie Rechte, die dem die Betriebsvereinbarung durchführenden Arbeitgeber gegenüber den Arbeitnehmern zustehen, werden daher nicht von § 2 Abs. 1 BetrVG erfaßt. Die für diese Beziehung des Arbeitgebers zu den Arbeitnehmern maßgebende rechtsbegrenzende Vorschrift ist § 242 BGB, der die arbeitsvertragliche Bindung beider Seiten ergänzt und korrigiert. Aus diesem Grund ist § 77 Abs. 4 Satz 3 BetrVG, der die Verwirkung der den Arbeitnehmern in einer Betriebsvereinbarung eingeräumten Rechte ausschließt, eine Einschränkung des Grundsatzes von Treu und Glauben,[200] hat also keinen Bezug zur Kooperationsmaxime. Geht es hingegen darum, daß der Betriebsrat vom Arbeitgeber ein bestimmtes, den Arbeitnehmern geschuldetes Verhalten verlangt, ist wiederum § 2 Abs. 1 BetrVG einschlägig.

Die Grundsätze der verbotenen Rechtsausübung und der unzulässigen Ausnutzung von Rechtslagen haben für die Partner einer betrieblichen Einigung in gleicher Weise zu gelten wie für die Parteien jedes anderen Vertrages. Zu berücksichtigen ist allerdings bei der stets vorzunehmenden Interessenabwägung das über § 242 BGB hinausgehende Gebot einer intensiven Kooperation, das in § 2 Abs. 1 BetrVG enthalten ist.[201] Im übrigen haben die oben[202] dargelegten Grundsätze des Rechtsmißbrauchs zu gelten.

H. Durchbrechung von Formerfordernissen durch § 2 Abs. 1 BetrVG

Nach § 125 Satz 1 BGB ist ein Rechtsgeschäft nichtig, das der durch Gesetz vorgeschriebenen Form ermangelt. Diese grundsätzliche gesetzgeberische Anordnung kann indessen durch den Grundsatz von Treu und Glauben in besonders gelagerten Fällen durchbrochen werden. Führt die Nichtigkeit eines Rechtsgeschäfts im Einzelfall zu schlechthin untragbaren Ergebnissen, so bedarf die Anordnung der Nichtigkeit einer korrigierenden Auslegung durch

198 Vgl. zum Begriff der betrieblichen Einigung *Thiele*, GK-BetrVG, § 77 Anm. 4.
199 Vgl. oben § 2 A I.
200 Vgl. auch *Dietz/Richardi* § 77 Anm. 133; *Thiele*, GK-BetrVG, § 77 Anm. 177f.
201 Vgl. oben § 2 E I.
202 Vgl. § 8 B, C, D, E, F.

den Grundsatz von Treu und Glauben.[203] Das nichtige Rechtsgeschäft ist dann wie ein gültiges zu behandeln. Insbesondere von *Larenz*[204] wird allerdings zu Recht darauf hingewiesen, daß die vor allem der Beweissicherung und dem Schutz vor Übereilung dienende Vorschrift des § 125 BGB[205] nicht ausgehöhlt werden darf. Aus diesem Grund sind an die Durchbrechung dieser Vorschrift strenge Anforderungen zu stellen.

Denkbar ist, daß eine Seite des Rechtsgeschäfts das Formerfordernis nicht kannte, während die andere Seite es sehr wohl kannte, arglistig den ihr vertrauenden Partner aber nicht darauf aufmerksam machte, um sich später eine „Hintertür" zu sichern.[206] Hier liegt ein besonders verwerfliches Verhalten vor, das von der Rechtsordnung nicht gebilligt werden kann. Weiterhin ist möglich, daß beide Seiten das Formerfordernis kannten. In diesem Fall ist an sich grundsätzlich kein Raum für die Anwendung des § 242 BGB.[207] Wenn jedoch eine Seite ihren Partner, der an der Form festhalten will, durch die Ausnutzung einer Machtstellung oder in sonstiger Weise durch unzulässigen Druck an der Einhaltung der Form hindert, handelt es sich ebenfalls um ein unzulässiges Vorgehen. Daher kann auch in diesen Fällen eine vertragliche Bindung trotz fehlender Form möglich sein.[208]

Diese Grundsätze müssen über § 2 Abs. 1 BetrVG auch für vertragliche Bindungen der Betriebspartner gelten. Während Betriebsabsprachen formlos wirksam sind,[209] haben nach § 77 Abs. 2 Satz 1 BetrVG Betriebsrat und Arbeitgeber Betriebsvereinbarungen schriftlich niederzulegen.[210] Kannte bei-

---

203 Vgl. BGHZ 23, 249 (254); 48, 396 (398); *Erman-Sirp* § 242 Anm. 90f.; *Esser/Schmidt*, Schuldrecht, S. 153f.; *Fikentscher*, Schuldrecht, S. 83; *Larenz*, Schuldrecht I, S. 134; Münch.Komm.-*Förschler* § 125 Anm. 50ff.; *Palandt-Heinrichs* § 125 Anm. 6 A; *Soergel-Hefermehl* § 125 Anm. 25, vgl. aber Anm. 29ff.; *Soergel-Knopp* § 242 Anm. 339, 345f.; vgl. auch *Wieacker*, Präzisierung, S. 28f. Da der Formmangel stets von Amts wegen zu beachten ist, ist eine Berufung auf diesen Mangel nicht erforderlich. Es handelt sich daher hier nicht exakt um einen Fall des Rechtsmißbrauchs, denn die Berufung stellt nur einen Hinweis auf die Rechtslage, nicht aber die mißbräuchliche Ausübung eines Rechts dar. Besser ist es deshalb, von einer Korrektur des Gesetzesrechts zu sprechen, vgl. *Larenz*, Schuldrecht I, S. 134f.

204 Vgl. *Larenz*, Schuldrecht I, S. 135. Vgl. auch *Erman-Sirp* § 242 Anm. 90; *Soergel-Knopp* § 242 Anm. 346.

205 Vgl. nur *Palandt-Heinrichs* § 125 Anm. 1 a.

206 Vgl. RGZ 96, 313 (315); *Esser/Schmidt*, Schuldrecht, S. 153; *Larenz*, Schuldrecht I, S. 137; Münch.Komm.-*Förschler* § 125 Anm. 62; *Palandt-Heinrichs* § 125 Anm. 6 C b aa; *Soergel-Hefermehl* § 125 Anm. 31.

207 Vgl. *Erman-Sirp* § 242 Anm. 95; Münch.Komm.-*Förschler* § 125 Anm. 60 m. w. N.; *Soergel-Knopp* § 242 Anm. 350.

208 Vgl. BGHZ 48, 396 (399f.); *Fikentscher*, Schuldrecht, S. 83f.; *Larenz*, Schuldrecht I, S. 137f.; vgl. auch *Soergel-Knopp* § 242 Anm. 350.

209 Vgl. *Dietz/Richardi* § 77 Anm. 158; *Fitting/Auffarth/Kaiser* § 77 Anm. 69 a; *Galperin/Löwisch* § 77 Anm. 100; *Gnade/Kehrmann/Schneider/Blanke* § 77 Anm. 3; *Hueck/Nipperdey* II/2, S. 1301; *Nikisch* III, S. 306; *Stege/Weinspach* § 77 Anm. 45; *Thiele*, GK-BetrVG, § 77 Anm. 8, 9, 11, 16; *Wiese*, GK-BetrVG, § 87 Anm. 45.

210 Vgl. allgemein zur Schriftform *Dietz/Richardi* § 77 Anm. 29ff.; *Thiele*, GK-BetrVG, § 77 Anm. 133ff.

spielsweise in einem kleinen Betrieb der Betriebsobmann dieses Formerfordernis nicht und schloß er eine mündliche „Betriebsvereinbarung" mit dem Arbeitgeber, so ist zunächst zu prüfen, ob die Betriebspartner hiermit nur eine schuldrechtlich verpflichtende Betriebsabsprache abschließen wollten und diese lediglich falsch bezeichnet haben. Ist dies nicht der Fall, sondern ging der Betriebsobmann davon aus, daß die Abmachung normativ gelten würde, ist sie grundsätzlich gemäß § 125 Satz 1 BGB nichtig.[211] Hat allerdings der Arbeitgeber von vornherein vom Formerfordernis gewußt, den Betriebsrat aber arglistig in Unkenntnis gelassen, um nicht an die Betriebsvereinbarung gebunden zu sein, so stellt dies einen erheblichen Verstoß gegen das Gebot der vertrauensvollen Zusammenarbeit zum Wohl der Arbeitnehmer und des Betriebs dar. Daher ist sowohl zum Schutz des Betriebsrats als auch zum Schutz der Arbeitnehmer die Nichtigkeitsanordnung des § 125 BGB dergestalt zu durchbrechen, daß beide Seiten an die Vereinbarung gebunden sind und diese die gleiche normative Wirkung entfaltet wie eine formgerechte Betriebsvereinbarung.

§ 9 Korrektur durch § 2 Abs. 1 BetrVG

A. Grundsätzliches

Der Grundsatz von Treu und Glauben hat neben der Begründung von ergänzenden Nebenpflichten und dem Verbot des Rechtsmißbrauchs die Funktion, den Inhalt bestehender Schuldverhältnisse zu korrigieren, wenn infolge bestimmter Umstände das Verhältnis der begründeten Rechte und Pflichten unangemessen oder die unveränderte Durchführung des Vertrages unzumutbar erscheint.[1] Diese Lehre vom Fehlen oder Fortfall der Geschäftsgrundlage, die gegenüber ausdrücklichen Vereinbarungen subsidiär ist,[2] wird in besonderem Maße vom Gedanken der Unzumutbarkeit der Rechtserfüllung geprägt. Die nicht vorausgesehene Veränderung oder das unerwartete Fehlen

---

[211] Die Frage der Umdeutung gem. § 140 BGB in eine Betriebsabsprache bleibt hier unberührt.

[1] Vgl. *Blomeyer*, Schuldrecht, S. 20; *Enneccerus/Lehmann* § 4 II 4; *Erman-Sirp* § 242 Anm. 166; *Larenz*, Schuldrecht I, S. 126f.; Münch.Komm.-*Roth* § 242 Anm. 453; *Soergel-Knopp* § 242 Anm. 41, 365; *Wiese*, Festschrift für *Hilger/Stumpf*, S. 703 (713). Vgl. bereits oben § 2 E IV 1.

[2] Vgl. nur BGH, NJW 1983, 2034 (2036); *Erman-Sirp* § 242 Anm. 169; Münch.Komm.-*Roth* § 242 Anm. 507ff., 530ff.; *Palandt-Heinrichs* § 242 Anm. 6 B b; *Soergel-Knopp* § 242 Anm. 390ff.; vgl. weiter *Esser/Schmidt*, Schuldrecht, S. 333ff. Vgl. bereits oben § 2 E IV 1.

äußerer Umstände dürfen nicht dazu führen, daß eine Partei in erheblicher, ihr unzumutbarer Weise gegenüber der anderen benachteiligt wird.[3]

Wie bereits dargelegt wurde,[4] hat das Gebot der vertrauensvollen Zusammenarbeit als Spezialisierung des Grundsatzes von Treu und Glauben eine ebensolche Funktion für das Verhältnis der Betriebspartner. Die zum Fortfall der Geschäftsgrundlage zu § 242 BGB erörterten Maßstäbe sind daher im Grundsatz auf die Beziehung der Betriebspartner zu übertragen.

B. Korrektur von betrieblichen Einigungen

I. Allgemeines

Geschäftsgrundlage einer Einigung sind jene bei Vertragsschluß zutage getretenen Vorstellungen, die beide Parteien gemeinschaftlich über das Vorliegen, Fortbestehen oder Eintreten bestimmter Umstände hatten; auch die Vorstellungen nur einer Partei sind maßgeblich, wenn sie für die andere Seite erkennbar waren und nicht beanstandet wurden.[5] Ein von einer Partei bewußt eingegangenes Risiko kann allerdings bei seiner Verwirklichung nicht zu einer Vertragskorrektur führen, da in einem solchen Fall das Festhalten am Schuldverhältnis in seiner bestehenden Form nicht unzumutbar ist.[6] Wie bereits dargelegt wurde,[7] greift die Lehre vom Fortfall der Geschäftsgrundlage in den Fällen einer schwerwiegenden Störung der Äquivalenz von Leistung und Gegenleistung ein, die es zumindest einer Partei unzumutbar macht, das Vertragsverhältnis in der bestehenden Form fortgelten zu lassen. Zu denken ist hier insbesondere an eine unerwartete Veränderung des gesamtwirtschaftlichen Status quo, etwa an einen Währungsverfall. Weiter kann die Korrektur einer vertraglichen Einigung darauf gestützt werden, daß der hinter dem Vertrag stehende Zweck nicht mehr erreicht werden kann, obschon die Leistung an sich noch möglich ist. Man spricht dann von Fällen der Zweckverfehlung.[8]

---

[3] Vgl. *Larenz,* Schuldrecht I, S. 126f.; Münch.Komm.-*Roth* § 242 Anm. 455; zum Aspekt der Unzumutbarkeit *Soergel-Knopp* § 242 Anm. 371ff. Vgl. bereits oben § 2 E IV 1 m. w. N.

[4] Vgl. oben § 2 E IV 2.

[5] Vgl. RGZ 168, 121 (126f.); BGH, DB 1978, 1267; *Enneccerus/Lehmann* § 41 II 4; *Erman-Sirp* § 242 Anm. 168; Münch.Komm.-*Roth* § 242 Anm. 483f.; *Oertmann,* Geschäftsgrundlage, S. 37; *Palandt-Heinrichs* § 242 Anm. 6 B a; *Soergel-Knopp* § 242 Anm. 378, 397; *Staudinger-Weber* § 242 Anm. E 32; *Wiese,* Festschrift für *Hilger/Stumpf,* S. 703 (714). Vgl. bereits oben § 2 E IV 1.

[6] Vgl. *Enneccerus/Lehmann* § 41 III 2; vgl. ferner BGHZ 1, 170 (176); *Erman-Sirp* § 242 Anm. 172; Münch.Komm.-*Roth* § 242 Anm. 491; *Palandt-Heinrichs* § 242 Anm. 6 B d; *Soergel-Knopp* § 242 Anm. 369f., 405.

[7] Vgl. oben § 2 E IV 1 m. w. N.

[8] Vgl. oben § 2 E IV 1.

Dabei ist jedoch der Ausnahmecharakter einer Korrektur zu beachten, weil das Risiko der Verwertbarkeit grundsätzlich auf seiten des Gläubigers liegt.[9] Auch bei einem gemeinschaftlichen Irrtum, beispielsweise einem Kalkulationsirrtum, läßt sich an die Grundsätze über die Geschäftsgrundlage denken.[10]

Die Rechtsfolgen haben sich in erster Linie an der vorhandenen Einigung zu orientieren und sind grundsätzlich auf Erhaltung dieser Einigung unter Anpassung an die veränderten Umstände gerichtet.[11] Ist diese nicht möglich oder den Parteien nicht zumutbar, so kann der Fortfall der Geschäftsgrundlage ausnahmsweise zu einem Rücktritts- oder Kündigungsrecht führen.[12]

Diese Grundsätze können bei allen Arten von betrieblichen Einigungen, insbesondere bei Betriebsvereinbarungen, Betriebsabsprachen und Sozialplänen, Bedeutung erlangen. Dies soll im folgenden anhand einiger Beispiele demonstriert werden.

II. Anwendungsfälle

Die Betriebspartner gehen im Fall einer geplanten Betriebsänderung bei der Aufstellung eines Sozialplans gem. § 112 Abs. 1 Satz 2 BetrVG von einer bestimmten wirtschaftlichen Lage des Unternehmens aus. Da diese regelmäßig nicht Vertragsinhalt wird, andererseits fest in der Vorstellung beider Seiten zum Zeitpunkt des Vertragsschlusses verwurzelt ist, läßt sich hierin eine Geschäftsgrundlage des Sozialplans sehen.[13] Ändert sich diese unerwartet oder lag sie von vornherein in der vorgestellten Weise nicht vor, kann das zur Anwendung der Grundsätze über den Fortfall oder das Fehlen der Geschäftsgrundlage führen. Vorauszusetzen ist allerdings, daß zumindest einer Seite das Festhalten am Sozialplan in seiner ursprünglichen Form nicht zumutbar ist.

---

[9] Vgl. BGHZ 74, 370 (374); *Esser/Schmidt*, Schuldrecht, S. 333; *Larenz*, Schuldrecht I, S. 301; *Palandt-Heinrichs* § 242 Anm. 6 C b; *Soergel-Knopp* § 242 Anm. 369; *Staudinger-Schmidt* § 242 Anm. 1104ff.

[10] Vgl. oben § 2 E IV 1 m. w. N.

[11] Vgl. BGHZ 47, 48 (52); AK-BGB-*Teubner* § 242 Anm. 101; *Blomeyer*, Schuldrecht, S. 20; *Brox*, Schuldrecht, Rz. 84; *Enneccerus/Lehmann* § 41 III; *Erman-Sirp* § 242 Anm. 179; *Esser/Schmidt*, Schuldrecht, S. 341f.; *Larenz*, Schuldrecht I, S. 304; Münch.Komm.-*Roth* § 242 Anm. 494; *Oertmann*, Geschäftsgrundlage, S. 165ff.; *Palandt-Heinrichs* § 242 Anm. 6 B f; *Soergel-Knopp* § 242 Anm. 414ff.; *Staudinger-Weber* § 242 Anm. E 381ff.; *Wieacker*, Präzisierung, S. 36f.; *Wiese*, Festschrift für *Hilger/Stumpf*, S. 703 (719).

[12] Vgl. RGZ 165, 193 (199f.); 168, 65 (73); *Erman-Sirp* § 242 Anm. 179; *Esser/Schmidt*, Schuldrecht, S. 342; *Larenz*, Schuldrecht I, S. 304; Münch.Komm.-*Roth* § 242 Anm. 494; *Oertmann*, Geschäftsgrundlage, S. 161ff.; *Palandt-Heinrichs* § 242 Anm. 6 B f; *Soergel-Knopp* § 242 Anm. 428; *Staudinger-Weber* § 242 Anm. E 377, 379; *Wiese*, Festschrift für *Hilger/Stumpf*, S. 703 (719).

[13] So auch *Galperin/Löwisch* § 112 Anm. 44.

Gehen beispielsweise beide Seiten irrig von einem viel zu hohen Betrag der für den Sozialplan zur Verfügung stehenden Finanzmasse aus oder verschlechtert sich nach Abschluß, aber vor Durchführung des Sozialplans die wirtschaftliche Lage des Unternehmens unerwartet in erheblichem Maße, kann es dem Arbeitgeber unzumutbar sein, die vereinbarten Leistungen zu erbringen. Zwar trägt der Arbeitgeber wie jeder Schuldner grundsätzlich das Risiko einer Verschlechterung seiner Zahlungsmöglichkeiten. Würde aber das Festhalten am Vertrag seinen wirtschaftlichen Ruin bedeuten und erhebliche Auswirkungen auf Lohnansprüche und Arbeitsplätze seiner Arbeitnehmer haben, ist zum Wohl der Arbeitnehmer und des Betriebs von einem Fortfall der Geschäftsgrundlage auszugehen.[14] Diese Lehre führt primär zur Anpassung des Schuldverhältnisses an die veränderten oder bereits vorhandenen Umstände. In bezug auf die Frage, wie und von wem die Anpassung zu erfolgen hat, ist zu beachten, daß sie kraft gesetzlicher Anordnung erfolgt. Der den Fortfall der Geschäftsgrundlage feststellende Richter trifft daher kein Gestaltungsurteil, sondern stellt lediglich eine bestimmte Rechtslage fest;[15] dies hat aber auch zu bedeuten, daß die Anpassung an sich nicht von den Parteien vereinbart werden muß.[16] Im Falle der Anpassung von Sozialplänen stellt sich jedoch das Problem, daß diese nur in Gesamtwürdigung aller betrieblichen Umstände und Besonderheiten erfolgen kann; deshalb ist die genaue und detaillierte Kenntnis und Bewertung vieler verschiedener Faktoren erforderlich. Zwar hat der eine Anpassung feststellende Richter einen gewissen Entscheidungsspielraum.[17] Es ist jedoch wenig sinnvoll, die Anpassung eines Sozialplans vom Arbeitsgericht vornehmen zu lassen,[18] während die Betriebspartner bzw. die Einigungsstelle hierzu in weit besserem Maße aufgrund ihrer Sachnähe und -kompetenz geeignet sind. Nicht zuletzt auch wegen der besonderen Betonung der Kooperation durch § 2 Abs. 1 BetrVG[19] ist daher mit dem BAG[20] und einem Teil der Lehre[21] davon auszugehen, daß ein Sozialplan in erneuten Verhandlungen zwischen Arbeitgeber und Betriebsrat

---

[14] Vgl. *Galperin/Löwisch* § 112 Anm. 44; *Weller*, AR-Blattei D, Sozialplan I F 2 b, der die wirtschaftliche Vertretbarkeit des Sozialplans für das Unternehmen als Geschäftsgrundlage heranzieht; für den Fall des Irrtums über die zur Verfügung stehende Finanzmasse BAG, AP Nr. 11 zu § 112 BetrVG 1972 Bl. 5; *Fitting/Auffarth/Kaiser* § 112 Anm. 24. Vgl. aber auch *Durchlaub*, DB 1980, 496, der von einem Leistungsverweigerungsrecht des Arbeitgebers ausgeht.

[15] Vgl. BGH, NJW 1972, 152 (153); Münch.Komm.-*Roth* § 242 Anm. 503; *Palandt-Heinrichs* § 242 Anm. 6 B f.; *Soergel-Knopp* § 242 Anm. 414; früher a. A. BGH, NJW 1952, 137 (138).

[16] Vgl. Münch.Komm.-*Roth* § 242 Anm. 503.

[17] Vgl. nur Münch.Komm.-*Roth* § 242 Anm. 504.

[18] Zur Zuständigkeit des Arbeitsgerichts zur Feststellung des Fortfalls der Geschäftsgrundlage vgl. BAG, AP Nr. 11 zu § 112 BetrVG 1972 Bl. 5; *Galperin/Löwisch* § 112 Anm. 44.

[19] Vgl. oben § 2 E I.

[20] Vgl. AP Nr. 11 zu § 112 BetrVG 1972 Bl. 5.

[21] Vgl. *Fitting/Auffarth/Kaiser* § 112 Anm. 24; *Galperin/Löwisch* § 112 Anm. 44. Generell für den Vorrang der Verhandlungspflicht bei Fortfall der Geschäftsgrundlage *Hilger*, Festschrift für *Larenz*, S. 241 (251).

den geänderten Umständen anzupassen ist und im Falle der Nichteinigung die Einigungsstelle zu entscheiden hat.[22]

Diese Anpassungspflicht aus § 2 Abs. 1 BetrVG kann im übrigen auch im umgekehrten Fall zum Zuge kommen, in dem die Betriebspartner irrig von einer sehr schlechten Wirtschaftslage des Unternehmens ausgingen oder sich die Lage nach Abschluß, aber vor Durchführung des Sozialplans in unerwartetem Maße verbessert. Eine solche ungeahnte Prosperität kann zum Wohl der Arbeitnehmer zu einer Anpassungspflicht der Betriebspartner führen, wenn es dem Betriebsrat als Repräsentanten der Belegschaft nicht zumutbar ist, an den ausgehandelten Sozialplanbedingungen festzuhalten. Dies wäre beispielsweise dann der Fall, wenn der Betriebsrat angesichts der wirtschaftlich schwachen Lage des Unternehmens seine Forderungen erheblich zurückgesteckt hatte und sich die Betriebspartner bei Kenntnis der Umstände auf weit höhere Abfindungen geeinigt hätten.

Die Frage nach den Rechtsfolgen des Wegfalls der Geschäftsgrundlage kann sich auch bei Betriebsvereinbarungen stellen, die etwa im Bereich der Mitbestimmung nach § 87 BetrVG getroffen werden.[23]

Denkbar wäre, daß für den Zeitraum von drei Monaten einmal in der Woche eine Verlängerung der betriebsüblichen Arbeitszeit erforderlich wird, weil kurz vor dem sonst üblichen Feierabend verderbliche Waren angeliefert werden, die eingelagert werden müssen.[24] Haben in einem solchen Fall die Betriebspartner eine entsprechende Betriebsvereinbarung gem. § 87 Abs. 1 Nr. 3 BetrVG geschlossen, ist an die Anwendung der Grundsätze über die Geschäftsgrundlage zu denken, wenn nach einem Monat die weitere Lieferung für die restliche Zeit ausfällt, weil beispielsweise der Lieferbetrieb in Konkurs gefallen ist. In einem solchen Fall wäre die weitere Durchführung der Betriebsvereinbarung zwar noch möglich, hätte aber keinen Sinn mehr. Eine ordentliche Kündigung gem. § 77 Abs. 5 BetrVG scheidet aus, da diese nur bei auf Dauer angelegten Regelungen möglich ist,[25] es sich hier jedoch um ei-

---

[22] Im Ergebnis ebenso wohl *Dietz/Richardi* § 112 Anm. 91, der allerdings eine außerordentliche Kündigung des Sozialplans verlangt, um dann einen neuen Sozialplan zu vereinbaren. Eine Kündigung ist jedoch unnötig, wenn man, wie hier, eine Pflicht der Betriebspartner zur Anpassung bejaht. Vgl. auch BAG, GS, AP Nr. 6 zu § 112 BetrVG 1972 Bl. 15; *Hilger*, Festschrift für *Larenz*, S. 241 (251).

[23] Vgl. allgemein BAG, AP Nr. 24 zu § 59 BetrVG Bl. 6; *Dietz/Richardi* § 77 Anm. 141, 164; *Gnade/Kehrmann/Schneider/Blanke* § 77 Anm. 55; *Hueck/Nipperdey* II/2, S. 1283ff.; *Kammann/Hess/Schlochauer* § 77 Anm. 105; *Säcker*, AR-Blattei D, Betriebsvereinbarung I F IV 2; *Stege/Weinspach* § 77 Anm. 40; *Thiele*, GK-BetrVG, § 77 Anm. 220.

[24] Vgl. zu dem an diesem Fall bereits erörterten einseitigen Anordnungsrecht des Arbeitgebers in Eil- und Notfällen oben § 8 F III 2.

[25] Vgl. BAG, AP Nr. 2 zu § 52 BetrVG Bl. 2; *Hueck/Nipperdey* II/2, S. 1285; *Kammann/Hess/Schlochauer* § 77 Anm. 105; *Nikisch* III, S. 297; *Thiele*, GK-BetrVG, § 77 Anm. 213, 220.

ne zeitlich befristete Vereinbarung handelt. Zu erwägen ist aber eine außerordentliche Kündigung.[26] Diese ist dann auf einen Fortfall der Geschäftsgrundlage zu stützen, wenn dem Arbeitgeber wegen der veränderten Umstände die Fortsetzung der Betriebsvereinbarung nicht mehr zugemutet werden kann.[27]

Der von beiden Seiten stillschweigend vorausgesetzte Zweck der Vereinbarung, durch Überstunden die Lieferungen aufzufangen, ist nicht mehr erreichbar; es liegt ein Fall der sog. Zweckverfehlung[28] vor. Zwar ist das Risiko der Verwertbarkeit einer Leistung, hier der Leistung von Überstunden, grundsätzlich auf seiten des Gläubigers,[29] so daß der Arbeitgeber an sich in Annahmeverzug gem. § 615 BGB käme, wenn die Arbeitnehmer ihre Arbeitskraft anbieten. Ist der Arbeitgeber jedoch in keiner Weise für den Zweckfortfall verantwortlich,[30] so ist es ihm regelmäßig nicht zumutbar, die Arbeitnehmer für die nicht anfallenden Überstunden zu entlohnen. Hinzu kommt, daß es dem Betriebsrat ebenso wie den Arbeitnehmern klar war, daß die Verlängerung der betriebsüblichen Arbeitszeit nur dazu dient, die zusätzlichen Lieferungen aufzufangen. Es ist daher gerechtfertigt, diesen hinter dem Vertrag stehenden Zweck zur objektiven Geschäftsgrundlage zu erheben und von dessen Fortfall auszugehen.

Der Fortfall der Geschäftsgrundlage führt zwar in erster Linie zur Anpassung des Vertrages an die veränderten Umstände. Eine solche auf eine Aufrechterhaltung des Vertrages unter anderen Bedingungen hinauslaufende Anpassung hätte hier aber keinen Sinn, denn die Betriebsvereinbarung als Ganze

---

26 Allgemein zur außerordentlichen Kündigung von Betriebsvereinbarungen BAG, AP Nr. 1 zu § 52 BetrVG Bl. 3f. mit zust. Anm. *G. Hueck*; AP Nr. 24 zu § 59 BetrVG Bl. 4 R; *Dietz/Richardi* § 77 Anm. 142; *Fitting/Auffarth/Kaiser* § 77 Anm. 43; *Galperin/Löwisch* § 77 Anm. 63; *Gnade/Kehrmann/Schneider/Blanke* § 77 Anm. 53; *Hueck/Nipperdey* II/2, S. 1284; *Kammann/Hess/Schlochauer* § 77 Anm. 109; *Neumann-Duesberg*, Betriebsverfassungsrecht, S. 388; *Nikisch* III, S. 297; *Säcker*, AR-Blattei D, Betriebsvereinbarung I F IV 1; *Thiele*, GK-BetrVG, § 77 Anm. 218; *Weiss* § 77 Anm. 19.

27 Vgl. *Dietz/Richardi* § 77 Anm. 141; *Hilger*, Festschrift für *Larenz*, S. 241 (252); *Säcker*, AR-Blattei D, Betriebsvereinbarung I F IV 2; für den Sozialplan wohl auch BAG, GS, AP Nr. 6 zu § 112 BetrVG 1972 Bl. 15. Bei der Regelung eines Einzelfalles, die hier nicht vorliegt, ist zu beachten, daß eine außerordentliche Kündigung mit Wirkung für die Zukunft dem Wesen einer solchen Regelung widerspricht, vgl. *Dietz/Richardi* § 77 Anm. 145; *Gnade/Kehrmann/Schneider/Blanke* § 77 Anm. 55; *Hueck/Nipperdey* II/2, S. 1285; *Kammann/Hess/Schlochauer* § 77 Anm. 105; *Neumann-Duesberg*, Betriebsverfassungsrecht, S. 383f.; *Nikisch* III, S. 298; *Säcker*, AR-Blattei D, Betriebsvereinbarung I F IV 1; *Thiele*, GK-BetrVG, § 77 Anm. 220. Besser ist es in einem solchen Fall, den Fortfall der Geschäftsgrundlage zu einem Rücktrittsrecht führen zu lassen, vgl. *Dietz/Richardi* § 77 Anm. 145; *Hueck/Nipperdey* II/2, S. 1285; *Nikisch* III, S. 298.

28 Vgl. oben § 2 E IV 1 m. w. N. und § 9 B I.

29 Vgl. BGHZ 74, 370 (374); *Larenz*, Schuldrecht I, S. 301; *Palandt-Heinrichs* § 242 Anm. 6 C b; *Soergel-Knopp* § 242 Anm. 369; *Staudinger-Schmidt* § 242 Anm. 1104ff. Vgl. bereits oben § 2 E IV 1.

30 Darauf, daß die Zweckvereitelung keiner Partei als ihr Risiko zuzurechnen sein darf, macht *Larenz*, Schuldrecht I, S. 301, aufmerksam.

ist überflüssig. Vielmehr ist dem Arbeitgeber das Recht zur außerordentlichen Kündigung der Betriebsvereinbarung zu geben, da ihm die Fortsetzung der Vereinbarung nicht zumutbar ist. Eine automatische Beendigung der Betriebsvereinbarung ohne Kündigungserfordernis ist hingegen nicht anzunehmen,[31] da dies als ultima ratio nur dann in Betracht zu kommen hat, wenn Anpassung, Kündigung oder Rücktritt nicht möglich oder zumutbar sind. Zudem ist eine außerordentliche Kündigung aus Gründen der Rechtssicherheit sinnvoller, da der Betriebsrat und die betroffenen Arbeitnehmer wissen müssen, ab wann keine Überstunden mehr zu leisten sind. Schließlich ist das Erfordernis einer Kündigung auch deshalb sachgerecht, weil es dem Arbeitgeber überlassen bleiben muß, unter Umständen an der Betriebsvereinbarung festzuhalten; zu denken wäre daran, daß er möglicherweise die zur Verfügung stehende Arbeitskraft anderweitig einsetzen kann.

Nur in besonders gelagerten Fällen ist auf das Erfordernis einer außerordentlichen Kündigung durch den Arbeitgeber zu verzichten.[32] Erfährt er erst kurz vor dem für die Lieferung vorgesehenen Zeitpunkt, daß diese nicht erfolgt, und ist weder der Betriebsratsvorsitzende noch sein Stellvertreter zur Empfangnahme der Kündigungserklärung[33] erreichbar, so ist dem Arbeitgeber das Recht zuzubilligen, die Überstunden einseitig auch ohne eine Kündigung abzusagen. Hiermit endet jedoch die gesamte Betriebsvereinbarung nicht automatisch;[34] vielmehr hat der Arbeitgeber zum nächstmöglichen Zeitpunkt die Kündigung nachzuholen.

An eine nur vorübergehende Anpassung wäre beispielsweise in folgendem Fall zu denken: Der Arbeitgeber plant die Installation mehrerer Fernsehkameras, durch die eine komplizierte und weitverzweigte chemische Anlage zur Sicherheit ständig überwacht werden soll. Durch die Kameras werden auch die an der Anlage beschäftigten Arbeitnehmer erfaßt, so daß die Kameras objektiv und unmittelbar zur Überwachung des Verhaltens oder der Leistung der Arbeitnehmer geeignet sind und der Arbeitgeber diese Möglichkeit jederzeit nutzen kann. Aus diesem Grund besteht ein Mitbestimmungsrecht des Betriebsrats gem. § 87 Abs. 1 Nr. 6 BetrVG.[35] Vereinbaren die Betriebspartner die Installation dieser Kameras, so ist die Überwachung der Anlage zuläs-

---

[31] So aber wohl *Thiele*, GK-BetrVG, § 77 Anm. 220.

[32] So auch *Säcker*, AR-Blattei D, Betriebsvereinbarung I F IV 2.

[33] Vgl. § 26 Abs. 3 Satz 2 BetrVG.

[34] Vgl. *Dietz/Richardi* § 77 Anm. 141; *Thiele*, GK-BetrVG, § 77 Anm. 220; a. A. *Säcker*, AR-Blattei D, Betriebsvereinbarung I F IV 2. Eine automatische Beendigung läßt sich nur bei einer einen Einzelfall betreffenden Betriebsvereinbarung annehmen.

[35] Vgl. BAG, AP Nr. 2 Bl. 2 Rf., Nr. 3 Bl. 1 Rf., Nr. 4 Bl. 3 R zu § 87 BetrVG 1972 Überwachung; *Dietz/Richardi* § 87 Anm. 327 m. w. N.; *Fitting/Auffarth/Kaiser* § 87 Anm. 71; *Galperin/Löwisch* § 87 Anm. 145; *Gnade/Kehrmann/Schneider/Blanke* § 87 Anm. 109; *Kammann/Hess/Schlochauer* § 87 Anm. 117; *Wiese*, GK-BetrVG, § 87 Anm. 205 m. w. N.; *ders.*, Initiativrecht, S. 50; a. A. *Bobrowski/Gaul*, Das Arbeitsrecht im Betrieb II, S. 631; *Stege/Weinspach* § 87 Anm. 107.

sig. Insbesondere liegt kein unzulässiger Eingriff in das aus dem allgemeinen Persönlichkeitsrecht der Arbeitnehmer[36] folgende Recht am eigenen Bilde[37] vor, da die Kameras zur technischen Überwachung der Anlage sowie aus Gründen der Betriebssicherheit, also nicht zuletzt auch zum Schutz der Arbeitnehmer, eingerichtet werden. Die fotografische Erfassung der an der Anlage beschäftigten Arbeitnehmer ist nur ein Nebeneffekt, so daß der Eingriff in das Recht am eigenen Bilde durch überwiegende betriebliche Interessen gerechtfertigt ist.[38]

Muß die Maschine für einen begrenzten Zeitraum ausgeschaltet werden, um daran Reparaturen vorzunehmen, so besteht kein sicherheitstechnisches Bedürfnis für einen weiteren Betrieb der Kameraüberwachung. Der dennoch weiterlaufende Betrieb der Kameras ist dann ein unzulässiger Eingriff in das Persönlichkeitsrecht der an der Maschine die Reparaturen vornehmenden Arbeitnehmer. Diese haben daher entsprechend §§ 12, 862, 1004 BGB Beseitigungs- und Unterlassungsansprüche.[39]

Der Betriebsrat hat in einem solchen Fall das Recht und die Pflicht aus § 80 Abs. 1 Nr. 1 BetrVG, den Arbeitgeber auf sein rechtswidriges Verhalten hinzuweisen. Ist für das Ausschalten der Maschine keine Regelung getroffen, hat der Betriebsrat die Möglichkeit der außerordentlichen Kündigung der Betriebsvereinbarung aus wichtigem Grund[40] sowie der Wahrnehmung seines Initiativrechts auf Abschaffung der Kontrolleinrichtung.[41] Diese beiden Möglichkeiten sind allerdings wenig sinnvoll, weil die Kameraüberwachung nach Abschluß der Reparaturarbeiten wieder aus Gründen der Betriebssicherheit erforderlich wird; dann müßten die Betriebspartner eine erneute Vereinbarung treffen.

Besser ist es daher, die Grundsätze über den Fortfall der Geschäftsgrundlage heranzuziehen. Bei Abschluß der Betriebsvereinbarung über die Installation der Kameras gingen beide Seiten bewußt davon aus, daß deren Einfüh-

---

36 Vgl. hierzu umfassend *Wiese,* ZfA 1971, 273. Vgl. allgemein zum Persönlichkeitsrecht BGHZ 13, 334 (338); 24, 72 (76ff.); 30, 7 (10f.); 36, 77 (80); 50, 133 (136); 57, 325 (327).

37 Vgl. hierzu BVerfGE 35, 202 (224); 54, 148 (154); BGHZ 20, 345 (347f.); *Erman-Weitnauer* Anhang zu § 12 Anm. 28ff.; Münch.Komm.-*Schwerdtner* § 12 Anm. 169ff.; *Wiese,* ZfA 1971, 273 (284ff.).

38 Vgl. *Wiese,* ZfA 1971, 273 (285ff.); *ders.,* GK-BetrVG, § 87 Anm. 212. Vgl. auch ohne nähere Ausführungen *Dietz/Richardi* § 87 Anm. 338.

39 Vgl. BGHZ 27, 284 (289, 291); 31, 308 (318); *Erman-Weitnauer* Anhang zu § 12 Anm. 12; Münch.Komm.-*Schwerdtner* § 12 Anm. 322ff.; *Palandt-Thomas* § 823 Anm. 15 F, Einf. vor § 823 Anm. 9, 10; *Wiese,* ZfA 1971, 273 (311f.).

40 Eine ordentliche Kündigung gem. § 77 Abs. 5 BetrVG ist zwar auch möglich, aber angesichts der dreimonatigen Kündigungsfrist nicht sinnvoll.

41 Vgl. *Däubler,* Das Arbeitsrecht 2, S. 142; *Dietz/Richardi* § 87 Anm. 335; *Fitting/Auffarth/Kaiser* § 87 Anm. 77; *Wiese,* Initiativrecht, S. 52; *ders.,* GK-BetrVG, § 87 Anm. 209; a. A. *Kammann/Hess/Schlochauer* § 87 Anm. 124.

rung nur der sicherheitstechnischen Überwachung der Anlage dient, was voraussetzt, daß die Anlage in Betrieb ist und eine Überwachung erforderlich macht. Da dieser Zweck der Betriebsvereinbarung für einige Zeit wegfällt, ist von einem vorübergehenden Fortfall der Geschäftsgrundlage auszugehen. Die hieraus folgende Pflicht der Betriebspartner zur Anpassung der Betriebsvereinbarung an die geänderten Umstände kann nur dahin gehen, die Fernsehkameras für die Dauer der Reparaturarbeiten auszuschalten. Ist eine sicherheitstechnische Überwachung wieder erforderlich, lebt der Zweck der Betriebsvereinbarung auf, so daß die Kameras erneut eingeschaltet werden dürfen. Diese Lösung hat den Vorteil, daß die Betriebspartner keine neue Vereinbarung gem. § 87 Abs. 1 Nr. 6 BetrVG zu treffen brauchen. Der Betriebsrat kann daher aufgrund der Kooperationsmaxime vom Arbeitgeber das Ausschalten der Überwachungseinrichtungen verlangen.

Im Ergebnis ist festzustellen, daß die zu § 242 BGB entwickelten Grundsätze zum Fortfall der Geschäftsgrundlage über § 2 Abs. 1 BetrVG zum Wohl der Arbeitnehmer und des Betriebs auf betriebliche Einigungen, insbesondere auf Sozialpläne und Betriebsvereinbarungen, übertragbar sind.

Ist die Anpassung einer Einigung notwendig, so hat diese angesichts ihrer besonderen Sachkompetenz und -nähe durch die Betriebspartner zu erfolgen; im Falle der Nichteinigung entscheidet die Einigungsstelle. Ist eine Anpassung nicht möglich oder unzumutbar, kann jede Seite die Einigung aus wichtigem Grund außerordentlich kündigen. Nur in besonders gelagerten Ausnahmefällen ist vom Erfordernis einer Kündigung abzusehen. Der Fortfall der Geschäftsgrundlage kann im übrigen auch vorübergehender Natur sein.

Zusammenfassung der wesentlichen Ergebnisse

I. Der Grundsatz von Treu und Glauben gilt prinzipiell auch im Betriebsverfassungsrecht.

II. Im Verhältnis der Betriebspartner zueinander wird der Grundsatz von Treu und Glauben jedoch durch das Gebot der vertrauensvollen Zusammenarbeit verdrängt. Dieses Gebot ist grammatikalisch, systematisch und funktionell mit § 242 BGB sowohl hinsichtlich der gesetzlichen als auch der vertraglich vereinbarten Regelungen vergleichbar. Da § 2 Abs. 1 BetrVG als wesentlicher Ausdruck des vom Gesetzgeber angeordneten Partnerschaftsmodells dem Gedanken der Kooperation gegenüber § 242 BGB ein sehr viel größeres Gewicht beimißt, hat der Grundsatz von Treu und Glauben zurückzutreten. Das Gebot der vertrauensvollen Zusammenarbeit stellt sich daher als Spezialisierung des Grundsatzes von Treu und Glauben dar.

III. Die zu § 242 BGB entwickelten Fallgruppen lassen sich im Rahmen einer einzelfallbezogenen Interessenabwägung über § 2 Abs. 1 BetrVG prinzipiell auf das Verhältnis der Betriebspartner übertragen. Es können sich jedoch bei den einzelnen Fallgruppen Besonderheiten ergeben, soweit es nicht um die Art und Weise der Erfüllung gesetzlich normierter oder vereinbarter Pflichten geht.

IV. Aus § 2 Abs. 1 BetrVG können ergänzende Pflichten des Arbeitgebers folgen, die auf die Gewährleistung der betrieblichen Mitbestimmung sowie auf Förderung und Schutz des Betriebsrats bei der Wahrnehmung seiner betriebsverfassungsrechtlichen Funktion gerichtet sind. Pflichten zur Erhaltung von Rechtsgütern des Betriebsrats sind dagegen nicht denkbar. Auch kann § 2 Abs. 1 BetrVG keine Pflichten begründen, die zusätzlich zur arbeitsvertraglichen Treuepflicht dem Interesse der einzelnen Betriebsratsmitglieder an der Erhaltung ihrer persönlichen Rechtsgüter dienen.

Weiterhin können ergänzende Pflichten des Betriebsrats als Gremium und der einzelnen Betriebsratsmitglieder begründet werden, die auf das Interesse des Arbeitgebers am Funktionieren der betriebsverfassungsrechtlichen Ordnung sowie auf Schutz und Förderung in der Erfüllung seiner betriebsverfassungsrechtlichen Aufgaben bezogen sind. Pflichten, die generell dem Interesse des Arbeitgebers an der Erhaltung seiner bestehenden Rechtsgüter dienen, sind nicht begründbar.

Die Begründung von Pflichten und Rechten der Betriebspartner in Ergänzung gesetzlicher oder vereinbarter Vorschriften ist nur möglich, soweit keine abschließende Regelung besteht. Eine solche ist insbesondere im Katalog der gesetzlichen Beteiligungsrechte des Betriebsrats zu sehen. Aus § 2 Abs. 1 BetrVG können daher keine zusätzlichen Beteiligungsrechte hergeleitet werden. In anderen Fällen ist das Vorliegen einer abschließenden Regelung stets im Einzelfall zu ermitteln.

Die Begründung von Pflichten führt zu einem gesetzlichen Schuldverhältnis zwischen Arbeitgeber und Betriebsrat.

V. Das Verbot des Rechtsmißbrauchs und der mißbräuchlichen Ausnutzung von Rechtslagen weist folgende Besonderheiten für die Beteiligungsrechte des Betriebsrats auf:

Die Ausübung von Beteiligungsrechten in mißbilligenswerter Art und Weise oder mit dem Ziel, dem Arbeitgeber zu schaden, ist unzulässig.

Ein in der Vergangenheit liegendes verwerfliches Verhalten des Betriebsrats kann nicht zu einem Verlust seiner Beteiligungsrechte führen. Dies gilt unter anderem, wenn der Betriebsrat durch ein vorangegangenes Fehlverhalten den Tatbestand eines Beteiligungsrechts herbeigeführt oder die Rechte des Arbeitgebers in mißbilligenswerter Weise vereitelt hat.

Das Verbot des Widerspruchs zu früherem Verhalten kann ebenfalls nicht zu einem Verlust von Beteiligungsrechten führen. Dies hat unabhängig davon zu gelten, ob durch das frühere Verhalten ein Vertrauenstatbestand gesetzt wurde oder ob lediglich eine sachliche Unvereinbarkeit des späteren mit dem früheren Verhalten vorliegt. Ebenso ist eine Verwirkung von Beteiligungsrechten infolge Zeitablaufs nicht möglich.

Die auf die Bindung an einen Vertrauenstatbestand gestützte Erwirkung von gesetzlich nicht angeordneten Beteiligungsrechten des Betriebsrats ist grundsätzlich innerhalb der Grenzen möglich, innerhalb der die Beteiligungsrechte durch Vereinbarungen der Betriebspartner erweitert werden können.

Ein Verlust von Beteiligungsrechten infolge mangelnden korrespondierenden Verhaltens des Betriebsrats ist nicht denkbar.

Die Ausübung von Beteiligungsrechten ist dann unzulässig, wenn sie zu einer unzumutbaren Belastung des Arbeitgebers führt. Bei einem Einzelfall kann diese Pflichtenbegrenzung wegen Unzumutbarkeit zum endgültigen Verlust eines Beteiligungsrechts in diesem konkreten Fall führen. Wirkt die betreffende Angelegenheit fort, so führt § 2 Abs. 1 BetrVG nur zu einer vorübergehenden Beschränkung des Beteiligungsrechts.

Das Formerfordernis für Betriebsvereinbarungen kann in besonders gelagerten Fällen durch § 2 Abs. 1 BetrVG durchbrochen werden.

VI. Die Grundsätze über das Fehlen oder den Fortfall der Geschäftsgrundlage gelten auch für betriebliche Einigungen. Hinsichtlich der Rechtsfolgen ist zu beachten, daß eine Anpassung an die veränderten Umstände angesichts ihrer besonderen Sachkompetenz und -nähe durch die Betriebspartner zu erfolgen hat; im Falle der Nichteinigung entscheidet die Einigungsstelle. Ist eine Anpassung nicht möglich oder unzumutbar, kann jede Seite die Einigung aus wichtigem Grund außerordentlich kündigen. Nur in besonders gelagerten Ausnahmefällen kann vom Erfordernis einer Kündigung abgesehen werden.

Literaturverzeichnis

AK-BGB-... (Bearbeiter): Kommentar zum Bürgerlichen Gesetzbuch, bearbeitet von *Gert Brüggemeier, Roland Dubischar, Claus Ott, Helmut Rüßmann, Gunther Teubner,* Neuwied und Darmstadt 1980 ff. (Reihe Alternativkommentare).

Auffarth, Fritz: Allgemeine Vorschriften über die Zusammenarbeit von Betriebsrat und Arbeitgeber, AR-Blattei D, Betriebsverfassung XIV A.

Becker, Friedrich/Leimert, Dirk: Die Stellung der Gewerkschaften nach dem neuen Betriebsverfassungsgesetz, BlStSozArbR 1972, 37.

Birk, Rolf: Innerbetriebliche Absprachen – Typen und Rechtswirkungen –, ZfA 1986, 73.

Blomeyer, Arwed: Allgemeines Schuldrecht, 4. Aufl., Berlin/Frankfurt a.M. 1969.

Blomeyer, Wolfgang: Die rechtliche Bewertung des Betriebsfriedens im Individualarbeits- und Betriebsverfassungsrecht, ZfA 1972, 85.

Bobrowski, Paul/Gaul, Dieter: Das Arbeitsrecht im Betrieb von der Einstellung bis zur Entlassung, begründet von *Paul Bobrowski,* seit der 3. Aufl. weitergeführt von *Dieter Gaul,* 2 Bände, 7. Aufl., Heidelberg 1979.

Böhm, Wolfgang: Akten, Geschäftsräume und Schwarzes Brett des Betriebsrats, RdA 1974, 88.

Brecht, Hans-Theo: Kommentar zum Betriebsverfassungsgesetz nebst Wahlordnung, Herne/Berlin 1972.

Brockhaus: Enzyklopädie in zwanzig Bänden, 17. Aufl., Wiesbaden 1966 ff.

Brox, Hans: Allgemeines Schuldrecht, 12. Aufl., München 1984.

Brox, Hans/Rüthers, Bernd: Arbeitskampfrecht. Ein Handbuch für die Praxis, bearbeitet von *Hans Brox, Bernd Rüthers, Wilfried Schlüter, Friedrich Jülicher,* 2. Aufl., Stuttgart/Berlin/Köln/Mainz 1982.

Buchner, Herbert: Das Zusammenwirken von Gewerkschaft und Betriebsrat nach dem neuen Betriebsverfassungsgesetz, DB 1972, 1236.

– Kooperation als Leitmaxime des Betriebsverfassungsrechtes, DB 1974, 530.

– Die persönliche Verantwortlichkeit der Betriebsratsmitglieder für rechtswidrige Betriebsratsbeschlüsse, Festschrift für *Gerhard Müller,* Berlin 1981, S. 93 (zitiert: *Buchner,* Festschrift für *G. Müller*).

Bulla, Gustav-Adolf: „Vertrauensvolle Zusammenarbeit" von Arbeitgeber und Betriebsrat als Generalklausel des Betriebsverfassungsrechts, RdA 1965, 121.

Bydlinski, Franz: Juristische Methodenlehre und Rechtsbegriff, Wien/New York 1982 (zitiert: *Bydlinski,* Methodenlehre).

Canaris, Claus-Wilhelm: Die Vertrauenshaftung im deutschen Privatrecht, München 1971 (zitiert: *Canaris,* Vertrauenshaftung).

Däubler, Wolfgang: Das Arbeitsrecht. Ein Leitfaden für Arbeitnehmer, Reinbek bei Hamburg 1976 (zitiert: *Däubler,* Das Arbeitsrecht 1).

– Das Arbeitsrecht 2. Ein Leitfaden für Arbeitnehmer, Reinbek bei Hamburg 1979 (zitiert: *Däubler,* Das Arbeitsrecht 2).

Dahrendorf, Ralf: Gesellschaft und Demokratie in Deutschland, 2. Aufl., München 1971.

Derleder, Peter: Betriebliche Mitbestimmung ohne vorbeugenden Rechtsschutz?, AuR 1983, 289.

– Einstweiliger Rechtsschutz und Selbsthilfe im Betriebsverfassungsrecht, AuR 1985, 65.

Dietz, Rolf: Betriebsverfassungsgesetz mit Wahlordnung, Kommentar, 4. Aufl., München und Berlin 1967.

– Anscheinsvollmacht des Betriebsratsvorsitzenden, RdA 1968, 439.

– § 49 BetrVG und seine Bedeutung für die Zusammenarbeit im Betrieb – vor allem in bezug auf die Beteiligungsrechte, RdA 1969, 1.

– Anm. zu BAG, AP Nr. 1 zu § 58 BetrVG.

Dietz, Rolf/Richardi, Reinhard: Betriebsverfassungsgesetz, Kommentar, begründet von *Rolf Dietz*, fortgeführt von *Reinhard Richardi*, 1. Band: §§ 1–73 mit Wahlordnung, 6. Aufl., München 1981; 2. Band: §§ 74 – Schluß mit Betriebsverfassungsgesetz 1952, 6. Aufl., München 1982 (zitiert: *Dietz/Richardi*).

– Bundespersonalvertretungsgesetz, Kommentar, begründet von *Rolf Dietz*, fortgeführt von *Reinhard Richardi*, 1. Band: §§ 1–52, 2. Aufl., München 1978; 2. Band: §§ 53 – Schluß mit Wahlordnung, 2. Aufl., München 1978 (zitiert: *Dietz/Richardi*, BPersVG).

Dütz, Wilhelm: Unterlassungs- und Beseitigungsansprüche des Betriebsrats gegen den Arbeitgeber im Anwendungsbereich von § 87 BetrVG, Rechtsgutachten, erstattet für die Hans-Böckler-Stiftung, Düsseldorf 1983 (zitiert: *Dütz*, Unterlassungs- und Beseitigungsansprüche).

– Erzwingbare Verpflichtungen des Arbeitgebers gegenüber dem Betriebsrat, DB 1984, 115.

– Anm. zu BAG, AP Nr. 3 zu § 76 BetrVG 1972.

Dütz, Wilhelm/Säcker, Franz Jürgen: Zum Umfang der Kostenerstattungs- und Kostenvorschußpflicht des Arbeitgebers gemäß § 40 BetrVG, DB 1972, Beilage Nr. 17.

Durchlaub, Wolfgang: Kürzung des Sozialplanes im Falle wirtschaftlicher Schwierigkeiten, DB 1980, 496.

Dybowski-Johannson, Gisela: Die Interessenvertretung durch den Betriebsrat, Frankfurt a.M./New York 1980.

Dzikus, Franz-Viktor: Die Mitbestimmung des Betriebsrats im Bereich der sozialen Angelegenheiten nach § 87 BetrVG in Eil- und Notfällen, Diss. Mannheim 1980 (zitiert: *Dzikus*, Mitbestimmung des Betriebsrats).

Engisch, Karl: Die Idee der Konkretisierung in Recht und Rechtswissenschaft unserer Zeit, 2. Aufl., Heidelberg 1968 (zitiert: *Engisch*, Die Idee der Konkretisierung).

– Einführung in das juristische Denken, 8. Aufl., Stuttgart/Berlin/Köln/Mainz 1983.

Enneccerus, Ludwig/Lehmann, Heinrich: Recht der Schuldverhältnisse, 15. Aufl., Tübingen 1958.

Enneccerus, Ludwig/Nipperdey, Hans Carl: Allgemeiner Teil des Bürgerlichen Rechts, Erster Halbband: 15. Aufl., Tübingen 1959; Zweiter Halbband: 15. Aufl., Tübingen 1960.

Erdmann, Ernst-Gerhard/Jürging, Claus/Kammann, Karl-Udo: Betriebsverfassungsgesetz, Kommentar für die Praxis, Neuwied und Berlin 1972.

Erdmann, Gerhard: Das Betriebsverfassungsgesetz vom 11. Oktober 1952, 2. Aufl., Neuwied 1954.

Erman-... (Bearbeiter): Handkommentar zum Bürgerlichen Gesetzbuch, begründet von *Walter Erman*, 2 Bände, 7. Aufl., Münster 1981.

Esser, Josef/Schmidt, Eike: Schuldrecht, Band I: Allgemeiner Teil, 6. Aufl., Heidelberg 1984.

Fabricius, Fritz/Kraft, Alfons/Thiele, Wolfgang/Wiese, Günther: Betriebsverfassungsgesetz, Gemeinschaftskommentar, Loseblattausgabe, Neuwied und Berlin 1973ff. (zitiert: ... [Bearbeiter], GK-BetrVG).

Fikentscher, Wolfgang: Schuldrecht, 6. Aufl., Berlin/New York 1976.

Fischer, Robert: Theorie und Praxis der „vertrauensvollen Zusammenarbeit" zwischen Arbeitgeber und Betriebsrat, MuA 1964, 151.

Fitting, Karl/Auffarth, Fritz/Kaiser, Heinz: Betriebsverfassungsgesetz, Handkommentar, 14. Aufl., München 1984 (zitiert: *Fitting/Auffarth/Kaiser*).
– Betriebsverfassungsgesetz, Handkommentar, 13. Aufl., München 1981 (zitiert: *Fitting/Auffarth/Kaiser,* 13. Aufl.).
Fitting, Karl/Kraegeloh/Auffarth, Fritz: Betriebsverfassungsgesetz nebst Wahlordnung, Handkommentar für die Praxis, 9. Aufl., Berlin und Frankfurt a.M. 1970 (zitiert: *Fitting/Kraegeloh/Auffarth*).
Flatow, Georg: Betriebsrätegesetz vom 4. Februar 1920 nebst Wahlordnung, Ausführungsverordnungen und Ergänzungsgesetzen (Betriebsbilanzgesetz, Aufsichtsratsgesetz und Wahlordnung), 12. Aufl., Berlin 1928.
Flume, Werner: Allgemeiner Teil des Bürgerlichen Rechts, Zweiter Band: Das Rechtsgeschäft, 3. Aufl., Berlin/Heidelberg/New York 1979.
Frauenkron, Karl-Peter: Betriebsverfassungsgesetz mit Wahlordnung, Kommentar, Stuttgart/Berlin/Köln/Mainz 1972.
Frey, Erich: Anm. zu BAG, AuR 1957, 154.
– Anm. zu LAG Berlin, AuR 1956, 125.
Galperin, Hans: Betriebsverfassungsgesetz und betriebliche Partnerschaft, RdA 1962, 366.
– Der Regierungsentwurf eines neuen Betriebsverfassungsgesetzes, Düsseldorf 1971.
Galperin, Hans/Löwisch, Manfred: Kommentar zum Betriebsverfassungsgesetz, Band I: Organisation der Betriebsverfassung (§§ 1–73 mit Wahlordnung), bearbeitet von *Manfred Löwisch* und *Rolf Marienhagen,* 6. Aufl., Heidelberg 1982; Band II: Regelung der Mitbestimmung (§§ 74–132), bearbeitet von *Manfred Löwisch* unter Mitarbeit von *Bernd Kröger,* 6. Aufl., Heidelberg 1982.
Galperin, Hans/Siebert, Wolfgang: Kommentar zum Betriebsverfassungsgesetz, 4. Aufl., Heidelberg 1963.
Gamillscheg, Franz: Arbeitsrecht, Band II: Kollektives Arbeitsrecht, 6. Aufl., München 1984.
Gast, Wolfgang: Anm. zu BAG, AP Nr. 1 zu § 21 BetrVG 1972 Bl. 3 R.
Gaul, Dieter: Inhalt und Umfang der Schweigepflicht des Betriebsrates, DB 1960, 1099.
Gelder, Alfons van: Betriebsrat und Arbeitskampf, BUV 1971, 121.
Germelmann, Claas-Hinrich: Der Betriebsfrieden im Betriebsverfassungsrecht, Frankfurt a.M. 1972.
Giese, Herbert/Ibels, Hans/Rehkopf, Helmut: Kommentar zum Arbeitssicherheitsgesetz, 3. Aufl., Heidelberg 1977.
Gnade, Albert/Kehrmann, Karl/Schneider, Wolfgang/Blanke, Hermann: Betriebsverfassungsgesetz, Kommentar für die Praxis, 2. Aufl., Köln 1983 (zitiert: *Gnade/Kehrmann/Schneider/Blanke*).
Gnade, Albert/Kehrmann, Karl/Schneider, Wolfgang: Betriebsverfassungsgesetz, Kommentar für die Praxis, 1. Aufl., Köln 1972 (zitiert: *Gnade/Kehrmann/Schneider,* 1. Aufl.).
Graeff, Günter: Gesetz über Betriebsärzte, Sicherheitsingenieure und andere Fachkräfte für Arbeitssicherheit (Arbeitssicherheitsgesetz – ASiG –), 2. Aufl., Köln/Berlin/Bonn/München 1979.
Gröbing, Karl: Zur „vertrauensvollen Zusammenarbeit" nach § 49 BetrVG und § 55 PersVG, AuR 1969, 42.
Grunsky, Wolfgang: Anm. zu BAG, AP Nr. 14 zu § 40 BetrVG 1972.
Hacker, Wolfgang: Kurskorrektur auch für das Betriebsverfassungsgesetz?, in Frankfurter Zeitung, Sonderdruck aus dem Blick durch die Wirtschaft vom 1. März 1984, hrsg. von der Frankfurter Allgemeinen Zeitung (zitiert: *Hacker,* Kurskorrektur).
Halberstadt, Gerhard: Partnerschaft statt Klassenkampf, BlStSozArbR 1966, 71.
– Das Zusammenwirken zwischen Arbeitgeber und Betriebsrat, BUV 1971, 73.

Hanau, Peter: Analogie und Restriktion im Betriebsverfassungsrecht, Festschrift für *Gerhard Müller*, Berlin 1981, S. 169 (zitiert: *Hanau*, Festschrift für *G. Müller*).
Hanau, Peter/Adomeit, Klaus: Arbeitsrecht, 7. Aufl., Frankfurt a.M. 1983.
Hartmann, Nikolai: Ethik, 4. Aufl., Berlin 1962.
Hedemann, Justus Wilhelm: Die Flucht in die Generalklauseln. Eine Gefahr für Recht und Staat, Tübingen 1933.
Heinze, Meinhard: Mitbestimmung des Betriebsrates und Arbeitskampf, DB 1982, Beilage Nr. 23.
– Die betriebsverfassungsrechtlichen Ansprüche des Betriebsrates gegenüber dem Arbeitgeber, DB 1983, Beilage Nr. 9.
Hilger, Marie Luise: Vertragsauslegung und Wegfall der Geschäftsgrundlage im betrieblich-kollektiven Bereich, Festschrift für *Karl Larenz* zum 80. Geburtstag, München 1983, S. 241 (zitiert: *Hilger*, Festschrift für *Larenz*).
Hoyningen-Huene, Gerrick Frhr. v.: Die Billigkeit im Arbeitsrecht, München 1978 (zitiert: *v. Hoyningen-Huene*, Die Billigkeit im Arbeitsrecht).
– Betriebsverfassungsrecht, München 1983 (zitiert: *v. Hoyningen-Huene*, Betriebsverfassungsrecht).
Hubmann, Heinrich: Das Persönlichkeitsrecht, 2. Aufl., Köln/Graz 1967.
Hueck, Alfred: Der Treuegedanke im modernen Privatrecht, München 1947.
Hueck, Alfred/Nipperdey, Hans Carl: Lehrbuch des Arbeitsrechts, Erster Band, bearbeitet von *Alfred Hueck*, 7. Aufl., Berlin und Frankfurt a.M. 1963 (zitiert: *Hueck/Nipperdey* I).
– Lehrbuch des Arbeitsrechts, Zweiter Band: Kollektives Arbeitsrecht, Zweiter Halbband, bearbeitet von *Hans Carl Nipperdey* unter Mitarbeit von *Franz Jürgen Säcker*, 7. Aufl., Berlin und Frankfurt a.M. 1970 (zitiert: *Hueck/Nipperdey* II/2).
Hueck, Götz: Die Betriebsvereinbarung. Wesen, Inhalt, Wirkung, Münster/Köln 1952.
– Anm. zu BAG, AP Nr. 1 zu § 52 BetrVG.
Hümmerich, Klaus: Rechte des Betriebsrats bei der Erfassung von Bewerber-Daten, RdA 1979, 143.
Jahnke, Volker: Zwangsvollstreckung in der Betriebsverfassung, Berlin 1977.
– Tarifautonomie und Mitbestimmung, München 1984.
– Unterlassungsansprüche bei drohender Verletzung der allgemeinen Friedenspflicht (§ 74 Abs. 2 Satz 2 BetrVG), BlStSozArbR 1974, 164.
Jauernig-. . . (Bearbeiter): Othmar Jauernig, Bürgerliches Gesetzbuch, 3. Aufl., München 1984.
Kammann, Karl-Udo/Hess, Harald/Schlochauer, Ursula: Kommentar zum Betriebsverfassungsgesetz, Neuwied und Darmstadt 1979.
Kaser, Max: Das römische Privatrecht, Erster Abschnitt: Das altrömische, das vorklassische und das klassische Recht, 2. Aufl., München 1971.
Kliesch, Georg/Nöthlichs, Matthias/Wagner, Rolff: Arbeitssicherheitsgesetz, Kommentar, Berlin 1978.
Konzen, Horst: Betriebsverfassungsrechtliche Leistungspflichten des Arbeitgebers, Köln/Berlin/Bonn/München 1984 (zitiert: *Konzen*, Leistungspflichten).
– Privatrechtssystem und Betriebsverfassung, Festschrift für *Ernst Wolf*, Köln/Berlin/Bonn/München 1985, S. 279 (zitiert: *Konzen*, Privatrechtssystem).
Kraft, Alfons: Der Informationsanspruch des Betriebsrats – Grundlagen, Grenzen und Übertragbarkeit, ZfA 1983, 171.
– siehe *Fabricius/Kraft/Thiele/Wiese*.
Krebs, Heinrich: Arbeitssicherheitsgesetz (ASiG), Kommentar, Loseblattwerk, Percha am Starnberger See, Kempfenhausen am Starnberger See 1975 ff.
Kreutz, Peter: Grundsätze der Zusammenarbeit zwischen Arbeitgeber und Betriebsrat nach dem neuen Betriebsverfassungsgesetz, BlStSozArbR 1972, 44.

Küchenhoff, Günther: Betriebsverfassungsgesetz, Kommentar, 3. Aufl., Münster 1979.
Kümpel, Winfried: Instanzgerichte kontra BAG zum Unterlassungsanspruch des Betriebsrats, AuR 1985, 78.
Larenz, Karl: Geschäftsgrundlage und Vertragserfüllung, 3. Aufl., München und Berlin 1963 (zitiert: *Larenz,* Geschäftsgrundlage und Vertragserfüllung).
– Methodenlehre der Rechtswissenschaft, 5. Aufl., Berlin/Heidelberg/New York/Tokyo 1983 (zitiert: *Larenz,* Methodenlehre).
– Allgemeiner Teil des deutschen Bürgerlichen Rechts, 6. Aufl., München 1983 (zitiert: *Larenz,* Allgemeiner Teil).
– Lehrbuch des Schuldrechts, Erster Band: Allgemeiner Teil, 13. Aufl., München 1982 (zitiert: *Larenz,* Schuldrecht I).
Leßmann, Herbert: Persönlichkeitsschutz juristischer Personen, AcP 1970, 266.
Maier, Kurt: Interdependenzen zwischen Mitbestimmung und betrieblicher Partnerschaft, Berlin 1969 (zitiert: *K. Maier,* Interdependenzen).
Mansfeld, Werner: Betriebsrätegesetz vom 4. Februar 1920 (RGBl. S. 147ff.) mit den einschlägigen Nebengesetzen, 3. Aufl., Mannheim/Berlin/Leipzig 1930.
Maunz, Theodor/Dürig, Günter/Herzog, Roman/Scholz, Rupert: Grundgesetz, Kommentar, Loseblattausgabe, München 1958ff. (zitiert: ... [Bearbeiter], in *Maunz/Dürig/Herzog/Scholz,* Grundgesetz).
Mayer-Maly, Theo: Treue- und Fürsorgepflicht in rechtstheoretischer und rechtsdogmatischer Sicht, in *Tomandl, Theodor,* Treue- und Fürsorgepflicht im Arbeitsrecht, Wien/ Stuttgart 1975, S. 71.
Medicus, Dieter: Schuldrecht I, Allgemeiner Teil, 2. Aufl., München 1984.
Mose: Die Bibel, Altes und Neues Testament, Einheitsübersetzung, Freiburg/Basel/Wien 1980.
Müller, Franz: Probleme der Zusammenarbeit zwischen Betriebsrat und Arbeitgeber, ArbGeb. 1965, 216.
Müller, Gerhard: Rechtspolitische Gedanken zum Betriebsverfassungsrecht (Teil II), DB 1970, 1076.
– Zur Anfechtung der Betriebsratswahl, Festschrift für *Ludwig Schnorr von Carolsfeld,* Köln/Berlin/Bonn/München 1972, S. 367 (zitiert: *G. Müller,* Festschrift für *Schnorr von Carolsfeld*).
– Die betriebsverfassungsrechtliche Maxime der vertrauensvollen Zusammenarbeit in der Rechtsprechung des Bundesarbeitsgerichts, Festschrift für *Wilhelm Herschel* zum 85. Geburtstag, München 1982, S. 269 (zitiert: *G. Müller,* Festschrift für *W. Herschel*).
Münch.Komm.-... (Bearbeiter): Münchener Kommentar zum Bürgerlichen Gesetzbuch, hrsg. von *Kurt Rebmann* und *Franz Jürgen Säcker,* München 1978ff.; Band 1 in 2. Aufl., München 1984.
Neumann-Duesberg, Horst: Betriebsverfassungsrecht, Berlin 1960.
– Das Rechtsverhältnis zwischen Betriebsrat und Arbeitgeber und die Betriebsratshaftung, NJW 1954, 617.
– Anm. zu BAG, AP Nr. 7 zu § 39 BetrVG.
Nikisch, Arthur: Arbeitsrecht, I. Band: Allgemeine Lehren und Arbeitsvertragsrecht, 3. Aufl., Tübingen 1961 (zitiert: *Nikisch* I).
– Arbeitsrecht, III. Band: Betriebsverfassungsrecht, 2. Aufl., Tübingen 1966 (zitiert: *Nikisch* III).
Oertmann, Paul: Die Geschäftsgrundlage. Ein neuer Rechtsbegriff, Leipzig/Erlangen 1921.
Palandt-... (Bearbeiter): Bürgerliches Gesetzbuch, Kommentar, 44. Aufl., München 1985.
Pawlowski, Hans-Martin: Methodenlehre für Juristen. Theorie der Norm und des Gesetzes, Heidelberg/Karlsruhe 1981 (zitiert: *Pawlowski,* Methodenlehre).
Radke, Olaf: Der Betriebsrat im Loyalitätskonflikt, MitbestGespr. 1964, 98.

– Konflikte austragen. Zur Partnerschaftsidee des bisherigen Betriebsverfassungsgesetzes, ArbuSozPol. 1970, 357.

Reuter, Dieter/Streckel, Siegmar: Grundfragen der betriebsverfassungsrechtlichen Mitbestimmung, Frankfurt a.M. 1973.

RGRK-... (Bearbeiter): Das Bürgerliche Gesetzbuch mit besonderer Berücksichtigung der Rechtsprechung des Reichsgerichts und des Bundesgerichtshofes, Kommentar, hrsg. von Mitgliedern des Bundesgerichtshofes, 12. Aufl., Berlin/New York 1974ff.

Richardi, Reinhard: Recht der Betriebs- und Unternehmensmitbestimmung, Band 1: Grundriß, 2. Aufl., Heidelberg/Karlsruhe 1979.

– Anm. zu BAG, AP Nr. 6 zu § 61 BetrVG.

– Anm. zu BAG, AP Nr. 1 zu § 80 BetrVG 1972.

Riezler, Erwin: Venire contra factum proprium, Leipzig 1912.

Rothe, Hans: Das Recht der Betriebsversammlung, BlStSozArbR 1960, 90.

Ruf, Thomas: Das neue Betriebsverfassungsgesetz. Ein Vergleich der wichtigsten Bestimmungen des alten und neuen Rechts, DB 1971, 2475.

Säcker, Franz Jürgen: Informationsrechte der Betriebs- und Aufsichtsratsmitglieder und Geheimsphäre des Unternehmens, Heidelberg 1979.

– Die Betriebsvereinbarung, AR-Blattei D, Betriebsvereinbarung I.

Sandvoss, Herbert: Das Unbehagen an § 2 Abs. 1 BetrVG, MitbestGespr. 1977, 199.

Schaub, Günter: Arbeitsrechts-Handbuch, 5. Aufl., München 1983.

Scheuerle, Wilhelm: Befohlenes Vertrauen, Festschrift für *Hermann Eichler,* Wien/New York 1977, S. 565 (zitiert: *Scheuerle,* Festschrift für *Eichler*).

Schlochauer, Ursula: Untersagung von Entlassungen oder Kündigungen durch einstweilige Verfügung bis zum Abschluß eines Interessenausgleichs, JArbR Bd. 20, 1982, S. 61.

Schönke, Adolf/Schröder, Horst: Strafgesetzbuch, Kommentar, begründet von *Adolf Schönke,* fortgeführt von *Horst Schröder,* 21. Aufl., München 1982 (zitiert: ... [Bearbeiter], in *Schönke/Schröder,* Strafgesetzbuch).

Schwerdtner, Peter: Anm. zu BAG, SAE 1984, 266.

Siebert, Wolfgang: Verwirkung und Unzulässigkeit der Rechtsausübung, Marburg 1934.

– Die Mitwirkung und Mitbestimmung der Arbeitnehmer nach dem Betriebsverfassungsgesetz, BB 1952, 832.

Söllner, Alfred: Grundriß des Arbeitsrechts, 8. Aufl., München 1984.

– Zur vertrauensvollen Zusammenarbeit zwischen Betriebsvertretung und Arbeitgeber, DB 1968, 571.

Soergel-... (Bearbeiter): Bürgerliches Gesetzbuch, Kommentar, begründet von *Hs. Th. Soergel,* fortgeführt von *W. Siebert,* 10. Aufl., Stuttgart/Berlin/Köln/Mainz 1967 ff.; Band 1 in 11. Aufl., Stuttgart/Berlin/Köln/Mainz 1978.

Stammler, Rudolf: Das Recht der Schuldverhältnisse in seinen allgemeinen Lehren, Berlin 1897.

Starck, Martin: Leistungspflichten und betriebliche Mitbestimmung, Berlin 1983.

Staudinger-... (Bearbeiter): J. von Staudingers Kommentar zum Bürgerlichen Gesetzbuch, 12. Aufl., Berlin 1978 ff.

Staudinger-Weber: J. von Staudingers Kommentar zum Bürgerlichen Gesetzbuch, II. Band: Recht der Schuldverhältnisse, Teil 1 b, bearbeitet von *Wilhelm Weber,* 11. Aufl., Berlin 1961.

Stege, Dieter/Weinspach, Friedrich Karl: Betriebsverfassungsgesetz, Handkommentar für die betriebliche Praxis, 5. Aufl., Köln 1984.

Streppel, Egon: Aus der Praxis der Betriebsverfassung, AuR 1972, 52.

Teichmann, Arndt: Nebenverpflichtungen aus Treu und Glauben, JA 1984, 545, 709.

Teubner, Gunther: Standards und Direktiven in Generalklauseln, Frankfurt a.M. 1971.

Thiele, Wolfgang: siehe *Fabricius/Kraft/Thiele/Wiese.*

Tomandl, Theodor: Treue- und Fürsorgepflicht im Arbeitsrecht, hrsg. von *Theodor Tomandl,* Wien/Stuttgart 1975.
– Einseitige Interessenvertretung oder Zusammenarbeit?, ZAS 1967, 41.
Trittin, Wolfgang: Der Unterlassungsanspruch des Betriebsrats zur Sicherung seiner Mitwirkungsrechte gem. §§ 90, 111, 112 BetrVG, DB 1983, 230.
Vogt, Aloys: Die Betriebs- und Abteilungsversammlung, 3. Aufl., Heidelberg 1977.
Vollmer, Lothar: Die Entwicklung partnerschaftlicher Unternehmensverfassungen, Köln/Berlin/Bonn/München 1976.
Weiss, Manfred: Betriebsverfassungsgesetz, Kommentar für Studium und Praxis, 2. Aufl., Baden-Baden 1980.
Weller, Bernhard: Der Sozialplan, AR-Blattei D, Sozialplan I.
Wieacker, Franz: Zur rechtstheoretischen Präzisierung des § 242 BGB, Tübingen 1956.
Wieling, Hans Josef: Venire contra factum proprium und Verschulden gegen sich selbst, AcP Bd. 176, 334.
Wiese, Günther: Das Initiativrecht nach dem Betriebsverfassungsgesetz, Neuwied und Darmstadt 1977 (zitiert: *Wiese,* Initiativrecht).
– Zum Verzicht auf Befugnisse nach dem Betriebsverfassungsgesetz, RdA 1968, 455.
– Der Persönlichkeitsschutz des Arbeitnehmers gegenüber dem Arbeitgeber, ZfA 1971, 273.
– Der Ausbau des Betriebsverfassungsrechts, JArbR Bd. 9, 1971, S. 55.
– Individualrechte in der Betriebsverfassung, RdA 1973, 1.
– Zum Gesetzes- und Tarifvorbehalt nach § 87 Abs. 1 BetrVG, in: 25 Jahre Bundesarbeitsgericht, München 1979, S. 661 (zitiert: *Wiese,* 25 Jahre BAG).
– Wahl des Arbeitnehmers zwischen mehreren betrieblichen Versorgungsregelungen und Bindung an die getroffene Entscheidung, Festschrift für *Marie Luise Hilger* und *Hermann Stumpf,* München 1983, S. 703 (zitiert: *Wiese,* Festschrift für *Hilger/Stumpf*).
– Stellung und Aufgaben des Betriebsrats im Arbeitskampf, NZA 1984, 378.
– Anm. zu BAG, SAE 1968, 137.
– Anm. zu BAG, SAE 1969, 121.
– Anm. zu BAG, AR-Blattei D, Betriebsverfassung VIII A, Entsch. 1.
– Anm. zu BAG, SAE 1974, 99.
– Anm. zu BAG, EzA Nr. 1 zu § 87 BetrVG Betriebliche Ordnung.
– siehe *Fabricius/Kraft/Thiele/Wiese.*
Wlotzke, Otfried: Betriebsverfassungsgesetz mit Wahlordnung, Textausgabe mit Erläuterungen, München 1984.
Wolf, Ernst: Das Arbeitsverhältnis. Personenrechtliches Gemeinschaftsverhältnis oder Schuldverhältnis?, Marburg 1970 (zitiert: *Wolf,* Das Arbeitsverhältnis).
– Lehrbuch des Schuldrechts, Erster Band: Allgemeiner Teil, Köln/Berlin/Bonn/München 1978 (zitiert: *Wolf,* Schuldrecht).
Zachert, Ulrich: Konfliktregulierung in der Betriebsverfassung, MitbestGespr. 1975, 187.
Zippelius, Reinhold: Juristische Methodenlehre. Eine Einführung, 4. Aufl., München 1985 (zitiert: *Zippelius,* Methodenlehre).
Zitscher, Wolfram: Die „vertrauensvolle Zusammenarbeit" zwischen Betriebsrat und Arbeitgeber, DB 1984, 1395.
Zöllner, Wolfgang: Arbeitsrecht, 3. Aufl., München 1983.

FSC
www.fsc.org
MIX
Papier | Fördert
gute Waldnutzung
FSC® C083411

Kolibri 360 GmbH
Ferdinand-Jühlke-Straße 7
99095 Erfurt, Deutschland
produktsicherheit@kolibri360.de

Druck:
CPI Druckdienstleistungen GmbH
im Auftrag der
Kolibri 360 GmbH
Ferdinand-Jühlke-Str. 7
99095 Erfurt